| 제3판 |

특수아동 치료교육 및 심리상담

강은숙 · 박윤이 · 이영민 · 이지연 · 이택영 공저

계축문화사

PREFACE

머 리 말

[특수아동 치료교육 및 심리상담]은 2013년 초판 후 1년 뒤 2014년 개정판이 출간되었고, 이번에 6년 만에 다시 제3판을 출간하게 되었다. 처음 책을 발간하였을 무렵 특수 아동에 대한 이해와 이들을 돕는 다양한 상담이나 치료 서비스들에 대한 소개의 필요가 대두되었고, 이를 공감한 여러 분야의 전문가들이 각자 활동하고 있는 전문 영역에 대한 내용을 정리했다. 6년의 시간이 흐르는 동안 특수 아동에 대한 이해와 치료 서비스들이 다양화되었고, 특히 복지 정책의 선진화에 따라 아동의 문제 발견에서부터 선별 및 평가와 조기 개입을 돕는 시스템이 점차 체계화되고 있다는 점은 참으로 반가운 일이 아닐 수 없다. 더불어 특수 아동을 돕는 역량 있는 전문가의 양성 또한 강력히 요구되고 있다.

이러한 시대적 요구를 반영하여 우선 특수 분야에서 일하는 교사, 전문가, 상담가, 임상가, 치료사 및 부모들과의 원활한 소통을 위해서 일치된 정의를 아는 것이 강조된다. 따라서 새로 바뀐 개념들을 공유하며 특수 아동의 문제와 특성을 바르게 이해하는 것이 중요하다고 판단하고, 이에 제3판에서는 특수 아동의 문제를 개편된 DSM-5의 내용에 맞춰 정의하였다. 이 책의 '3장 특수 아동의 이해'는 DSM-5의 신경발달장애에 포함되어 있는 내용을 중심으로 수정하였다. 뇌성마비 대신 운동 장애에 대한 설명으로 대체하였다. 또한 제3판의 치료 프로그램에 대한 내용 구성에서는 '인지학습치료'에 대한 내용을 좀 더 강조하였다. 이는 실제 치료 서비스 현장에서 부모들의 요구가 가장 많음에도 불구하고 다른 치료 서비스의 정보에 비해 일반적으로 인지학습치료와 관련된 치료 소개나 이론 정리가 부족하기 때문이다. 이 책의 '4장 인지학습치료'에는 인지학습치료의 특징, 관련된 주요 5개 군의 특수 아동(지적장애, 학습장애, 학습부진, ADHD, 자폐스펙트럼 장애)에 대한 소개와 각 특성에 따른 평가 및 치료 방법을 포함하였다. 이 책 나머지는 5장 놀이치료, 6장 언어치료, 7장 감각통합치료, 8장 아동작업치료, 9장 부모교육 및 부모상담으로 구성하였다.

이 책은 단순한 이론서이기보다 학교나 병원, 상담실이나 치료실의 현장에서 만나게 되는 특수 아동과 그들의 부모를 돕는 역할을 감당할 독자들에게 현장의 모습을 간접 경험하는 실전서이고자 한다. 그럼에도 실전 경험에서의 현장감이 부족하진 않은지, 좀 더 실제적인 상상력을 갖기에 미흡하지는 않은지 여전히 반성하게 된다. 부족한 내용은 계속 보완해가도록 노력하고자 한다.

마지막으로 촉박한 시간에도 불구하고 제3판의 편집업무를 꼼꼼히 챙겨주신 계축문화사 주영일 사장님과 이종언 편집부장님 외 여러 편집부 선생님들의 노고에 감사드리며, 그 동안 [특수아동 치료교육 및 심리상담]을 사랑해주신 독자 여러분에게도 감사의 마음을 표한다.

2020년 눈꽃 만개한 날

저자 대표 이 영 민

CONTENTS

제 1 장

특수 아동 치료교육 및 심리상담의 기초와 이해

1. 특수 아동의 정의
2. 조기 중재의 중요성
3. 특수 아동 교육과 상담 및 치료교육

제1장 특수 아동 치료교육 및 심리상담의 기초와 이해

1 특수 아동의 정의

1) 장애의 의미

아동마다 개별성과 특수성은 있다. 모든 아동은 자신만의 독특하고도 개별적인 특징을 지니고 있다. 모든 아동이 동일하지 않다는 것이다. 그런 동일함에서 차이가 크지 않는 경우 일반 프로그램을 사용하는 교육을 하면 된다. 하지만 신체적인 특성이나 학습의 능력에서의 차이가 크면 개별화된 특수 교육이 필요하다. 이러한 아동을 특수 아동(exceptional children)이라 한다. 특수 아동은 다양성이 표출되는 연속선상의 한 부분이다. 특수 아동은 어떤 특정 영역에서 어려움을 보여 일반 아동과는 다른 모습을 보이게 되는 아동을 의미한다. 예를 들면 학업 장면에서도 능력이나 태도에서 단순히 느린 아동(slow child)을 넘어서 습득과정에 어려움이 있거나 특정 보조가 없이는 스스로 해결하기 힘든 아이들이 있다. 또한 또래를 사귈 때에도 친구 자체에 관심이 없어 위축되어 있거나 관심이 있더라도 또래가 수용할 수 있는 방법이 아닌 언어나 행동 상 독특한 방식이나 비현실적 방법으로 다가가는 모습으로 친구 사귀기가 어려운 아이들도 있다. 이들은 특정 영역의 성취에서 일반 아동보다 정상의 범주를 넘어서 있는 경우가 많기 때문에 이들에게 적합한 방식의 교육과 서비스를 제공해서 그들이 갖고 있는 잠재성을 충분히 발휘할 수 있도록 도와야 한다. 이것이 특수 아동을 위한 특수 교육의 궁극적 목적이 되는 것이다.

특수 아동을 지칭하는 표현으로 다양한 말 중 장애인이라는 표현이 있다. 한때 장애인의 표현을 좀 더 순화시켜 '장애우'라는 용어로 바꿔 사용했는데 원래 취지는 고통받는 장애인들을 벗으로 생각하며 동반자로 대우하기 위한 용어였다. 하지만 실제 사회에서는 동등한 권리가 있다기보다는 사랑받아야 할 대상으로서 의미가 더 강해 이보다는 오히려 장애인이라는 표현이 더 적합하다고 2010년 10월 한대위 인권위원회에서 논박하는 주장을 펴기도 했다.

장애에 대한 개념의 이론적 토대를 1975년 국제연합총회에서의 장애인 권리선언의 결의문에서 먼저 정리해 보면 다음과 같다.

> [장애인이란 선천적이든 아니든 신체적 또는 정신적 능력의 결여 때문에 보통의 개인생활 또는 사회생활에 필요한 일상적인 것들을 자기 자신이 완성하거나 또는 부분적으로 행할 수 없는 사람을 의미한다]

이 개념에 따르면 장애는 신체장애, 정신장애를 포함하는 것이고 이로 인해 독립적인 자신의 생활과 사회의 공동체 생활에서의 역할에 제한이 있는 사람을 의미한다. 그런데 이러한 개념을 마치 장애인 모두가 아무 것도 할 수 없거나 혹은 사회에 어떤 불이익이나 나쁜 영향을 끼치는 것으로 여겨서는 안 된다. 장애의 정도에 따라서 개인은 물론 주변 사람이나 사회에 미치는 영향은 매우 다르고 오히려 주변 사람들의 인식이나 사회적 자원을 통해 장애가 있음에도 불구하고 개인의 삶에 불이익이 생기지 않을 수도 있다. 그래서 장애인에 대해 편협하게 구분지어 생각하기보다는 장애인 각자를 한 사람의 고유하고 독특한 인격으로 대하면서 비록 제한적이지만 그들이 갖고 있는 능력을 최대한 발휘할 수 있도록 도와야 한다.

장애에 대한 다양한 표현으로 대표적인 것으로 1980년 WHO가 출판한 국제장애분류(ICIDH)에서 공표한 3가지 차원이 있다. 장애를 손상(impairment), 무능력(disability), 사회 불이익(handicap)으로 나누어 하위 단계에서 상위 단계로 장애의 정도가 심한 것을 말한다. 손상은 심리적, 생리학적, 해부학적 구조의 손실되었거나 감소한 것을 말한다. 손상은 기능장애로 부르기도 한다. 병의 상태 중 일상생활과 사회생활에 모두 곤란을 일으키는 상태로 자폐장애, 시각, 청각장애 및 기억, 사고, 정서, 감정 및 기분, 간질 등의 의식장애, 내장과 피부장애를 포함한다. 무능력은 손상으로 말미암아 인간에게 정상이라고 간주되는 범위 안에서 활동을 수행할 수 있는 능력이 제한됨을 의미한다. 신변 자립 동작과 의사소통을 충분히 할 수 없는 것을 말한다. 능력장애라고 부르기도 한다. 다리를 잃은 아이는 걸어서 이동이 불가능해진다. 하지만 의족을 신고 움직일 수 있으면 능력장애에 해당되지 않는다. 입으로 글씨쓰기, 발로 컴퓨터 하는 것은 능력장애로 보지 않는다. 사회적 불이익은 나이, 성별, 사회문화적 측면에서 볼 때 정상이라고 간주되는 역할의 수행을 방해하는 손상이나 장애로 인해서 발생되는 불이익을 말한다. 사회구성원 모두에게 보장되어 있는 생활수준, 사회 활동 참가, 사회적 평가 등이 보장되지 않은 상태를 의미한다.

| 그림 1-1 | ICIDH-1(1980)에서 제시한 장애 개념 이해 (서화자 외, 2009 재인용)

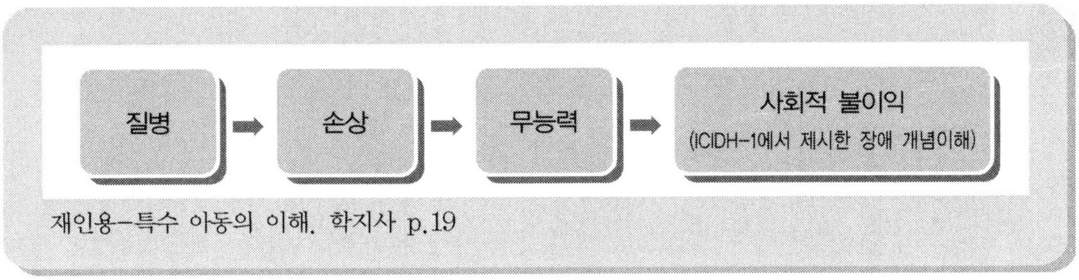

재인용-특수 아동의 이해, 학지사 p.19

이러한 개념이 일방향의 모습을 보이면서 사회적 불이익을 일으키는 구성원에는 손상이나 무능력과 같은 문제가 없는 경우도 있는데 마치 질병이 생겨 손상을 입은 모든 사람들이 사회적 불이익의 문제를 보이는 것으로 단정 짓는 문제가 있다고 판단하여 다시 개념을 정리해서 2001년 WHO가 국제장애분류(ICF)를 출판하였다. 여기서는 심신의 기능에 문제가 생긴 생리적·심리적 차원을 말하는 기능손상(impairment), 개인의 활동 영역에서 개인이 과제나 행위 수행에 문제가 생긴 개인적 영역인 개인 활동(ability)의 제한, 공동체나 사회장면 활동을 수행하는데 어려움이 있는 사회적 영역인 사회 참여

| 그림 1-2 | ICDH-2(1987)에서 제안되고 있는 모델

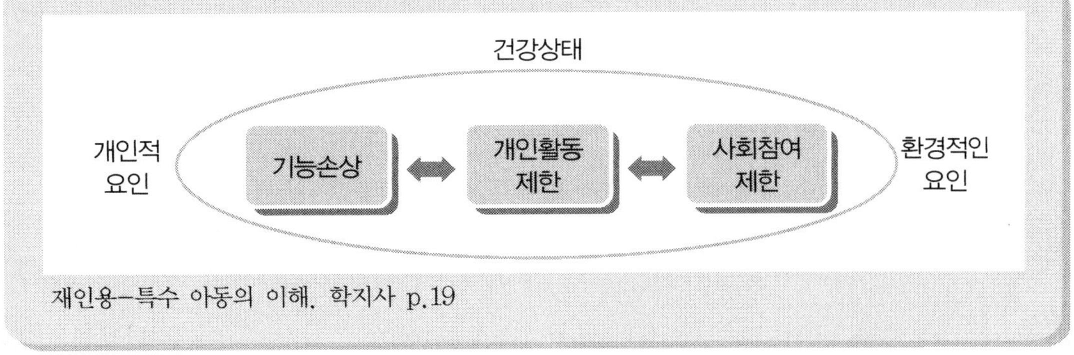

재인용-특수 아동의 이해, 학지사 p.19

(participant)의 제한으로 나누어 살펴보았다. 또한 이들의 기능에 영향을 주는 것을 건강차원 뿐만 아니라 사회적 환경, 그 개인의 성격 등 개인적 요인도 간접적으로 영향을 주는 요인으로 고려하고 있다. 따라서 문제가 생기면 3차원의 원조, 즉 기능장애의 치료나 개선, 능력장애의 극복 또는 경감, 사회적 불리를 최소한으로 하는 원조가 현실화 되어야 한다.

2) 특수 아동의 정의

'특수 아동'이라는 용어는 일반 아동과 다르며, 동시에 다른 교육 즉 특수한 교육적 서비스가 요구되는 아동에 대한 편의적인 용어이다. 특수교육이 요구되는 아동은 크게 장애 아동과 장애 위험 아동으로 나누어 볼 수 있다. 장애 아동은 특수교육법에 근거한 것으로 육체적, 행동적, 인지적, 언어적, 학습적인 면에서 장애를 가지고 있는 아동을 말한다. 장애 위험 아동은 학교나 학습상황에서 실패할 확률이 있는 아동을 말한다. 이들의 평가과정과 교육과정 중재의 실제 등에서 많은 공통점을 갖고 있다.

(1) 장애 아동

특수 아동으로 분류된 진단은「장애인 등에 대한 특수교육법」제3장 제15조에 따른 분류에서 보면 다음과 같다.

제15조 (특수교육대상자의 선정) ① 교육장 또는 교육감은 다음 각 호의 어느 하나에 해당하는 사람 중 특수교육을 필요로 하는 사람으로 진단·평가된 사람을 특수교육대상자로 선정한다.

① **시각장애**
- ㉠ 시각계의 손상이 심해 시각 기능을 전혀 이용하지 못하거나 보조 공학기기의 지원을 받아야 시각적 과제를 수행할 수 있는 사람
- ㉡ 시각에 의한 학습이 곤란하여 특정의 광학 기구, 학습매체 등을 통하여 학습하거나 촉각 또는 청각을 학습의 주요 수단으로 사용하는 사람

② **청각장애**
- ㉠ 청력 손실이 심하여 보청기를 착용해도 청각을 통한 의사소통이 불가능 또는 곤란한 상태인 사람
- ㉡ 청력이 남아 있어도 보청기를 착용해야 청각을 통한 의사소통이 가능하여 청각에 의한 교육적 성취가 어려운 사람

③ **지적장애**

지적 기능과 적응행동상의 어려움이 함께 존재하며 교육적 성취에 어려움이 있는 사람

④ **지체장애**

기능·형태상 장애를 가지고 있거나 몸통을 지탱하거나 팔다리의 움직임 등에 어려움을 겪는 신체적 조건이나 상태로 인해 교육적 성취에 어려움이 있는 사람

⑤ **정서·행동장애**

장기간에 걸쳐 다음 각 항목의 어느 하나에 해당하여 특별한 교육적 조치가 필요한 사람

㉠ 지적·감각적·건강상의 이유로 설명할 수 없는 학습상의 어려움을 지닌 사람

㉡ 또래나 교사와의 대인관계에 어려움이 있어 학습에 어려움을 겪는 사람

㉢ 일반적인 상황에서 부적절한 행동이나 감정을 나타내어 학습에 어려움이 있는 사람

㉣ 전반적인 불행감이나 우울증을 나타내어 학습에 어려움이 있는 사람

㉤ 학교나 개인 문제에 관련된 신체적인 통증이나 공포를 나타내어 학습에 어려움이 있는 사람

⑥ **자폐성장애(이와 관련된 장애를 포함한다)**

사회적 상호작용과 의사소통에 결함이 있고, 제한적이고 반복적인 관심과 활동을 보임으로써 교육적 성취 및 일상생활 적응에 도움이 필요한 사람

⑦ **의사소통장애**

다음의 각 항목의 어느 하나에 해당하여 특별한 교육적 조치가 필요한 사람

㉠ 언어의 수용 및 표현 능력이 인지능력에 비하여 현저하게 부족한 사람

㉡ 조음능력이 현저히 부족하여 의사소통이 어려운 사람

㉢ 말 유창성이 현저히 부족하여 의사소통이 어려운 사람

㉣ 기능적 음성장애가 있어 의사소통이 어려운 사람

⑧ **학습장애**

개인의 내적 요인으로 인하여 듣기, 말하기, 주의집중, 지각, 기억, 문제해결 등의 학습기능이나 읽기, 쓰기, 수학 등 학업 성취영역에서 현저하게 어려움이 있는 사람

⑨ **건강장애**

만성질환으로 인하여 3개월 이상의 장기입원 또는 통원치료 등 계속적인 의료적 지원이 필요하여 학교생활 및 학업 수행에 어려움이 있는 사람

⑩ **발달지체**

신체, 인지, 의사소통, 사회, 정서, 적응 행동 중 하나 이상의 발달이 또래에 비하여 현저하게 지체되어 특별한 교육적 조치가 필요한 영아 및 9세 미만의 아동

(2) 장애 위험 아동

아동에 따라서 어떤 아이는 같은 자극에도 크게 반응을 하지 않는 반면에 어떤 아이는 매우 민감하게 반응하는 경우가 있다. 예를 들어 똑같이 학교를 전학가도 어떤 아이는 금방 적응하지만 어떤 아이는 몇 달이 지나도 학교 다니기를 힘들어 하면서 등교거부증 양상을 보인다. 이는 아동이 갖고 있는 문제 요인이 다르기 때문이다. 즉 어떤 아이에게는 문제 상황에서 쉽게 장애로 갈 수 있는 위험 요인이 많은 반면 어떤 아이는 오히려 문제를 잘 극복할 수 있는 보호요인이 많은 것이다. 이는 문제가 개개인이 다를 수도 있지만 같은 문제를 갖고 있더라도 보호요인이 많은 아이는 그렇지 않은 아동에 비해 장애 위험 아동이 될 가능성이 적다. 즉 아동이 위험요인, 취약요인, 보호요인 중 어느 것에 노출이 많이 되어있느냐에 따라 장애 위험 아동이 될 수도 아닐 수도 있는 것이다.

'장애 위험 아동'은 장애 아동으로 판명되진 않았지만 하나나 그 이상의 병리를 발달시킬 위험에 처해 있는 아동을 말한다. 장애 위험 요인은 장애가 발생할 가능성을 높여주는 조건이나 상황을 말하는 것으로 장애를 직접 결정할 수 있는 요인들이다. 장애 취약 요인은 장애 발생을 일으키진 않지만 위험에 대해 강하게 반응을 하는 증강요인을 말한다. 장애 위험 요인과 장애 취약 요인들을 살펴보면 다음과 같다.

① **위험 요인(risk factors)**

㉠ 생물학적 요인

- 출생 전(산모의 약물중독)이나 출산 과정에서의 문제(심한 난산이나 기계에 의한 출산, 출생시 저체중)
- 유전적인 문제(염색체 이상)나 신경학적 손상(선천적인 신진대사 이상, 선천적 기형, 감각결손)
- 외상, 부적절한 영양상태
- 까다로운 기질

㉡ 개인적 요인

- 낮은 지능이나 낮은 자기-존중감, 낮은 자기 통제능력
- 불안정한 애착

㉢ 가족적 요인

- 가족의 불화, 가정내 학대(폭력)또는 방치
- 가난
- 미혼모의 출산
- 많은 수의 형제, 법적 보호자의 부재, 필수적인 양육 기능을 지속적으로 수행

하지 못하는 부모

㉣ 사회적 요인
- 또래 관계의 부적응적 모습
- 반사회적 친구들

㉤ 문화적 요인
- 빈곤, 인종주의, 편견, 지역사회의 폭력 등

② **취약 요인**(vulnerability factors)

㉠ 생물학적 요인 – 까다로운 기질

㉡ 개인적 요인 – 성별, 계획력 부족

㉢ 가족적 요인 – 나쁜 부모와의 관계, 애정적 양육의 결핍

㉣ 사회적 요인 – 긍정적 학교 경험의 결핍, 사회적 기술 부족

㉤ 문화적 요인 – 개인의 사회적 이상 및 기대와 충돌하는 개인의 특성

(3) 회복력

보호 요인이 많은 아동은 강한 자기 확신, 극복 능력이나 위험 상황을 피하는 능력으로 위험한 환경에서 살아남는다. 이들은 불운에 맞서 싸우거나 여기서 회복할 수 있다. 스트레스를 받고 있을 때 능력을 유지할 수 있는 가능성이 많으며 정신적으로 충격을 받거나 스트레스를 경험한 뒤에도 이전의 건강했던 상태의 능력으로 쉽게 회복한다.

회복력(resilience)은 그 아동의 일반적, 범주적, 고정된 속성이 아니다. 스트레스 형태나 상황, 유사한 요인에 따라 다양하다. 회복력은 아동 본인의 취약점과 보호요인 간에 이루어지는 상호작용과 아동과 환경사이 그리고 특정 위험 요소 사이에서 진행되는 상호작용이 들어 있다. 예를 들면 학대 받을 때 가족과 떨어져 지내는 것이 보호가 되는 아동이 있는 반면 이러한 것으로 오히려 일차 애착대상으로부터 떨어진 결과 스트레스가 더 많아지는 아동이 있다.

회복력이 있는 아동은 활기차고 상냥하고 귀엽고 성격이 좋고 돌보기가 쉽고 다른 사람들과 쉽게 친해지는 기질을 보인다. 또한 도움이 필요할 때 도움을 받는 것과 자율성을 조합하는 초기대처 전략이 있는 아동이다. 높은 지능, 학문적 능력, 효과적으로 하는 의사소통, 문제해결 기술, 긍정적 자존감, 높은 자기 효능감을 보이는 아동이다.

보호 요인(protective factors)

㉠ 생물학적 요인 – 순한 기질

㉡ 개인적 요인 – 평균 혹은 그 이상의 지능, 유능함, 신체적 매력
㉢ 가족적 요인 – 긍정적이면서 안정적인 육아, 유능한 성인 역할을 하는 모델, 부모의 감독, 아동의 소질에 대한 부모의 높은 평가
㉣ 사회적 요인 – 또래와의 긍정적 관계, 사회적으로 잘 어울리는 능력, 성인 멘토의 지지
㉤ 문화적 요인 – 긍정적인 문화적 가치, 다양성에 대한 문화적 관용

| 표 1–1 | '장애영유아' 명칭에 대한 설명

장애영유아에 대한 명칭

조기 중재의 개념이 확장되면서 어린 유아의 장애 가능성에 관심이 증가되었다. 하지만 0~3세의 영유아를 특수 교육 서비스 대상자로 분류해서 진단하는 것이 어린 영유아에게 이롭지 않다. 그 이유로 첫째, 초기 유아기의 유아를 특수 교육 서비스 대상자로 분류하는 것은 낙인찍는 것으로 유아에게 잠정적 유해한 영향을 끼친다. 둘째, 유아의 발달 단계가 모두 다르므로 발달 기술의 문제가 사실은 단지 시간상의 문제일 수도 있기 때문이다. 셋째, 3세 이전의 영유아에게 확실한 장애 유형을 진단하기에는 진단절차에 대한 확신이 부족한 상태이다(Lerner, 2003).

따라서 장애를 보이는 영유아에게는 확정된 진단명을 대신해서 '발달지체'라는 비범주적 용어를 사용하기를 권장하고 있다. 발달지체의 정의는 '인지발달, 신체발달, 의사소통발달, 사회정서발달, 적응발달 영역 중 하나 혹은 여러 개의 영역에서 지체를 보이는 것'이다. 발달지체의 진단은 표준화된 발달검사 도구나 전문가의 관찰을 통해 평균에서 1.5표준편차 혹은 2표준편차 이하의 경우로 수량화되어 기술되는 것이다.

장애위험유아는 달리 표현하면 이러한 발달지체 가능성이 높은 아이를 가리키는 말이다.

3) 정상 아동과 장애 아동과의 관련성 – 발달적 의미

(1) 정상과 장애

이 책에서는 정상과 특수 아동의 장애를 구별하는 방식을 정상발달과 비정상발달간의 공생적 관계를 기초로 하여 아동의 장애가 정상 발달에서 어떤 식으로 이루어지지 않아서 생겨나는지 등을 살펴보면서 장애의 문제 양상을 보고자 한다. 흔히 정상인지 문제인지 아니면 그것이 장애가 되는 정도로 심각한 것인지를 판단하려할 때 가장 큰 기준은 아동의 당시 나이와 그 문제의 강도이다. 연령은 각 단계별로 이루어져야 할 많은 발달 내용을 포함하고 있다. 아이가 보인 행동이 또래 나이에 맞는지 혹은 문제 행동 양상의 지속시간이 지나치게 길고 강도의 강약 정도를 보고 문제인지 아니면 장애인지를 알 수 있다. 예를 들면 자기 물건을 뺏겼다고 친구의 얼굴을 때리는 2–3살 아동의 경우 발달상 있을 수 있는 가능성이 더 많다고 보기에 문제로 크게 삼지 않을 수 있지만, 6–7살 아동

의 경우 문제 행동이 될 수 있고, 9-10살의 아동에게는 단순 문제를 넘어서 다른 장애가 있는 것은 아닌지를 의심하게 된다. 6-7살의 아동의 경우 자기 물건 뺏기는 것을 못 참고 심하게 우는 시간이 너무 오래고 친구를 계속 괴롭히면서 화를 풀려고 한다면 단순한 문제 이상이 있을 가능성도 높아진다. 이처럼 아동의 장애는 자신의 연령에서 기대되어지는 발달 정도와 강도를 비교해서 어느 정도의 문제를 보이는가를 통해 그 심각성을 이해할 수 있다.

정상이라는 것은 상대적인 개념이고 변화할 수 있다. 정상에서 얼마나 벗어나야 이상으로 부를 수 있을까에 대한 이상의 기준에는 통계적 기준, 의학적 기준, 사회적 기준을 사용한다. 이상을 표현하는 방식도 분야마다 다르다. 의학에서는 질병, 사회학에서는 일탈, 심리학에서는 비정상 또는 정신질환, 교육학에서는 손상, 예외, 무능, 특수라 부르고, 특수교육에서는 특수성이라고 표현한다.

(2) 발달 과업

아동의 발달은 타고난 개인의 생물학적 요인에 신체, 정서, 인지, 사회성, 성, 자아 등 개인의 발달 영역과 가족, 사회, 문화라는 환경적 요인이 서로 상호작용을 하면서 이루어진다. 아동의 문제나 이상 행동을 정확히 구별하기 위해서 기본적으로 알아야 할 내용이 바로 발달 과업이다. 발달 과업은 연령별로 배우고 습득해야 하는 삶의 중요한 내용들이다. 각 발달 시기에 과업을 제대로 이루지 못하고 가면 이로 인한 문제가 다음 발달 단계에 영향을 준다. 간략하게 연령별 발달 과업을 설명해보면 다음과 같다(이상진 외, 2008 재인용).

① **영 · 유아기**
  ㉠ 양육자에 대한 애착
  ㉡ 언어
  ㉢ 환경에서 자기 구별
  ㉣ 자기 통제와 순종

② **학령기**
  ㉠ 학교에 적응(출석, 적절한 행동)
  ㉡ 학업(예 : 읽기, 계산)
  ㉢ 친구들과 잘 지내기(수용, 친구사귀기)
  ㉣ 규칙에 맞는 행동(도덕적 행동, 친사회적 행동)

③ **청소년기**
  ㉠ 중등교육으로의 성공적 이해

㉡ 학업성취(고등교육과 직업들을 위해 요구되는 기술 배우기)
㉢ 특별활동 참여(운동, 사교모임)
㉣ 동성 또는 이성의 가까운 친구 만들기
㉤ 자아정체성의 응집력 형성

(3) 발달 경로

이 개념은 정상과 이상 발달의 과정과 본질을 이해하는데 도움을 준다. 이 과정은 직접 관찰되지는 않지만 개별 아동에 대한 장기간의 반복 평가로 추측해 보는 것이다. 경로란 특정 행동의 순서와 타이밍을 말하는 것으로 시간 경과에 따라 드러나는 행동 사이의 알려지거나 짐작되는 관계를 조명하는 것이다. 중다결말(multifinality) 개념은 비슷한 경로로 시작하나 결과는 달라지는 것을 말하고, 동일결말(equifinality) 개념은 초기의 다른 경험으로부터 같은 결과들이 나오는 것을 말한다.

발달 경로와 관련된 내용을 정리해 보면 다음과 같다.

① 각 개인에게 장애라는 결과를 일으킨 많은 요인이 있다.
② 장애를 일으킨 요인은 장애를 가진 사람에 따라 다양하다.
③ 동일한 구체적 장애를 가진 사람도 상이한 방식으로 장애 특성을 드러낸다.
④ 특정 장애로 가는 경로는 단일 차원적이면서 고정된 것이 아니라 수많은 차원을 가지며 차원 간에 서로 영향을 미친다.

2 조기 중재의 중요성

1) 조기 중재 개념

조기 중재의 결과에 따라서 유아는 성장과 발달에 중요한 차이를 나타낸다. 장애를 갖고 있는 유아나 장애 위험이 많은 아동일수록 조기 중재를 제공하면 발달에서 많은 변화가 있다. 특히 지적 성장을 돕는 뇌의 발달이 생애 최초 3년 동안 이루어지기 때문에 이 시기는 이후의 유아 발달을 위해 중요한 시기가 된다.

0~5세의 유아기 아동은 매우 빠르게 발달하면서 인지 및 학습에 대한 호기심이 증가한다. 이 시기의 건강한 발달 과정을 통해 주변 탐색에 대한 흥미와 이를 습득하는 능력에서 놀라운 변화를 보인다. 따라서 이 시기의 문제를 가급적 빨리 도와서 문제 행동을 감소시키고 정상 발달로 갈 수 있도록 도와 학교 입학 전에 필요한 인지적, 사회적 기술

을 습득하여 학습 준비가 충분히 될 수 있다.

유아의 문제를 조기에 발견함으로써 학교에서의 실패를 예방하고 감소시킬 수 있다는 것이다. 따라서 유아의 문제를 가급적 빨리 평가하여 문제에 적합한 조기 중재 프로그램을 제공하여 도와주자는 개념이다.

2) 조기 중재의 3유형

장애 아동이 학습하고 학교와 사회에 적극적으로 참여하는 것을 저해하는 방해물이 발생하지 않도록 예방하고 기존 방해물을 제거하며 장애 아동으로 하여금 방해물을 극복하도록 하는 중재로 그 내용은 다음 3가지로 나누어 볼 수 있다.

① **예방적(preventive) 중재**
  ㉠ 장애를 초래할 수 있는 잠재적인 문제에 대해 중재하는 것으로 가능한 한 어린 시기에 시작해야 함
  ㉡ 일차적 예방과 이차적 예방, 삼차적 예방

② **교정적(remedial) 중재**
  ㉠ 장애 아동이 독립적이고 성공적으로 기능을 수행하는 데 필요한 기술을 교수하는 것
  ㉡ 학업적인 기술, 사회적 기술, 개인적 신변처리 기술, 직업기술 등

③ **보상적(compensatory) 중재**
  장애 아동이 장애에도 불구하고 과제를 수행할 수 있도록 대체 기술을 교수하는 것

3) 조기 중재의 효과

유아는 조기 중재의 결과에 따라 성장과 발달에서 중요한 차이를 보인다. 즉 유아의 문제가 조기에 발견되면 학교에서의 실패를 많은 부분에서 예방할 수 있고 감소시킬 수 있다. 조기중재가 주는 장점들을 살펴보면 다음과 같다.

① **특수 아동을 돕는다.**
  ㉠ 문제를 경감시키거나 극복하는 것을 돕는다.
  ㉡ 지능을 촉진시키고 전인발달을 촉진시킨다.
  ㉢ 2차 장애를 예방할 수 있다.

② **특수 아동 가족에게 이익을 준다.**
  ㉠ 가족의 스트레스를 경감시킨다.

ⓛ 가족의 상호작용을 통해 유아－성인 상호작용 증진시킨다.

③ **사회에 이익을 준다.**

㉠ 조기 개입으로 장기 교육이나 치료에 소비되는 비용을 감소시킬 수 있다.

㉡ 기관화로 갈 수 있을 가능성이 줄어든다.

㉢ 학령기에 특수교육서비스에 대한 요구가 경감된다.

㉣ 건강관리와 교육비용에 대한 국가적 비용을 절감할 수 있다.

Goddard(1916)에 의해 제기된 이론 중 하나가 지능은 유전에 의한 것이고 훈련에 의해 아동의 인지 능력은 별로 향상되지 못한다는 것이었다. 하지만 Hunt(1961)는 지능 또는 인지적인 능력은 혼합된 실체라는 개념을 주장하면서 인간의 지적 능력은 환경적인 경험에 의해 변화될 수 있다고 보았다. Bloom(1976)은 초기 유아기의 인지성장이 얼마나 중요한 역할을 하는지에 대한 연구결과 유아의 인지발달 80%는 4세 전에 이루어진다고 제시하였다. 또한 자극적인 환경에 높을 때 지체가 있는 영유아의 인지 발달이 향상되었다는 연구 보고도 있다(Janet W.외, 2004).

소치사부로(1976)는 다음의 도식화를 통해 조기의 치료교육의 필요성을 강조하고 있다.

| 그림 1-3 | 장애의 5가지 증상들

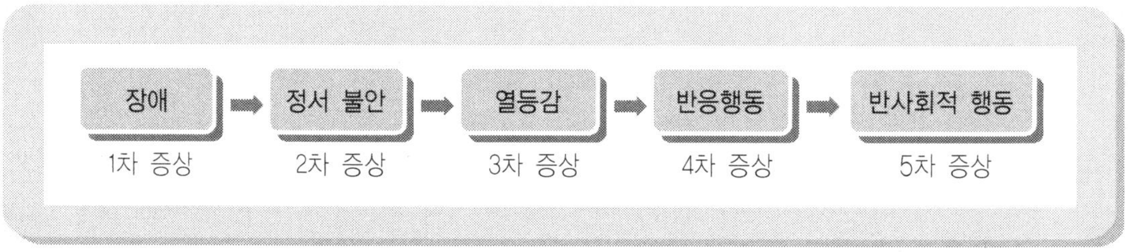

장애를 그냥 방치해 두었을 때 생기는 2차적 문제들을 2차 증상부터 5차 증상으로 나누어 설명하는 표이다. 처음 발생한 장애를 올바르게 치료교육 하였을 경우 그 장애로 인한 기능상의 문제로 끝날 수 있지만 치료교육이 적절하게 제공되지 못한 경우 이상의 문제들이 병행될 가능성이 높다. 따라서 미리 문제를 통찰해서 현재 증상을 중심으로 개선 회복시키는 활동이나 훈련이 중요함을 강조한다. 그것이 바로 다음 고차 증상을 사전에 예방하는 예방 교육이 되기 때문이다.

3 특수 아동 교육과 상담 및 치료교육

장애아동이나 장애위험 아동을 위한 서비스와 관련된 표현에는 주로 특수교육, 특수아동상담, 치료교육이라는 표현이 있다. '특수교육'이라는 용어는 특히 유치원이나 학교와 같은 교육적 기관에서 사용하고 있고 '특수아동상담'이나 '치료교육'은 병원이나 상담센터에서 주로 사용한다.

1) 특수교육

(1) 정의

'특수교육(special education)'은 다양한 관점에서 정의될 수 있다. 일반적으로 신체적, 인지적, 정의적 특성에서 정상 또는 보통 규준과 현저한 차이를 보이는 특수 아동에게 개별적인 요구에 맞춰 수정된 교육과정으로 특수교사가 특수한 교육방법을 활용해서 교수하는 것을 말한다. 하지만 특수 아동을 일반 아동과 달리 목표를 정하는 것이라 아니라 모든 아동이 갖고 있는 자신만의 특성을 찾아 잠재력을 키우는 면에서는 공통적이다. 이런 개념에 의하면 모든 아동은 특수 아동이 될 수도 있다. 우리나라에서 그 중 가장 대표가 될 수 있는 정의는 '특수교육이란 특수교육법에 근거한 장애 아동을 위해 교수에 근거한 중재를 말한다.'이다.

장애인 등에 대한 특수교육법 제2조 제1호에 명시된 특수교육의 정의는 다음과 같다. "특수교육이란 특수교육대상자의 교육적 요구를 충족시키기 위하여 특성에 적합한 교육과정 및 제2호에 따른 특수 교육 관련 서비스 제공을 통하여 이루어지는 교육을 말한다." 즉 일반 아동을 중심으로 구성된 교육과정으로 충족될 수 없는 특수교육 대상자에게 그들의 특성을 고려해서 수정된 교육과정을 의미한다(William L. Heward 저, 2009).

(2) 대상

특수교육의 대상은 개별적으로 계획된 교수 프로그램을 필요로 하는 특수 아동이다. 구체적 대상은 장애인 등에 대한 특수교육법 제3장 15조에 따른 분류를 참고하면 된다. 이들에게는 교육 서비스(일반학습교사, 특수교사)와 관련서비스(심리학자, 사회사업가, 언어병리사, 상담가, 물리치료사 등)가 제공된다. 특수 아동 가족과 함께 협력하는 간학문적 팀 혹은 초학문적 팀 접근법을 주로 사용한다. 장애아동에게 다양한 서비스를 제공하는 접근법을 다학문적 팀 접근이라고 한다. 이 때 아동과 가족은 각각의 서비스를 직접 상호작용하는 대신에 서비스 팀 간의 소통은 부재하다. 간학문적 팀 접근 장애 아동과의 직접적 상호작용과 함께 서비스 팀 간의 소통이 이루어지는 접근방법이다. 이보다 더 포괄적인 접근으로 실제 장애 아동의 치료에 직접 참여하지 않은 다른 서비스 팀도 참여하는 초학문적 팀 접근이라고 부른다. 실제 대형 병원들에서 의사들의 전체 모임으로 사례 분석을 하는 모습은 초학문적 팀 접근의 한 모습이다. 일반적으로 가장 유용하며 효율적인 팀 접근으로 활용되는 것은 간학문적 팀 접근이다.

(3) 내용

특수교육의 내용은 가능하면 모든 장애 아동이 일반학교 교육과정을 학습할 수 있도록 지원하는 것을 목표로 하는 것이다. 일부 장애 아동의 경우 일반교육과정과 관련이 없기도 한다. 기능적 교육과정 (functional curriculum)이 요구되는 경우는 장애 아동이 일상생활, 개인적 또는 사회적 활동, 학교 지역 사회 및 직업상황에서의 성공과 독립성을 위해 필요로 하는 기술과 지식 습득이 필요한 경우이다.

(4) 방법

특수교육의 교수방법과 교수자료는 아동의 필요에 따라 특수화되고 수정된다. 일반아동과는 다른 커리큘럼을 적용하는 경우도 있고 특수아동의 현재와 미래에 최대한 자급자족하고 성공할 수 있도록 돕는 목표지향적인 특수교육도 있다. 주로 개별화된 프로그램을 권장하고 있는데 개별화가족서비스계획(IFSP−Individualized Family Service Plan) 또는 개별화교육프로그램(IEP−Individualized Education Program)을 사용한다.

미국 장애인 교육법(IDEA)에서는 장애 또는 장애 위험에 놓인 신생아 및 영아(5세미만의 아동)에게 개별화가족서비스계획(IFSP)을 적용하도록 하였다. 이에 포함된 내용은 다음 8가지이다.

① 영아의 신체, 인지, 의사소통, 사회성 및 정서 적응 행동 발달 현행 수준
② 가족의 자원, 우선순위, 관심
③ 성취의 진도 진단
④ 영아 및 그 가족의 독특한 필요를 충족시키기 위한 조기 개입 서비스
⑤ 서비스의 시작일과 예상되는 기간
⑥ 서비스 책임자의 이름
⑦ 조기 개입 서비스가 제공된 자연적 환경에 대한 서술 또는 서비스가 자연적 환경에서 제공되지 않는 경우 그 당위성에 대한 설명

⑧ 장애를 지닌 영아의 유아 프로그램으로의 전환 지원 계획

개별화교육프로그램(IEP)에는 각 아동의 현행 능력 수준, 장기 목표와 단기 목표, 필요한 관련 교육 활동, 학습 자료, 프로그램 시작과 종료일, 평가 척도와 시기, 부모 역할 등의 내용들이 포함된다.

(5) 장소

장애의 특성과 정도에 따라 다음과 같이 다양한 교수환경이 제공된다. 일반학급에서 통합하여 특수교육을 받을 수도 있고, 특수반에 배치되어 특수교육을 받을 수도 있으며 중증 장애를 보이는 경우 특수학교에서 집중적인 교육을 실시하기도 한다. 증상이 심화됨에 따라 다음과 같은 단계로 진행된다.

| 그림 1-4 | 다양한 교수환경

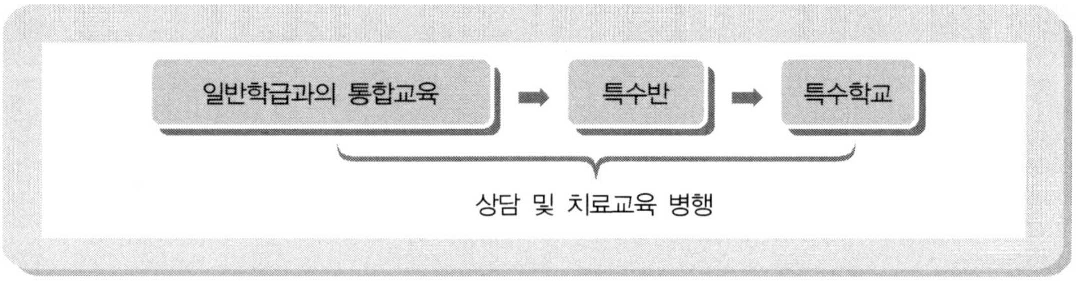

제한 정도가 심화될수록 통합교육의 내용은 달라진다. 장애인 등에 대한 특수교육법(2007)에 따르면 '통합교육은 특수교육 대상자가 일반 학교에서 장애유형, 장애정도에 따라 차별을 받지 아니하고 또래와 함께 개개인의 교육적 요구에 적합한 교육을 받는 것'을 의미한다. 제한이 아주 미비한 경우 일반 학급에서 특수교사 협력과 지원을 받으며 일반 학습 담임 선생님의 수업하는 전일제 통합교육이 진행된다. 제한이 경미한 경우 시간제 통합교육의 형태로 일반 학습과 특수 학급을 병행하며 진행한다. 제한이 중한 경우 전일제 특수학급과 사회적 통합으로 교육이 이루어진다. 다음 단계는 특수학교, 기숙제 특수학교 마지막으로 가장 제한이 최고점인 경우에는 가정이나 병원에서 교육이 진행된다.

2) 특수아동상담

(1) 정의

특수아동상담은 신체 · 인지 · 정서 · 사회 · 행동상의 특수한 문제를 지닌 내담자와 전

문적인 훈련을 받은 상담자 간의 관계에서 상담자가 내담자의 문제를 이해하고 2차적인 문제 발생을 예방하기 위해 내담자와 함께 교육, 적응, 진로 및 의사 결정, 문제 해결, 치료 교육, 자기 발전을 위한 노력을 기울이도록 전문적으로 도와주는 교육 과정이다(김영욱 외, 2003). 일반적으로 아동상담으로 부른다.

(2) 목적

특수아동상담의 목적은 일반상담의 목적과 비슷하다. 목적은 크게 두 가지로 나누어 볼 수 있다. 첫째, '치료상담'은 직면한 문제 상황을 적극적, 직접적으로 해결해 주려 하는 것이다. 둘째, '발달상담'은 교육적 성장을 꾀하는데 목적을 두는 것이다. 특수아동상담의 구성은 개인 혹은 소그룹의 형태로 이루어진다.

특수아동상담의 내용은 그 내용에 따라 4가지로 나누어 본다.

① **교육상담** : 학업기술 훈련을 주요한 활동으로 한다.
② **치료상담** : 특정 증상이나 만성적 문제를 해결하고자 한다.
③ **지지상담** : 정서적 지지를 통해 심리적 문제를 돕는다.
④ **문제해결 상담** : 아동이 접하는 여러 환경에서 발생되는 문제에 대응하여 스스로 해결할 수 있는 능력을 기르도록 돕는다.

이러한 상담 내용이 아동에 따라 하나 혹은 두세 가지가 병행되어 진행될 수 있으며 상담 내용이 일괄적으로 정해진 과정으로 진행되는 것이 아니라 아동의 개별적 문제 특성에 맞춰 구성된다.

3) 치료교육

(1) 개념

치료교육이라는 표현은 치료와 교육의 두 가지의 입장을 결합한 형태이다. 각각의 행위는 다른 목적을 갖는다. 먼저 '치료(treatment) 행위'는 인간의 심신장애를 정상의 상태로 되돌리거나 또는 그 장애를 가능한 경감시키는 데 목적이 있다. 그 다음 '교육(education)행위'는 인간이 원래 가지고 있는 제 능력을 사회생활 속에서 충분히 발휘할 수 있도록 필요한 지식, 기능 및 태도를 익히게 한다. 그래서 아동의 단점을 보완하고, 강점을 강화해서 전인적인 능력을 회복시키도록 돕는 데 그 목적이 있다.

치료개념에 대한 정의는 살펴보면 다양하다. Heller(1912)는 "치료교육(Therapeutic Special Education)은 교육학과 의학 특히 정신의학과의 경계 영역에 속하며 그 목적은 유·아동기에 있는 모든 정신 이상에 대하여 그 아동의 발육조건을 만족시켜서 정신

기능 장애를 조정하는데 있다. 그러므로 대상은 지능장애, 정신장애, 행동 이상 등도 포함한다."고 하였다. 전한선(2002)은 "치료와 교육이라는 양쪽 활동이 역동적인 관계로서 통합적으로 수행되는 것이다." 우리나라 특수 교육 진흥법(1998) 제2조 7항 치료교육의 정의에 의하면 "장애로 인하여 발생한 결함을 보충함과 동시에 생활기능을 회복시켜 주는 심리치료, 언어치료, 물리치료, 작업치료, 보행훈련, 청능훈련 및 생활적응 훈련 등의 교육 활동을 말한다." 윤치연 외 (2009) "치료교육은 장애 학생의 무한한 생명력을 유지 발전시키고, 생리적 자기 조절 기능의 평형상태를 회복시키며 장애로 인하여 발생한 결함을 보충함과 동시에 생활 기능을 회복시켜 주는 교육 활동을 말한다."고 정의한다.

이를 종합하여 보면 치료교육은 장애아동의 특수 문제를 돕기 위해 의학적 진단과 처치 및 약물 치료가 진행되는 치료적 개념과 아동의 발달 과정에 따라 장기간의 개별화된 교육 프로그램을 통해 변화와 성장을 꾀하는 교육적 개념이 통합된 개념이다.

(2) 방법

치료교육의 방법은 치료와 교육의 개념에 절충시 경중을 어디에 두느냐에 따라 3가지 방법으로 나뉜다. 첫째, 교육적 방법을 이용해 치료 또는 장애 경감시키는 방법이 있다. 둘째, 장애를 가지고 있지만 그것을 치료하면서 교육시키는 방법이 있다. 셋째, 치료행위이면서 동시에 교육행위가 되는 방법이 있다.

교육적 방법이 필요한 아동의 치료교육 목표는 장애 학생 발달 특성과 증상 이해하기, 전인적인 성장과 발달의 촉진시키기, 장애 영역별 치료교육 방법 구안하기, 초학문적 협력과 지원을 받기가 있다.

치료적 방법이 필요한 아동의 치료교육 목표는 작업성을 증가시키고 비작업성을 위축시키기, 보호와 훈련을 적정하게 배분하기, 심신기능을 전체적으로 잘 조정하기, 병적 증상의 고정적 타파하기 등이 있다.

(3) 치료교육학의 학문적 입장

치료교육학은 단독 학문이기보다는 여러 학문이 접목된 협력 형태를 띤다. 그래서 타 학문과의 통섭이 무엇보다 요구되고 서로의 전문가적 지식을 함께 공유함으로써 아동의 문제에 가장 우선적이고 해결해야 될 문제를 바르게 찾아 최적의 치료교육을 해 줄 수 있다. 한 영역의 전문가만이 아동의 문제를 다룬다면 다른 영역에서 원인이 되거나 혹은 다른 영역의 문제가 더 심각할 수 있는 상황을 정확하게 인지하지 못하여서 아동에게 부적합한 방법을 제공할 가능성도 많다. 아동의 문제는 한 영역에 국한되어 나타나기보다는 여러 발달 영역을 포함하여 문제를 보이는 경우도 많기 때문에 각 영역의 전문가들의 협의를 통해서 아동의 문제를 평가하여 진단하는 것이 가장 바람직하다.

| 그림 1-5 | 치료교육학의 학문적 입장

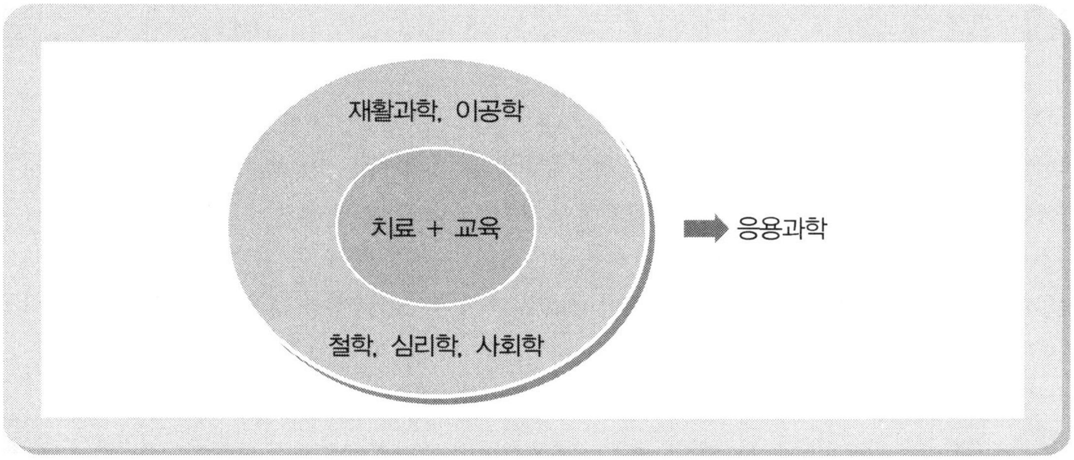

제 2 장

아동발달에 대한 이해

1. 아동발달의 단계 및 각 단계의 발달 문제들
2. 아동발달의 원리
3. 아동발달의 특징
4. 아동발달 이론
5. 다양한 영역의 아동발달 모습
6. 아동의 발달 및 심리장애의 유형

제2장

아동발달에 대한 이해

1 아동발달의 단계 및 각 단계의 발달 문제들

1) 태내기(Prenatal Period)

수정의 순간부터 출생까지의 시기를 말한다. 이 때 정자와 난자가 결합한 수정란은 하나의 생명체로 성장한다. 기간은 약 9개월이지만 신체 구조와 기관이 형성되는 중요한 시기이다. 이 시기는 주로 대뇌발달과 관련된 요인들이 많다.

미숙아의 출산, 태내 성장지연, 유전적 이상, 산모의 당뇨, 고혈압, 풍진, 에이즈 등의 질병을 앓는 것, 산모의 음주 및 흡연 등은 태아기 발달에 많은 위험을 초래한다. 출산 전후 출산 시 손상, 저산소증, 감염 등도 태아기나 출생 직후 발달에 악영향을 가져올 수 있다.

2) 영아기(Infancy)

생후 2년 간의 시기를 말한다. 이 기간 동안 영아는 신체발달이 급속도로 이루어지며, 의사소통이 가능할 만큼 언어 능력이 발달되면서 독립된 개체로 성장할 준비를 한다. 그리고 부모와의 애착관계 형성을 통해 이후 사회성 발달의 기초를 형성한다. 이 때 감각

자극을 통해 인지발달의 촉진을 이룬다.

이 시기의 발달 문제는 아동 학대, 방임 등으로 인한 애착 문제, 신체 발달, 언어 발달, 자폐성, 주의력결핍 과잉행동장애(ADHD)의 문제가 있다. 또한 적절한 환경이나 양육이 이루어지지 못할 때 분노 발작, 심한 낯가림 등의 정서문제를 보일 수 있다.

3) 유아기(Early Childhood)

영아기 이후 초등학교 입학 이전까지의 시기를 말한다. 이 시기에는 운동 기술과 체력이 급속도로 발달을 한다. 상상력, 창의력이 풍부해지며 자율성과 자기 통제력이 증진되는 시기이다. 또래와의 놀이가 양적으로 증가하며 함께 하는 즐거움이 생긴다. 인지 활동에서 세상에 대한 호기심과 탐구하는 자세가 확장되며 다양한 놀이를 통한 배움의 즐거움이 증가한다.

이 시기의 발달 문제는 과잉보호나 과잉통제로 과잉 의존 양상으로 발달 저해, 전반적 발달 지체, 언어 문제, 학습 문제, 지적 장애, 사회성 문제, 다양한 정서 문제, 부모-자녀 관계 문제 등이 있다. 일시적 퇴행으로 자주 우는 것, 부모에게 매달리기, 배변 문제, 식사 거부, 수면 이상, 분리불안, 반항장애 등의 정신병리 모습이 나타나기도 한다.

4) 아동기(Middle Childhood)

초등학교 입학하는 만 6세부터 11세까지의 시기를 말한다. 가정에서 학교로 생활의 중심이 옮겨 가는 시기이다. 이 시기에 아동은 사회적 관계를 많이 형성하게 되며 또래 집단의 비중이 커지게 된다. 자아개념이 발달하는 시기이다. 특히 동성 집단의 경험이 증가하며 이성과는 반목을 하는 모습도 일시적으로 보이기도 한다. 자아개념이 발달하면서 열등감도 나타나면서 낮은 자존감의 문제가 보인다.

이 시기의 발달 문제는 본격적인 다양한 학습 문제, 또래와의 관계 갈등이 심화되는 사회성 문제, 불안이나 우울, 공격성 등의 정서 장애 또는 품행 장애 등이 나타날 수 있다.

5) 청소년기(Adolescence)

2차 성징을 보이면서 신체적 변화와 함께 심리적 변화를 보이는 시기로 그동안 유지해왔던 자신의 모습을 재정립하면서 새롭게 자아를 확인하면서 자신이 누구인가의 자아정체감을 찾고자 한다. 질풍노도의 시기라고도 불리는 사춘기는 초등학교 고학년부터 시작해서 중학교 시기의 절정을 거쳐 고등학교에서 가라앉는 양상을 보인다. 이들의 변화의 핵심은 뇌의 변화와 호르몬의 변화가 원인이 되며 이로 인한 급격한 감정 변화와 이를 통제할 수 없는 사고의 부재로 인한 충동조절의 어려움, 행동 충동으로 인한 갈등 및 상해 가능성의 증가, 제2의 자기중심적 사고, 타인의식 증가, 친구들과의 동조 집단 모습 등을 보인다.

이 시기의 주요 발달 문제는 학령기부터 이어온 학습 문제, 사회성 문제 외에 새롭게 등장하는 사춘기적 반응의 문제, 이로 인한 제2의 부모-자녀 관계 문제, 우울이나 양극성 장애의 증가, 성 정체성의 장애, 섭식장애, 조현증 등이 있다. 청소년기의 정신병리는 아동기 문제의 연속상에서 보이는 문제(자폐증, ADHD 등), 청소년기의 발달과 관련된 정신병리(정체감, 정서, 행동, 신체상의 문제 등), 성인기 정신병리의 조기 발현(조현병, 기분장애, 성격장애, 신경성 질환들, 기질성 정신질환들 등)으로 나누어 볼 수 있다.

2 아동발달의 원리

아동의 발달은 수많은 요인들의 영향을 받는다. 물론 어떤 경우이든 개인차는 있을 수 있다. 그렇지만 발달의 순서와 과정은 다음과 같은 기본적인 원리에 의해 이루어진다.

(1) 발달에는 일정한 순서가 있다.

아동의 발달적 변화는 상당히 규칙적이며 예측 가능하다. 예를 들면 대부분의 영아는 앉을 수 있게 된 다음에 설 수 있고, 옹알이를 한 다음에 말을 할 수 있다. 또한 구체적인 사고가 가능한 후 추상적인 사고가 가능하게 된다.

(2) 발달은 일정한 방향으로 진행된다.

발달의 진행 방향은 크게 세 가지이다. 첫째, 머리에서 발끝 방향으로 발달한다. 그러므로 머리 부분이 몸통이나 다리보다 먼저 발달한다. 둘째, 중심에서 말초 방향으로 발달한다. 팔을 움직일 수 있게 된 후 손목, 손, 손가락의 순서로 움직일 수 있게 된다. 셋째, 일반적인 것에서 특수한 것으로 또는 전체 활동에서 세분된 활동으로 발달이 진행된다. 영아기 초 몸 전체를 사용하는 미분화된 행동은 점차 정밀한 행동으로 분화된다. 예를 들어 앞에 놓인 딸랑이를 잡을 때 처음에는 온 팔과 손바닥을 이용해서 잡으려고 하지만 점차 손목과 손가락을 이용하여 단번에 잡을 수 있게 되는 것이다.

(3) 발달은 연속적인 과정이지만 발달의 속도는 일정하지 않다.

발달은 수정의 순간부터 죽을 때까지 계속적으로 일어나지만 속도는 발달의 영역에 따라 일정하지 않다. 키와 몸무게는 첫 돌까지 크게 증가하지만 생식기관은 사춘기에 급속하게 발달한다. 또한 영아기에는 어휘 습득 속도가 빠르지만 논리적인 문제 해결은 청년기에 급속하게 향상된다.

(4) 발달에는 개인차가 있다.

대부분의 아동이 일정한 발달 순서에 따라 발달하지만 발달의 속도와 양상은 아동마다 다르며 심지어 일란성 쌍생아들 간에도 태어날 때부터 개인차가 나타난다.

(5) 발달에는 민감기(sensitive period)가 있다.

발달은 인간의 전 생애에 걸쳐 일어나지만 발달 영역에 따라 최적의 발달이 이루어질 수 있는 민감기가 존재한다. 애착의 형성은 성인기나 노년기보다 생의 초기에 민감하게 이루어지며, 언어 획득도 민감기가 존재한다. 이러한 발달의 민감기는 대부분 생의 초기에 집중되어 있으며, 이 시기 발달의 실조 경험은 이후 발달에 부정적인 영향을 미칠 수 있다는 점에서 발달의 초기단계는 일생 중 가장 중요한 시기로 간주된다.

(6) 발달의 각 영역은 상호 밀접하게 연관되어 있다.

인간의 신체, 운동, 정서, 사회성 등 발달의 제 영역은 서로 유기적으로 연결되어 있어서 각 영역의 발달 또는 지연은 다른 영역의 발달을 촉진, 지연시키는 영향을 미치게 된다.

3 아동발달의 특징

아동기는 신체, 정서, 인지, 사회성 발달이 급속히 진행되는 시기이며 일생의 기초가 형성되는 시기이다. 그러므로 이 시기 아동의 성장과 발달의 특징을 아는 것은 아동의 전반적인 성장 발달을 돕는데 매우 중요하다.

(1) 아동기는 발달이 빠른 속도로 진행되기 때문에 문제가 생겼을 경우 신속하게 개입하는 것이 중요하다. 성장과정에서 그 결함이 누적되게 되면 이후 발달에 지대한 영향을 미치게 된다.

(2) 아동은 생존에 필요한 능력을 갖추기까지 많은 시간이 필요하기 때문에 다양한 양

육과 지원이 필요하다. 아동은 여러 동물 중 가장 오랫동안 양육이 요구되는 의존적 존재이다. 어릴 때부터 아동의 의존 욕구를 잘 해결해주어야 하는 사람이 바로 양육자다. 어떤 양육자인가가 중요한 이유이다.

(3) 아동기의 지적, 정서적, 사회적, 신체적 영역은 서로 상호 보완하면서 전인적인 발달을 이루기 때문에 한 영역의 문제가 다른 영역의 발달에 연관된다.

(4) 아동기는 생애발달 시기에서 가장 교정의 효과가 큰 시기이다. 그러므로 문제가 생겼을 경우 능동적으로 대처하여 신속하게 해결책을 찾도록 한다.

(5) 발달적, 환경적으로 취약점을 가진 아동의 회복력은 보호 요인들과의 상호작용에 의해 달라진다(Mastem& Coastworth, 1998). 그러므로 아동에게 적절한 지원 환경을 제공하는 것은 중요하다.

| 표 2-1 | 아동 청소년이 갖는 보호요인

원천	특 징
개인	좋은 지적 능력, 사교성, 유순한 성향, 자기 효능감, 자기 확신, 높은 자존감, 재능, 신념
가족	부모와의 밀접한 관계, 권위가 있는 양육법, 따뜻함, 구조, 높은 기대, 사회 경제적 이점, 지지적인 확대 가족망의 연결
환경	아동의 복지를 향상시키는 데 관심을 가진 가족 이외의 성인, 친사회적 조직과의 연결, 효과적인 교육 참여

출처 : 아동심리상담, 양서원

4 아동발달 이론

아동은 자신이 속해 있는 환경에서 자신의 연령에 기대되는 발달과업을 잘 수행하면 적절감을 가지고 다음 발달 단계로 순조롭게 넘어가지만, 그렇지 못했을 경우 부적절감을 가지게 되며 이로 인해 다양한 어려움을 겪게 된다. 본 장에서는 아동의 발달과정에서 정서특성을 프로이드와 에릭슨, 보울비의 이론을 중심으로 설명한다.

1) 프로이드(Freud)의 심리성적 이론

프로이드는 인간이 스스로 인식하지 못하는 동기(무의식)와 갈등에 의해 움직이는 경우가 많으며 인간의 성격은 인생 초기 경험에 의해 형성된다고 하였다. 프로이드에 의하면 성격은 원초아, 자아, 초자아가 발달하여 점차 심리성적 발달의 5단계로 통합된다고 하였다. 프로이드의 심리성적 발달은 다음의 표와 같다.

프로이드는 인간의 성격은 크게 원초아(id), 자아(ego), 초자아(super-ego) 세 가지 구조로 구성되어 있다고 했다.

첫째, 원초아는 가장 본능에 가까운 욕구로서 갈증, 공격성, 파괴, 배고픔 등 기초적 욕구를 말하며 대부분 무의식의 세계에 내재해 있다. 인간의 통제 밖에 있는 매우 생리적인 유아기 수준의 욕구를 말하며 이기적이며 충동적이고 쾌락을 즐긴다. 성인이 되어도 원초아는 쾌락의 원리를 따른다.

둘째, 자아는 인간의 성격에서 이성적이며 합리적인 성격을 갖고 있다. 주변 환경과의 관계 속에서 외부의 영향과 현실적 요구를 반영하여 행동한다. 원초적 자아가 강하게 작용할지라도 주변 사람의 충고나 조언에 따라 행동을 스스로 규제할 수 있다. 인간은 원초아와 자아 사이에 균형을 유지하고자 노력한다. 이성의 원리를 따르며, 이로 인해 만족지연이나 자기조절력을 보인다.

셋째, 초자아는 현실적인 욕구를 넘어 선과 악을 판단하는 도덕상과 자아이상에 따르는 행동이나 가치 기준이라 할 수 있다. 보통 종교인이나 사회적 지도자들 사이에서 주로 볼 수 있으며 양심의 원리에 따라 행동하는 것을 말한다. 개인 행동의 도덕적 기준으로서 행동을 제한하고 조정한다. 이상 또는 완벽의 원리라 부른다.

프로이드는 리비도가 각 신체에 주는 영향으로 5단계의 개인 내적인 심리성적 발달 단계의 모습으로 발달한다고 하였다. 간략히 요약하면 다음 표와 같다.

| 표 2-2 | 프로이드의 심리성적 발달

연령	단계	내용
출생~1세	구강기	입과 입술을 통해 만족을 얻게 되면 자신과 타인에게 신뢰감을 갖게 되고 그렇지 않으면 고립된 인간관계를 갖게 됨
1~3세	항문기	배변 훈련 과정에서 양육자의 감정, 태도, 반응 등을 통해 독립적이고 개별적인 성격을 형성하거나 또는 강박적이고 의존적인 성격이 됨
3~5, 6세	남근기	성기에 대한 관심과 이성 부모에 대한 성적 유대감을 갖고 , 동성 부모와의 동일시를 통해 초자아(도덕성)를 발달시키거나 부정적인 영향을 받게 됨
5,6~11, 12세	잠재기	특별한 성적 관심 및 대상이 줄어들고 새로운 학습 환경으로 들어가나, 여전히 이전 경험의 영향을 받게 됨
12세 이후	생식기	성적 충동을 다시 깨우는데, 이를 사회적으로 수용될 수 있는 방식으로 표현되는 방법을 배우고, 이후 결혼과 자녀 양육으로 충족됨

프로이드는 각 단계에서의 발달 과업을 충분히 이루면 다음 단계로 발달하지만 그렇지 않으면 고착(fixation)된 모습을 보인다고 주장하였다. 주로 과잉 충족되거나 과소 충족되었을 때 고착 양상으로 단계에 머물러 고착된 성격문제를 보인다고 하였다. 또한 프로이드는 자아가 기능을 제대로 하지 못해 원초아가 지나치게 강하거나 초자아가 지나치게 강할 때 심리적 문제가 발생한다고 보았다. 원초아가 지나치게 강해지면 공격성 및 성적 충동의 문제가 발생하고, 초자아가 지나치게 강해지면 지나친 죄책감으로 도덕적 불안증에 시달리게 된다.

2) 에릭슨(Erikson)의 심리사회 이론

에릭슨은 인간의 성장에 따른 사회적 역할의 습득을 중심 개념으로 하여 전 생애에 걸친 8 단계 발달과업을 제시하였다. 에릭슨은 각 발달 과제를 잘 이행 시 얻게 되는 심리사회적 특성과 발달 과제를 달성하지 못하였을 때 오는 특성을 비교해서 설명하였다. 그 중 영아부터 청소년기의 5단계 발달과업의 내용은 다음과 같다.

| 표 2-3 | 에릭슨의 심리사회적 발달단계

심리사회적 단계	긍정적인 학습의 결과	부정적인 학습의 결과
신뢰감 vs 불신감 (0~1.5세)	충분히 껴안기도 하고 사랑을 받으며, 보살핌을 받은 영아는 환경을 신뢰하는 것을 학습하게 되며, 안전감을 느낀다.	욕구가 무시되는 영아는 불안하고 두려워하며, 환경을 불신하는 것을 학습한다. 이때 형성된 불신감은 성인기까지 영향을 미친다.
자율감 vs 수치감 (1.5~3세)	혼자서 식사하기, 대소변 가리기, 옷갈아 입기 등 아동 스스로 성공적으로 성취하도록 격려와 지지를 받은 아동은 자기 가치감(sense of self-worth)과 성취에 대해 긍지를 주는 환경과 자신을 통제하는 것을 학습하기 시작한다.	과잉보호, 비난, 무시되는 아동은 자기 자신에 대해 수치감과 의심을 갖게 되고 후일 자기 확신이 결여된 삶을 살아가게 된다.
주도성(솔선성) vs 죄책감 (3~6세)	놀이에서 허용된 활동과 금지된 활동을 구분할 수 있도록 잘 지도하고 격려하면 아동은 환경을 다루고 지배하는 방법을 배우게 되며 아동 자신이 주도한 놀이에서는 상상력을 발휘하고 다양한 역할 놀이에 참여하게 된다.	아동이 주도성을 표출할 때 비난, 조롱, 벌을 받으면, 아동은 죄의식을 느끼게 된다.

심리사회적 단계	긍정적인 학습의 결과	부정적인 학습의 결과
근면성 vs 열등감 (6~13세)	규칙을 따르고 협력하여 놀이를 하는 등 생활의 형식적인 기술 습득을 학습한다. 아동은 자기 훈련법을 배우며, 자신감 있고 유능함을 느낀다.	부과된 과제나 친구 및 가족의 요구 기준을 충족시키지 못했다고 느낄 때, 아동은 계속 실패하여 무능감과 열등감을 느끼게 되어 부정적인 자아상을 형성하게 된다.
정체감 vs 역할 혼미 (13~20세)	가치 있고 흥미 있는 일들을 시도해 보고, 자아정체감을 알게 되며, 강한 힘과 통제력을 느낀다.	계속된 실패로 인해 역할 혼미와 부적절한 행동을 하게 된다. 아동은 거부당하고, 대수롭지 않은 존재라고 느낀다.

출처 : 이재연 · 서영숙 · 이명조 공역(1992)

성인 이후 3단계 발달 모습은 다음과 같다.

연령	단계	내용
성인 초기	친밀감 vs 고립감	성인기가 시작되면서 자신의 정체감과 다른 사람의 정체감을 통합시키고, 타인을 이해하고, 깊이 공감을 나누는 수용력을 발달시켜야 하며, 실패하면 고립되고 자기 몰두에 빠진다.
중년기	생산성 vs 침체성	성숙한 성인으로서 자녀를 낳아 기르는 생물학적 생산성이나 직업적 생산성 등을 통해 다음 세대를 인도하게 되지만 실패하면 침체에 빠진다.
노년기	통합성 vs 절망감	자신의 삶을 되돌아보고 의미 있다고 받아들이고 죽음을 준비하는 시기이나, 의미 없다고 후회하면 절망감에 빠진다.

에릭슨은 프로이드의 정신분석 이론의 영향을 많이 받았으나 아동을 생물학적 충동에 수동적으로 반응하기보다는 호기심을 가지고 환경에 능동적으로 적응하는 탐험자로 보았고, 어린 시절의 경험에서는 부모, 가족, 친구, 사회, 문화 배경 모두 중요한 요인으로 강조하였다.

3) 보울비(Bowlby)의 애착이론

보울비는 로렌즈의 '각인이론'을 사람과 영아와의 관계로 접목하여 애착(attachment)이라는 개념을 발견하였다. 영아와 어머니를 자기 조절적이고 서로 상호작용하는 체계의 구성원들로 간주하였다. 보울비에 의하면 애착 체계는 생물학적으로 작동되고 아동을 위한 생존기능을 한다고 했다. 영아는 어머니에게 근접하여 보호를 받고 안정감을 얻으려고 한다. 그러므로 어머니와 상호작용할 때 영아는 능동적인 파트너로서 신호를 보낸다고 했다. 일반적으로 안정 애착된 영아는 적응성이 좋고, 친사회적이며, 집단 생활을 잘하는 편이다.

| 표 2-4 | 보울비의 애착발달단계

연령	단계	내용
출생-6주	전(前)애착단계	영아가 다른 대상에 비해 사람을 선호하지만 특정 대상을 구별하지는 않고 모든 대상에게 애착을 보임
6주-8개월	애착형성단계	영아기 친숙한 사람과 친숙하지 않은 사람을 구분하기 시작하여 본격적인 애착이 형성되는 6-8개월 까지 지속됨
8-18개월	애착단계	특정 대상에 대한 강한 집착을 보이며 애착대상에게 적극적으로 접근하고 떨어질 때 분리불안을 보이는 단계. 다른 사람에 대한 낯가림도 1세 정도까지 지속되며 분리불안은 애착대상인 어머니로부터 떨어질 때 나타내는 불안반응으로 1세 전후로 절정에 이름
18개월-2,3세	상호관계의 형성단계	어머니의 행동을 예상하고 어머니의 계획이나 목적을 이해할 수 있게 되어 분리 불안이 감소함

보울비의 애착 형성은 일정기간 한 공간에서 주 양육자와 상호작용을 통해 강력한 유대감을 형성하는 것을 의미한다. 애착은 주 양육자와의 접촉을 통해 이루어지는 것으로 신뢰감을 형성하여 모든 관계의 원형을 만든다. 애착은 안정 애착과 불안정 애착으로 나뉘며 불안정 애착은 저항형, 회피형으로 나뉜다. 안정 애착에는 아동과 안정적인 상호작용을 하면서 즉각적이고 반응적이며 온정적인 부모가 존재하였다. 반면 불안정 애착의 경우 저항형은 과잉 애착의 형태로 비일관적 부모로 인해 신뢰하지 못하는 모습으로 부모가 안정감을 주는 역할을 하지 못하는 양상이다. 불안정 애착의 또 다른 유형인 회피형은 방임형으로 상호작용의 부재인 부모로 인해 부모가 안정감을 주는 역할을 할 것을 아예 기대하지 않음으로 혼자만의 세상을 갖는 모습이다. 불안정 애착과 관계되는 위험기제는 불안정성, 억제된 숙달 동기, 정서조절 장애, 내적 작동 모델로 인한 친구나 연인 등의 관계 형성에 주는 부정적 영향 등이 있다.

아동발달과 관련된 이론들을 생물학적 관점, 행동주의, 인지 이론들, 정신분석 입장, 인간 중심이론 중심으로 간략히 표로 정리하면 다음과 같다.

| 표 2-5 | 아동발달에 관한 다양한 이론들

이론가		이론 내용	시사점
동물행동학적 이론	Gesell	기질 이해	타고난 기질이 주는 영향
	Bowlby	애착 이론	부모-자녀 초기 관계 형성의 중요성
정신분석 이론	Freud	심리 성적 발달 단계	아동의 무의식 이해 행동 이전의 내면 문제를 중시
	Erikson	심리 사회적 발달 단계	연령별 발달과업 사회적 역할 습득
인지 이론	Piaget	아동의 인지 발달 단계	인지발달 단계에 따른 교육 (인지 구조)
	Akins	정보처리 이론	정보처리기능 향상에 대한 교육 (인지 기능)
행동주의 이론	Pavlov	고전적 조건형성	다양한 행동주의 요법들 (학습의 형성)
	Skinner	조건적 조건형성	
생태학적 이론	Brenfen-brenner	아동을 둘러싼 환경체계의 관계들	부모-자녀 관계 및 사회, 문화가 주는 영향들 (다양한 체계들)
인본주의 이론	Maslow	욕구체계이론	아동의 개별성 인정 존재 자체에 대한 무조건적 수용
	Rogers	자아실현 이론	

5 다양한 영역의 아동발달 모습

1) 신체발달

(1) 신생아

① **신체적 특징 :** 몸 전체는 끈적끈적한 태지와 솜털로 덮혀 있으며 붉은 색을 띈다. 머리는 몸에 비해 크고 몸통은 짤막하다. 남아는 평균키가 51.4 cm이며 여아는 50.5cm이다. 평균체중은 남아가 3.4kg, 여아는 3.3kg이다.

② **반사행동 :** 누군가가 손가락으로 아기의 볼을 부드럽게 건드리면 아기는 건드려진

방향으로 머리를 돌린다. 또한 아기의 손바닥에 손가락을 놓으면 아기는 그 손가락을 꼭 쥐며 아기를 안고 있다가 갑자기 내려놓으면 팔을 활모양으로 휘는 반응을 보인다. 이와 같은 반응이 반사행동이다. 반사행동에는 생존 반사와 원시 반사가 있다. 생존 반사는 호흡 반사, 빨기 반사, 삼키기 반사가 있다. 원시 반사는 생존과 상관없는 반사로 인류의 진화과정의 흔적으로 남겨져 있는 모습으로 수개월내로 사라진다. 잡기 반사, 걸음마 반사 등이 이에 해당된다.

(2) 영아기

① 신체발달

생후 12개월이 되면 키는 출생 때보다 50% 이상이 커지며, 두 살이 되면 75% 이상 성장한다. 몸무게도 비슷한 성장을 보이는데 생후 다섯 달이 되면 출생 때 몸무게의 두 배가 되고 1년이 되면 세 배, 두 살이 되면 네 배가 된다.

② 운동발달

영아는 고개를 들고 대상을 향해 손을 뻗고 스스로 앉고 기고 혼자서 걷게 된다. 혼자 앉을 수 있게 된 영아는 이전에 배와 등에 의존하여 지냈던 시기와는 완전히 다른 관점으로 주변 세계를 보게 된다. 또한 손을 뻗어 물건을 잡을 수 있게 되면서 사물에 행위를 가하여 탐색하게 된다.

(3) 유아기

① 신체발달

유아들은 매년 평균 키가 7cm씩 증가하며 몸무게는 2~3kg씩 증가한다. 6세가 되면 키는 112cm 정도가 되며 몸무게는 20kg 정도가 된다. 이 기간 동안 남아들은 여아들에 비해 약간 크고 무거우며 이러한 차이는 사춘기까지 이어진다.

② 운동발달

유아들은 대근육 활동(Gross Motor–뛰기, 넘어지기, 일어나기)과 소근육 활동(Fine Motor–블록 쌓기, 낙서하기, 가위로 종이 자르기 등)을 활발하게 한다. 유아기 운동발달의 특성은 다음 3가지로 설명할 수 있다. 첫째, 유아기에는 신체의 각 부분을 효율적으로 움직일 수 있고, 바른 자세를 형성하며 균형을 유지할 수 있는 능력인 신체적 안정성을 발달시켜 나가는 시기이다. 둘째, 유아기에는 이동 능력을 발달시키는 시기로 걷기, 뛰기, 오르기, 미끄러지기 등의 운동기능이 급속도로 발달한다. 셋째, 유아기는 조작 능력을 발달시키는 시기로 주변의 여러 사물들을 접하면서 각각의 특성에 따라 다양한 조절 방법을 배우게 된다.

(4) 아동기

① **신체발달**

초등학교 시기의 아동들은 매년 5~8cm씩 자라며 11세가 되면 평균 아동의 키는 140cm가 된다. 아동기 동안에 체중은 1년에 2.7kg씩 증가한다, 근육 세포의 급격한 증가로 남아들은 여아들보다 힘이 세어진다. 특히 머리 둘레, 허리둘레, 다리 길이가 전체 키에 비해서 줄어드는 몸의 비율 변화가 이 시기 신체 발달의 특성이다.

② **운동발달**

아동기 동안의 운동발달은 이전 시기들에 비해 훨씬 부드러워지고 잘 통합이 된다. 달리기, 오르기, 줄넘기, 수영, 자전거 타기, 스케이트 타기 등 많은 활동을 능숙하게 하게 된다. 이러한 신체적 기술의 발달로 아동들은 많은 기쁨과 성취감을 경험하게 되므로 무엇보다 이 시기에는 아동들이 충분한 운동기능을 수행할 수 있는 기회를 제공해 주는 것이 필요하다.

2) 인지발달

피아제(Piaget)는 행동주의의 수동적 인간론에 대해 반대하면서 아동을 능동적 존재로 보았다. 즉 아동이 환경적 요인에 의해 결정되는 것이 아니라 아동 스스로 세상을 이해하고 판단하는 능력을 갖고 환경적 요인을 해석하는 주관적인 경험을 하는 존재로 여겼다. 또한 정신분석이론이 아동의 무의식적 사고의 중요성을 강조한 반면 피아제의 인지발달이론은 의식적 사고를 중시여기며 정신구조를 중요시하였다. 인지발달이론에서는 '과학자로 태어난 영아'로 보았다.

피아제의 이론에서는 도식, 적응, 동화, 조절, 평형의 개념이 중요한 의미를 갖는다. 도식(schema)은 사물이나 사건에 대한 전체적인 윤곽을 말한다. 영아는 많은 도식을 갖고 태어난다. 또한 적응의 과정을 통해서 새로운 도식을 개발하고 기존의 도식을 바꾸는 등의 끊임없는 변화를 보인다. 적응(adaptation)은 환경과의 직접적인 상호작용을 통해 도식이 변화되는 과정을 말한다. 적응은 동화와 조절이라는 두 수단을 통해서 진행된다. 동화(assimilation)는 새로운 환경자극에 반응하기 위해 기존의 도식을 사용해서 새로운 자극을 이해하는 과정을 말한다. 이와는 반대로 조절(accommodation)은 기존의 도식으로는 새로운 환경 자극을 이해할 수 없을 때 자신의 기존 도식을 변경하여 이해하는 과정을 말한다. 평형(equilibration)은 동화와 조절의 균형을 의미한다.

피아제에 의하면 인지발달에는 4단계가 있고 개인에 따라 속도는 다르지만 순서대로 정해진 단계를 거쳐 간다고 하였다. 그리고 각각의 단계는 이전의 단계보다 더 높은 수준이며 질적으로 다르다고 하였다. 모든 문화권에서 공통적으로 4단계의 인지발달 과정을 보인다. 각 단계와 그에 해당하는 연령과 특징은 다음과 같다.

| 표 2-6 | 피아제의 인지발달단계

단계	시기	특징
감각운동기 (Sensorimotor Stage)	출생-2세	• 이해의 수단이 감각과 운동임 • 반사운동 • 사고가 구체적 수준 • 대상영속성(object permanence) 시작 • 목표지향적 행동 시작
전조작기 (Preoperational Stage)	2세- 7세	• 전개념적 사고기 – 상징적 사고, 자기 중심적 사고, 물활론적 사고, 인공론적 사고, 전환적 추론 • 직관적 사고기 – 보존개념의 결여, 불완전한 분류 능력 등 (개념적 조작 전 단계의 모습들) • 상징화 발달
구체적 조작기 (Concrete Operational Stage)	7-11세	• 보존 개념 • 유목 개념 • 서열화 • 조망수용
형식적 조작기 (Formal operational Stage)	11세 이후	• 추상적 사고 • 가설적, 연역적 사고 • 체계적, 조합적 사고 • 이상주의적 사고

3) 언어발달

(1) 초기 언어 발달 과정

| 표 2-7 | 초기 언어 발달 과정

월령	언어발달
출생	운다. 소리에 대해 반응을 보인다.
2-3개월	목울림(coos), 웃음
3개월	소리어를 내며 논다.
5-6개월	자음의 도입과 들리는 소리에 근접한 소리를 내려고 한다.

월령	언어발달
6-10개월	자음과 모음을 연결하여 옹알이를 한다.
9개월	의사 전달을 위하여 제스처를 사용한다. 제스처 게임을 한다.
9-10개월	단어를 이해하기 시작한다(주로 아니야와 아기 자신의 이름). 소리의 모방이 시작된다. 모국어에 없는 소리를 구분할 수 있는 능력을 상실한다.
9-12개월	사회적 의미를 나타내는 제스처를 사용한다.
10-14개월	최초의 단어를 사용한다(대개 사물을 지칭하는 것). 소리를 모방한다.
13개월	이름 짓기의 상징적 기능을 이해한다. 좀 더 정교한 제스처를 사용한다.
14개월	상징적 제스처를 사용한다.
16-24개월	새로운 단어 습득이 빨라져서 어휘수가 급속히 증가한다. 50-400개의 어휘수를 갖는다. 동사 및 형용사를 사용할 수 있다.
18-24개월	두 단어로 이루어진 문장으로 이야기 할 수 있다.
20개월	제스처에 대한 의존도는 낮아지고 사물을 이름으로 지칭한다.
20-22개월	이해도가 급속히 증가한다.
24개월	두 단어로 이야기 하는 것이 증가한다. 옹알이는 없어진다. 많은 이야기를 하고 싶어한다.
30개월	매일 새로운 단어를 습득한다. 세 개 이상의 단어를 사용하여 이야기 한다. 이해력은 무척 좋다. 문법적 오류를 범한다.
36개월	어휘 수가 1000개에 이르는데 80%가 이해할 수 있는 것들이다. 문법적인 실수를 한다.

출처 : Papalia et al., 1998

(2) 유아 전기 언어(만 2세~만 3세)

이 시기에는 성인어에 대한 이해력이 증가하고 하루에 새로운 어휘 6-10개를 습득하며, 과거형, 절, 수동형 등의 문법적 규칙을 활용하게 되는데 이때 창조적인 실수를 하기도 한다. 유아 전기에는 흥분되어 소리를 내는 것이 유아의 행복한 정서 표현이기도 하다. "싫다", "아니다"를 쉽게 사용하며, 원인과 결과에 대한 언급과 간혹 이것들을 연결시키는 '그래서', '그리고', '음' 등의 접속사를 사용하기도 한다.

(3) 유아 후기 언어(만 4세~만 6세)

이 시기가 되면 유아들의 언어는 거의 성인의 것과 유사해진다. 문장은 길어지고 문장의 주요 구성 요소들이 다 있다. 말이 많아지고, 다른 사람의 어휘 혹은 말하는 방식을 흉내 낸다. 자극적인 어휘는 유아들에게 흥미를 일으키고 금방 다른 또래의 유아들에게

번진다.

또한 이 시기는 사회적 말하기가 발달한다. 타인의 관심을 자신에게 주목하게 할 수 있으며, 잠깐 멈추고 다른 사람의 말을 듣기, 자신의 말을 수정하기, 자신이 말하고 있는 동안 다른 사람이 끼어들지 못하도록 짬을 주지 않기, 자신이 말하고 싶은 바를 마음에 간직한 채 자신의 말할 차례가 올 때까지 참고 기다리는 능력이 생기게 된다.

4) 정서발달

아동이 자신의 정서를 정확하게 인식하고 타인의 정서를 이해하는 능력은 타인과 관계를 맺고 상호작용하는데 매우 적응적인 가치를 지닌다. 타인의 정서를 이해하는 능력은 영아기부터 발달하기 시작한다. 약 2세 경을 전후로 분화된 정서가 유아기에도 그대로 유지된다. 정서표현(emotion expression)은 2-3개월 때 슬픔과 분노를 나타내며, 6-7개월에는 두려움을 표현한다. 돌 이후에는 인지발달로 자기의식적 정서(self-conscious emotion)가 발달하여 자기에 대한 만족 및 불만족을 경험한다. 정서표현은 양육자의 영향을 많이 받는다. 양육자의 정서를 영아는 직접 모방한다.

(1) 기쁨(Pleasure)

기쁨은 기본적 욕구가 충족되었을 때 보이는 만족과 관련된 감정으로 가장 일찍 분화되는 정서 중 하나로 2-3개월이면 나타난다. 생후 초기에 보이는 배냇 미소는 선천적이고 반사적인 생존적 반응이다. 4주부터 외부자극에 미소를 보이고 6-10주때 사람 얼굴을 보고 사회적 미소를 보이기 시작한다. 6개월부터는 깔깔거리고 소리내어 웃는 모습을 보이며 돌 경이면 웃는 행동이 더욱 강렬해지면서 깡충거리고 뛰거나 소리 지르며 다른 사람을 껴안는 등의 모습도 나타난다.

(2) 공포(Fear)

공포는 6개월경부터 분화되는 정서로 심리적 균형의 상실 상태로 설명된다. 공포정서를 일으키는 자극내용으로 1세 전후의 유아들은 갑작스럽게 들리는 큰 소리, 낯설고 처음 보는 사람, 이상하고 신기한 물건 등에서 공포를 느낀다. 2세 경에는 그림자, 개나 고양이 등의 동물이나 어두움, 괴상한 소리 등이 공포의 대상이 된다.

또한 유아기 공포는 과거의 경험과 관련되어 나타나는 경우가 많다. 예를 들어 물에 빠진 적이 있는 유아는 물을 두려워하고 개에 물린 경험에 있는 유아는 개를 무서워한다. 3세 이후로 연령이 증가할수록 공포 대상의 범위가 확장되고 유아는 시각적인 것에 공포심을 느낀다. 5세 경에는 눈에 보이는 구체적 직접적 사물 외에 보이지 않은 추상적 초자연적 상상 내용에 대해서도 공포반응을 보인다. 상상력이 증가하면서 가상의 대상이나 사건에 의해 공포심이 강해진다.

(3) 분노(Anger)

분노는 욕구 좌절 시 발생하는 감정으로 4-5개월부터 나타난다. 유아는 하는 일을 방해 받거나 원하는 것을 가질 수 없을 때, 자기 활동이 방해 받을 때, 인내의 한계에 도달했을 때, 희망이나 바람에 대하여 좌절되었을 때, 놀림을 받을 때, 갖고 있던 물건을 빼앗길 때, 무시당하거나 꾸중을 들을 때 발생하는 욕구 불만이 원인이 된다. 유아기에 분노가 자주 나타나는 이유는 문제해결을 위한 사고나 언어 표현 능력이 부족하고, 신체적 활동의 피곤함으로 분노를 자주 느끼기 때문이다. 떼 쓰기, 고집부리기, 말 안 듣기, 폭발적 행동, 보복 등의 행동으로 표출된다.

어린 유아의 경우 울거나 발구르기 등의 표현으로 나타나는데 연령이 증가되면서 격렬한 분노는 다소 억제될 수 있으며 직접적인 방해물에 화를 내다가 4세 경이 되면 던지기, 때리기, 깨물기 등의 분노 행동으로 나타난다. 5세 후반이 되면 공격적인 행동보다 공격적인 언어로 분노를 표시하게 된다. 어릴수록 직접적이고 표면적인 공격행동을 보이다가 연령이 증가하면서 간접적이고 언어적인 공격을 한다. 성별에서도 분노 표현의 차이가 있는데 여아는 말로 자신의 분노를 표현하는 반면 남아는 말은 적고 주로 신체적인 공격행동으로 거칠게 행동하는 모습을 보인다.

(4) 질투(Jealousy)

질투는 애정의 상실로 발생하는 감정으로 돌 이후 18개월 즈음에 나타난다. 1세 전후에 자신의 부모가 다른 아이를 안고 있는 것에 대해 화내거나 떼쓰는 모습이 대표적 모습이다. 동생을 볼 때 애정의 위협을 받으면서 극도의 질투감을 보인다. 대체로 자기 주장이 강해지는 시기인 3-4세 경에 질투가 가장 심하게 나타나며 5-6세 경에는 교사가 다른 친구를 귀여워하면 심한 질투를 보인다.

질투는 대체로 내향적인 유아보다 적극적이고 공격적인 유아에게서 더 많고, 리더 역할을 하는 유아들에게 보다 많다. 질투감은 주의를 끌기 위한 다른 행동과 함께 나타나기도 한다. 즉 부모나 주변 사람들의 관심을 끌려고 손가락을 빨거나 어리광부리기, 오줌싸기, 말더듬 등의 퇴행행동을 보이거나 다른 문제행동을 보이는 등의 부적응적 모습을 보인다.

5) 사회성 발달

(1) 영아기

영아기에 발생하는 가장 중요한 형태의 사회성 발달이 애착이다. 애착이란 영아와 양육자간에 형성되는 긴밀한 정서적 유대감을 말하는데 영아기에 형성된 애착은 인지, 정서, 사회성 발달에 중요한 영향을 준다. 애착행동은 본능적이라기보다 후천적으로 습득되는 행동으로 양육자의 즉각적이고 일관적이고 반응적이며 온정적인 모습에서 안정 애착의 모습을 형성하게 된다. 초기 안정적인 애착을 형성한 유아는 불안정 애착의 아동에 비해 더 사회적이고 더 긍정적이며 학교 등의 환경에서 정서적으로 더 성숙한 모습을 보인 것으로 나타났다.

(2) 유아기

친사회적 행동이 나오는 시기이다. 친사회적 행동이란 긍정적인 사회적 행동으로 사람들 간의 우호관계를 촉진시키거나 유지하여 타인들을 이롭게 하는 행위를 말한다. 생후 18개월 된 유아들도 나누기, 돕기, 협동하기 등을 할 수 있고, 2~3세 된 유아들도 아픈 유아들을 도와주거나 장난감을 나누어 갖기도 한다. 이러한 친사회적 행동은 아동이 성장함에 따라 더욱 증가한다.

유아기의 친구는 놀이 친구로 일순간적이며 신체적인 상호작용을 하는 대상이면 모두 친구가 된다. 유사성, 가까움과 같은 신체적 변수가 많고 친구관계는 변하기 쉽고 순간적인 상호작용이 대부분인 모습이 특징이다. 친구를 내적 특성 즉 성격이나 생각, 감정 등에 대한 이해가 없다. 6세부터 친구들과의 놀이 욕구가 증가하면서 친구와 어울려 노는 시간이 증가한다. 친구는 또래뿐만 아니라 선후배로 확장된다. 유아기의 부모는 자녀가 안전한 장소에서, 충분히 놀 시간을 주고, 함께 할 수 있는 친구를 찾아주려는 노력을 해야 한다.

(3) 아동기

이 시기 아동은 부모를 넘어서 관계가 확장되면서 양적, 질적으로 다양화되는 모습이다. 또래와의 사회적 상호작용에 필요한 기술이나 규범을 배우고 자기 자신을 새롭게 지각하게 된다. 특히 동성과의 교제의 즐거움이 증가한다. 친구들의 소속 및 비교, 인정을 통해 자기개념을 형성해간다.

친구를 선택하는 경향은 학년에 따라 다소 다르다. 저학년의 경우에는 집이 가깝고, 앉는 자리가 가까우며 가족끼리 교류가 있는 등 근접성이나 유사성, 혹은 외모적 매력 등

외향적 특성을 중심으로 친구를 선택한다. 하지만 고학년으로 갈수록 친절, 온화, 호감, 장래목표, 희망 등과 같이 내면적이고 성격적인 특성에 따라 선택하는 경향이 있다.

우정의 개념이 생기면서 상호 호혜적 관계를 중시한다. 즉 내가 친구가 어려울 때 도와주듯 친구도 내가 어렵고 힘들 때 도움을 줄 것이라는 신뢰를 갖는 것을 말한다. 친구는 친밀하고 상호적이며 서로 애정적인 관계를 갖는다.

또래관계 외에 학령기 아동의 사회성에 영향을 주는 것은 학교생활이다. 학교생활에서 교과 활동을 통해 환경과 문화에 대한 지식과 기술을 습득하게 된다, 그리고 또래관계 뿐만 아니라 교사와의 관계를 통해서 사회화에 필요한 규범, 가치를 받아들이고 대인관계 기술도 발전시켜 나간다.

또한 TV, 컴퓨터, 핸드폰 등과 같은 대중매체는 아동의 사회성 발달에 큰 영향을 미친다. 아동이 지나치게 대중매체에 몰두하게 되면 신체활동량, 가족이나 또래들 간의 상호작용이 줄어들게 된다. 또한 학습의욕이 저하될 수 있다. 부모, 교사의 적절한 지도와 감독이 병행되어야 한다.

(4) 청소년기

청소년 시기에는 서로 이해하며 서로의 내적인 사고, 감정, 비밀 등을 나누는 사람으로 친구를 생각한다. 서로 이해하고 마음 속 깊은 이야기를 나누며 심리적인 문제를 서로 돕고 서로 간의 문제가 될 일은 피하는 사람으로 이해한다. 친구 선택에서 흥미와 성격의 일치를 중시하며 상대가 신뢰를 깨뜨리는 일을 하였을 때 우정이 깨지는 것으로 간주한다. 서로 돕고 나누는 가장 중요한 수단으로 '대화'를 중시한다.

상호 호혜적 관계에서 좀 더 발전하여 공동의 관심의 개념이 생기면서 동조 현상이 증가한다. 친구에 대한 의식을 많이 하고 친구의 판단과 의견을 중시하면서 또래 관계에 대한 고민도 증가한다. 동성친구 외에도 이성친구에 대한 관심이 증가한다.

이 시기의 우정에서 느끼는 강력하고 긴밀한 유대감은 성인기의 안정된 애정관계에서 나타나는 대인간 민감성과 관여행동의 발달에 필요한 기반이 된다.

6 아동의 발달 및 심리장애의 유형

아동의 문제행동을 증상별로 나누어 보면 외현화 문제(과소통제 문제)와 내면화 문제(과잉통제 문제)로 구분된다. 외현화 차원은 다른 사람으로 향하는 것으로 생각되는 행동들을 포함하는 반면, 내면화 차원은 자신의 내부로 향하는 것으로 간주되는 감정이나 상태를 기술한다(Mash & Barkley, 2001). 다음은 아동 행동평가 체크리스트를 통해 나타난 공통적인 징후들이다(정문자 외, 2011).

| 표 2-8 | 아동기 문제행동 증상

내면화 증상	위축 신체증상 불안/우울	혼자 있음, 수줍음, 위축 피곤, 몸 아픔/두통, 배 앓이 잘 움, 겁/ 불안, 슬픔/우울
혼합증상	사회적 미성숙 사고의 문제 주의집중 문제	어린 행동, 놀림 받음, 아이들이 싫어함 헛것을 들음, 헛것을 봄, 이상한 생각 주의집중 문제, 안절부절 못함, 충동적
외현화 증상	비행 공격성	가책 없음, 나쁜 친구, 집에서 도벽 남을 괴롭힘, 남의 물건 파괴, 싸움

출처 : Wicks-Nelson & Israel, 2001, p. 109.

미국 정신의학진단편람(DSM-5)에 기초하여 재구성한 아동기 장애유형은 다음과 같다.

| 표 2-9 | 아동기 장애유형 – 신경발달장애

지적장애	70 이하의 낮은 지능지수, 적응기능의 결함과 장애 수반
의사소통 장애	언어장애, 말소리 장애, 아동기 발생 유창성 장애, 사회적 의사소통 장애
자폐스펙스럼 장애	사회적 상호작용의 결함, 제한된 반복적 행동 패턴, 아스퍼거(임상적 발달 지연은 없으며, 사회적 상호작용과 대인관계가 어려움)
주의력 결핍 과잉행동장애	지능 수준에 비해 학업성취 저조, 또래에게 거부 또는 소외 경험 많음 심한 부주의, 과잉행동, 충동성의 모습, 주의력 결핍 우세형, 과잉행동-충동 우세형, 복합형
특정학습장애	정상이나 그 이상의 지능 지수, 낮은 학업기능(읽기장애, 산술장애, 쓰기장애 등)
운동장애	발달성 협응장애(낮은 근육 운동 조정기술), 상동증적 운동장애(반복적이고 외관상 충동적이며, 비기능적 운동성 행동), 틱 장애(의지와 상관없는 빠르고, 반복적, 비율동적, 상동증적 운동과 음성)

| 표 2-10 | 아동기 장애유형 – 기타 장애

① 우울장애	슬프고 부정적이고 우울한 태도, 동기 부족과 낮은 에너지 파괴적 기분조절 부전장애, 주요우울장애, 지속성 우울장애, 월경불쾌감장애

② 불안장애	특정 대상에의 공포장애, 여러 가지 대상이나 활동에 대한 일반화된 (과잉)불안장애 분리불안 장애(애착된 대상으로부터의 분리에 대한 심한 스트레스, 회피), 선택적 함구증(특정 사회적 상황에서는 지속적으로 말을 하지 못함), 특정공포증, 사회불안장애(사회공포증), 공황장애(상황이 아닌 곳에서 극심한 불안발작이 갑자기 일어남), 광장공포증, 범불안장애
③ 강박 및 관련 장애	반복되는 사고나 행동에 지나치게 몰두 및 집착 신체이형장애, 수집광, 발모광, 피부뜯기 장애
④ 외상 후 스트레스 관련 장애	끔찍한 사건의 지속적 재경험, 관련 자극 회피나 각성 반응성 애착 장애(심하게 손상되고 발달적으로 부적절한 사회적 관계 형성), 탈억제성 사회적 유대감 장애, 외상 후 스트레스 장애, 급성 스트레스 장애, 적응장애
⑤ 급식 및 섭식 장애	아무 것이나 먹는 이식증, 토하는 반추(되새김)장애, 회피적/제한적 음식섭취 장애, 신경성 식욕부진증, 신경성 식욕폭식(대식)증, 폭식 장애
⑥ 배설장애	유뇨증, 유분증
⑦ 파괴적 충동조절 및 품행장애	적대적 반항장애(공격, 도둑질 등 심각한 규칙 위반과 타인의 권리 침해 행동), 간헐적 폭발 장애, 품행 장애(적극적 규칙 위반, 악의 등 거부적, 적대적, 도전적 행동), 병적 방화, 병적 도벽

제3장

특수 아동의 이해

1. 학습장애
2. 학습부진
3. 지적장애
4. 주의력결핍 과잉행동장애
5. 자폐스펙트럼 장애
6. 반응성 애착장애
7. 불안장애
8. 우울장애
9. 의사소통장애
10. 발달성 협응장애

제3장

특수 아동의 이해

1 학습장애(Specific Learning Disability)

1) 정의

1960년대 초반에 처음으로 학습장애 용어를 사용하였다. 우리나라 특수교육진흥법에서는 '개인의 내적 요인으로 듣기, 말하기, 주의집중, 기억, 문제해결 등의 학습 기능이나 읽기, 쓰기, 수학 등 학업성취영역에서 현저하게 어려움이 있는 아동'을 학습장애를 지닌 특수교육 대상자로 정의하였다.

평균적인 지적 지능을 지니고 있으면서도 특정 기술의 학습에 심각한 문제를 보이는 아동을 말한다. 학습장애로 분류된 아이들의 이질성이 큰 게 이 장애의 또 다른 특징이다. 이질성이란 개별 아동에 따라 매우 다르면서 또한 공통적인 양상을 보이는 것을 말한다.

학습장애를 학습문제를 보이는 아이를 지칭하는 것으로 혼동하는 경우가 있는데 학습부진, 학습지진 아동과의 차이를 구별해야 한다. 학습지진은 지능이 보통 이하를 말하는 것으로 지적장애 아동이 이에 속한다. 학습장애와 학습부진은 정상지능을 가졌음에도 학습이 제대로 이루어지지 않는 아동이다. 학습부진은 정서적, 환경적 문제로 인해 학습이 제대로 되지 않는 양상으로 학습법을 제대로 모르는 경우도 이에 속한다. 학습장애와 학습부진을 구별하는 것이 일반 사람들이나 교사에게는 특히 어려운 일이나 명백히 다르다는 사실을 인식해야 한다. 학습장애는 학령기 이후에 내리는 진단으로 학교 학습에서 특정 학습(읽기, 쓰기, 수학)영역에서 어려움을 보이고 그 방식이 일반 학습문제를 보이는 아이들과는 다른 양상이다.

학습장애에 대한 우리나라의 정의는 장애인 등에 대한 특수교육법 시행령(2008.5.26 제정) 10조 특수교육대상자의 선정 기준에 따라 "개인 내적 요인으로 인하여 듣기, 말하기, 주의집중, 지각, 기억, 문제해결 등의 학습기능이나 읽기, 쓰기, 수학 등 학업 성취 영역에서 현저하게 어려움이 있는 사람"이다.

한국학습장애학회(2008)에서는 학습장애의 정의를 크게 개념적 정의와 조작적 정의로 나누어서 설명한다. 개념적 정의는 "학습장애란 개인 내적 원인으로 인하여 일생동안 발달적 학습(듣기, 말하기, 주의집중, 지각, 기억, 문제해결, 사고 등)이나 학업적 학습(읽기, 쓰기, 수학 등) 영역들 중 하나 이상에서 심각한 어려움을 겪는 것을 말한다. 이 장애는 다른 장애조건(감각장애, 지적장애, 정서 및 행동장애)이나 환경실조(문화적, 경제적, 교수적 요인 등)와 함께 나타날 수 있으나 이러한 조건이 직접적인 원인이 되어 나타난 것은 아니다."이다.

조작적 정의는 "다음 두 가지 기준에서 한 가지를 충족한 경우 학습장애(읽기장애)로 판별한다. 첫째, 개인의 표준화학력검사 또는 표준화 발달검사의 결과가 동일 학년집단이나 연령집단에 비해 −2표준편차 이하에 속한 경우 또는 −2~−1표준편차 사이에 속하면서 전문가에 의한 학습상의 문제가 심각하다고 판정되는 경우이다. 둘째, 개인 내적 요인으로 인하여 듣기, 말하기, 주의집중, 지각, 기억, 문제해결 등의 기본적 심리과정이나 읽기, 쓰기, 수학 등 학업성취 영역에서 현저하게 어려움이 나타나고 이러한 문제가 6개월 정도의 집중적인 교육에도 불구하고 해결되지 않는 경우"이다.

2) 원인

(1) 신경학적 원인

초기에는 미세뇌 기능이상, 뇌손상, 중앙정보처리기능 이상으로 보았다. 미세뇌기능장애가 학습장애의 원인이 되는 것으로 보는데 태아기의 뇌의 경미한 부상이 뇌의 효율적인기능과 신경계세포 붕괴를 일으켰을 것으로 추측하나 명확하게 드러나는 뇌의 문제를 찾긴 어려웠다. 최근 뇌의 활동을 정확하게 진단하는 컴퓨터 단층촬영이나 자기공명 촬영, 양전자방출 단층촬영을 통해 미세한 중추신경계의 기능 이상이 원인으로 밝혀지고 있다.

뇌의 기능적 장애이기보다는 뇌의 생리적 기능의 변화로 발생한다고 본다. 즉 뇌의 기능은 정상적이나 특정 뇌세포들의 기능이나 세포들 간의 연결이 잘못되어 나타나는 문제로 본다. 글씨나 숫자를 보거나 기억해서 이를 이용하는 능력이 정상아동보다 현저하게 떨어지는 양상을 보인다. 1987년 미국 정신의학진단편람(DSM-3-R)에서 학습장애로 소아정신과적 장애로 인정하였다.

(2) 유전적 요인

최소 4개 이상의 유전 인자가 읽기 장애, 쓰기 장애, 수학 장애 등과 연관된 것으로 보고되고 있다. 읽기 장애 학생의 부모 중 23%~65%가 읽기 장애의 모습을 보이기도 하였다. 쌍생아의 연구에서 양쪽 모두가 학습장애가 되는 비율이 일란성 쌍생아가 이란성 쌍생아의 경우보다 31%나 높게 나타났다. 특히 유전 연구에서는 읽기 장애 아동의 경우 문어를 구어로 바꾸는 능력을 방해하는 뇌의 쓰기 부분에서 이상이 생기는 신경학적 손실 또는 인지 장애의 양상이 있음을 이론화하였다.

(3) 환경적 요인

낮은 사회-경제적 지위에 처한 가정에서의 발병률이 더 높았다. 또한 교수의 질적 문제가 학습장애를 더욱 부추길 수 있다. 교수문제는 2004년까지는 환경적 요인이 학습장애를 일으키는 잠재 원인이 될 수 없도록 규정하고 있다. 하지만 빈약한 교수가 초등학교 저학년 아이들에게는 학습장애를 일으킬 수 있다는 연구가 나왔다. 그 연구에서는 학습장애 아동에게 양질의 적절한 교수가 제공되었을 때 절반 이상이 더 이상 문제를 보이지 않았다. 또한 유아기 아동에게 소리-부호 인식(sound-symbol awareness)을 발달시키는 조기 교육은 학령기 읽기 장애 정도를 약화시켰다고 한다. 따라서 양질의 적절한 교수가 학습장애 예방에 의미가 있다(이소현 외, 2011).

3) 특성

(1) 학업적 특성

학습장애의 읽고 쓰기의 문제는 언어 및 음성적 인식, 명명 기술, 철자에 대한 지식, 청각적 처리 능력, 운동 기술과 같은 여러 다양한 영역에서의 문제를 포함한다.

① 읽기 문제(Reading Disability)

학습장애 학생의 가장 흔한 특성은 읽기 곤란이다(William L. Heward, 2009). 특정 읽기 장애 즉 난독증은 단순히 언어학적 기술이나 기초 읽기 기술상의 발달 지연이 아니라 영속적인 결함이 나타난다(Lyon, 1995). 최근 연구에서 학습장애 아동의 가장 심한 읽기 문제는 본문 내용이나 처리 속도(예 : 단어를 정확하고 유창하게 해독하는 능력의 결여)보다는 그 단어에 있고, 이들의 가장 흔한 인지적 제한점은 구어에서 단어들의 발음구조를 이해하지 못하는 기능장애라고 요약 진술하고 있다(Torgesen & Wagner, 1998). 최근 연구들은 심한 읽기 장애 아동들이 2차적인 처리문제 뿐 아니라 음성학적 인식에도 결함이 있다는 사실을 시사해주고 있다(Lovett, Steinbach, & Frijters, 2000; Wolf, Bowers, & Biddle, 2000). 많은 난독증 아동과 성인들은 정상적인 사람들에 비해 시각적 명명 속도(visual naming speed : 시각적으로 제시되는 자극에 빠르게 명명하는 능력)에 큰 결함이 있다. 글자와 같이 시각적으로 제시되는 자료의 이름을 말하도록 할 때 읽기장애인들은 자기가 알고 있는 글자임에도 불구하고 글자의 이름을 빠르게 상기하고 진술하는 데 어려움을 가지고 있다.

읽기 장애 양상은 크게 단어 재인(또는 해독)의 문제와 독해의 문제로 나뉜다. 단어 재인의 문제는 단어 인지 읽기 장애와 읽기 유창성 읽기 장애로 나누어 본다. 단어 재인(word recognition) 읽기 장애는 개별 단어를 정확히 읽고 의미 이해하는 것의 어려움을 보인다. 언어 발달 과정에서 음운 인식(phonological awareness)의 문제와 연관된다. 단어가 음절, 음소의 작은 단위로 나누어질 수 있다는 것을 이해하는 능력이 떨어진다. 음운 학습의 어려움이 많아 음운 분해, 음운 결합 등의 활동에서 오류(생략, 첨가, 대치, 반전, 오발음, 순서 바꿔 읽기, 느리거나 불규칙하게 읽기 등)를 보인다.

읽기 유창성(fluency) 읽기 장애는 글을 빠르고 정확히 읽기의 어려움을 보인다. 익숙지 않은 단어 읽기에서의 오류가 친숙한 긴 글 읽기에서보다 심하고 유창성의 문제도 난이도가 심한 단어에서 심해진다. 단어를 정확히 못 읽고 이해력이 떨어질 정도로 한 단어씩 느리게 읽는 것으로 유창성이 떨어지면 시간 내에 문제를 푸는 시험과 같은 상황에서 낮은 수행을 보인다.

독해의 문제는 읽기 이해(comprehension) 읽기 장애라 불리며 글을 읽고 내용 파악의 어려움을 말한다. 문장을 읽고 문맥을 이해하거나 문맥 내의 어휘를 추측하여 생각하거나, 전체 줄거리나 중심내용, 주제 등을 제대로 파악하지 못하는 것을 말한다. 단어 재인을 위한 인지 처리 자원을 사용하는 데 어려움이 많은 읽기 장애 아동은 문장 이해에 필요한 인지 처리 자원을 덜 가지게 된다. 학습장애 아동은 단어 읽기가 효율적이지 못할수록 작동기억(working-memory)에 많은 지장을 주게 되어 읽기 이해를 방해하게 된다.

② **쓰기 문제**(Written Expression Disability)

쓰기 장애 양상은 철자 장애와 글쓰기 장애로 나뉜다. 철자 장애(Spelling Disability)는 글씨쓰기 및 철자법에 어려움을 보인다. 낱자를 빠뜨리거나 맞춤법에 맞게 쓰는 것이 어렵다. 글자를 소리 나는 것과 다르게 쓰는 글자의 차이를 인식하기 힘들고 한글의 다양한 음운법칙을 이해하기 힘들며, 외워도 자주 잊어버리는 모습을 보인다. 학교 입학해서 처음 보는 받아쓰기에서 낮은 점수를 받기도 한다. 읽기와 마찬가지 형태의 오류로 글자 첨가, 글자 생략, 글자 대치 등이 있다.

쓰기문제는 손 글씨기술(Hand-writing Skill)과도 연관이 높다. 손 글씨기술이 떨어지는 경우 연필을 쥐고 쓰는 것을 매우 싫어하는 경향이 많고 글씨를 바르게 쓰기가 힘들며 필압이 너무 약하거나 강하여 오래 연필 쥐고 글을 쓰기가 어려운 모습을 보이기도 한다. 공간을 적절히 배분해서 글씨를 바른 위치에 쓰기가 힘들다.

글쓰기 장애(Composition Disability)의 양상은 창의적으로 글을 생각해서 표현하는 것에 어려움을 느끼고 쓰기를 통해 자기 생각을 나타내는 것을 꺼리며 매우 싫어하는 모습을 보이는 경우가 많다. 문법이나 구두점의 정확도가 떨어진다. 글쓰기의 구조가 매우 단조롭고 반복적인 형태를 갖거나 짧은 문장으로 이어지는 모습이 많다. 쓰기 계획이 거의 없고 자신이 쓴 글을 검토하는 과정도 거의 없다. 따라서 본문 구조, 문장 구조, 단어 사용, 작문 등의 글쓰기 과정에서 문제를 보인다.

일반 아동에 비해 어휘, 문법, 구두점 및 철자 등 쓰기 과제를 유의미하게 잘 수행하지 못한다. 아동에 따라서는 구두 언어 능력과 쓰기 간의 심각한 불균형을 보이기도 한다. 쓰기장애 아동은 최소한의 계획과 노력, 상위 인지적(meta-cognitive) 통제를 포함하는 쓰기 과정을 보인다. 즉 흔히 이러한 학생들은 '적당하다고 여겨지는 것은 무엇이든 그대로 써 버리는' 식의 즉흥식 쓰기(retrieve-and-write)라는 접근을 사용한다. 이들은 쓰기에서 목표나 쓰기 계획을 세우기, 자기 생각을 구성하기, 초안 잡기, 자기 평가 및 다시 쓰기 등 자기조절전략이나 자기평가전략을 거의 사용하지 않는다. 그 결과 자기 생각을 표현하는 작문이 아주 빈약하게 된다.

③ **수학 문제**(Mathematics Disability)

학습장애 아동들에게는 수리적 추리와 계산이 주요 문젯거리이다. 학습장애 학생들은 동일한 학년 수준의 수학문제를 정상 학생들보다 잘 풀지 못한다. 수의 실제를 기억하거나 서술식 문제를 푸는 결함이 특히 두드러지게 나타난다.

수학 장애 양상에는 계산 장애와 문장제 풀이 장애가 있다. 계산 장애(Computation Disability) 아동은 수학 개념 및 기술 영역에서 결함을 보인다. 수 개념, 연산의 빠른 인출이나 정확한 셈에서 어려움을 보인다. 일대일 대응, 사칙 연산, 0개념, 분류, 자릿수 개념, 간단한 수학문제 풀기 등에서 오류가 있다. 혹은 숫자에 대한 음운론적 과정에 있어서의 결함이나 숫자 의미를 이해하지 못하는 모습을 보인다. 수의 방향 혼돈이나 감수에서 피감수를 빼는 등의 공간적 오류가 있거나 숫자를 잘못 써서 계산을 틀리거나 자신의 숫자를 제대로 읽지 못하는 등의 문제를 보이기도 한다. 수 감각이 떨어지면서 수학적 사실의 기억에서도 어려움을 보인다. 또한 유창하게 계산하는 능력이 부족하다.

문장제 풀이 장애(Difficulty with math word problem)는 문장제에 내포되어 있는 수학의 개념을 이해하지 못하는 것으로 읽기장애적 문제가 동반되어 나타난다. 문제해결 단계를 생략하거나 수학적 판단이나 추리력 등 정확한 수학적 추론의 결여를 보인다. 수학 장애 아동은 무척 싫어하며 심리적 부담을 크게 느껴 수학 문제를 풀거나 전략을 사용하려는 동기가 매우 약하다.

아동마다 개별적으로 독특한 유형의 문제를 보인다. 예를 들면 계산 능력은 되나 수리추론이 되지 않는 경우, 문장제는 가능한데 단순계산이 계속 틀리는 경우, 공간 관련 개념은 뛰어나나 계산이나 문장제는 아주 엉망인 경우, 문제 풀이 능력은 좋으나 시간 내에 완성하는 것은 떨어지는 등 다양한 모습으로 이질집단의 특성을 보인다.

수학 문제를 보이는 아이들의 3가지 인지적 결함의 모습은 계산의 수학적 절차와 관련된 결함, 의미기억으로부터 숫자의 의미들을 자동적으로 인출하는 과정의 결함, 시공간적 기술과 관련된 결함으로 설명된다.

(2) 사회-정서적 특성

학습장애 아동은 사회적 능력에서 결함을 보일 수 있다. 사회적 단서를 해석하지 못하거나 다른 사람의 감정이나 느낌의 상태를 잘못 해석하는 경우가 있다. 학습장애 학생의 약 75%가 사회기술 결함을 보인다고 한다(Kavale & Forness, 1996). 흔히 사회기술 부족으로 인해 거부, 낮은 사회성, 친구사귀기 곤란, 외로움 등의 문제가 생긴다. 학습장애 학생들의 사회기술이 부족한 이유는 타인의 정서 특히 비언어적 정서 표현을 지각하는 능력이 부족하기 때문이다(Most & Greenback, 2000).

하지만 모든 학습장애 아동이 사회, 정서적 문제를 보이는 것은 아니다. 학습장애 아동은 학습상의 어려움이 누적되면서 2차적으로 사회 정서 문제를 보일 수 있다. 즉 학습상의 능력에서 좌절감을 겪고 거부감을 경험이 반복되면서 자신을 바보 같다고 여기며 낮은 자존감과 빈약한 자아개념을 형성하기도 한다. 이로 인해 학습된 무력감이 형성되면 학습을 더욱 기피한다. ADHD를 동반한 학습장애의 경우 그들의 과잉 충동적 행동으로 말미암아 사회–정서적 문제를 더 심각하게 겪을 수 있다.

2 학습부진(Under-Achievement)

1) 정의

자신이 갖고 있는 능력만큼 학교 학습에서 제대로 발휘하지 못하고 학교 학습에서 낮은 성취를 보이는 경우 학습부진(under–achievement)이라고 부른다.

구체적으로 학습부진아의 특징을 보면 다음과 같다.

① 평균 혹은 그 이상의 지능을 갖고 있으나 제대로 기능하지 못하는 아동
② 잠재력에 비해 지능이 제대로 발휘되지 못하고 있는 아동
(지능검사에서 잠재능력과 실제 능력에서 10% 이상의 차이를 보이는 아동)
③ 정서적 또는 환경적 이유로 인해 학습을 제대로 발휘하지 못하는 아동
④ 학교 학습에서 학과목 성적이 낮은 아동
⑤ 학습 방법을 잘 모르는 아동

학습부진아는 특수 아동은 아니다. 학습장애와 지적장애와 구분해서 학습문제를 보이는 아이들을 이해해야 한다. 학습부진아를 바라보는 시각에서 중요한 관점은 아이마다 지능은 다르지만 꾸준한 노력으로 지능을 변화시킬 수 있다는 것이다. 학습부진아를 대하는 부모나 선생님, 상담가들은 아동이 보이는 지능은 영구불변한 것이 아니라 가변적이라는 믿음을 아이에게 심어주는 것이 1차적 작업이 되어야 한다. 아동이 자신의 잠재력을 믿게 한 후 그 잠재력을 제대로 발휘하는 데 방해가 되는 개인적 요인을 찾아 도와야 한다. 잠재력이 풍부해도 배경지식, 동기, 실패를 견디는 힘, 자아상에 따라 학습 수행은 달라질 수 밖에 없다. 긍정적 자기 예언적 기대는 학습부진아의 학습 성취를 돕는다.

2) 원인

학습부진아가 된 원인으로 발달 심리적 요인, 정서적 요인, 학습습관상의 문제, 환경적 요인(가정 환경, 학교 학습에서의 실패) 등이 있다. 발달 심리적으로 발달 과정에서

제대로 자신의 능력을 키울 교육적 기회가 박탈되거나 방치되었던 아동이 학습부진의 모습을 보인다. 정서적 요인은 우울이나 불안, 부모와의 잦은 갈등 등 1차적 정서나 관계 문제로, 이로 인해 2차적 학습 문제가 발생할 수 있다. 학습습관상의 문제는 바람직하지 못한 학습 습관이 형성되었거나 바람직한 학습 습관을 배우지 못한 것을 말한다. 환경적 요인은 갑작스런 가족의 변화(예를 들어 아빠의 사업 실패, 부모의 죽음이나 병, 이사 등)나 잦은 실패를 반복적으로 보이는 것을 말한다. 이러한 환경 요인으로 학습 무력감이 형성되어 학습을 하고자 하는 동기가 박탈되는 경우가 많다. 하지만 학습부진 아동은 이런 요인들을 해결해주면 자신의 능력을 다시 찾아 잠재력을 증가시켜 나갈 수 있다. 또한 학습부진 아동은 자신의 이러한 모습을 바꾸어 학교에서 성공감을 얻고자 하는 경우가 많다. 단지 그 방법을 모를 뿐이다.

| 표 3-1 | 학습부진의 요인과 내용들

학습부진의 요인	구체적 내용들
1. 능력 요인	• 능력-성취의 불일치 • 기초 선수 학습 결손 • 학습 전략 모름
2. 인지적 요인	• 학습동기 및 공부에 대한 태도 미형성 • 부모의 기대에 대한 지각 • 공부에 대한 비합리적 신념
3. 정서적 요인	• 불안 및 우울 • 스트레스 정도 및 대처 • 성격적 특성(완벽주의, 꾸물거림 등)
4. 행동적 요인	• 학습전략 실천 부재 • 학습 방법의 비효율성 • 시간 관리 및 배분의 문제 • 다른 활동과의 갈등
5. 환경적 요인	• 신체적, 물리적 환경 • 심리적 환경(부모, 또래, 교사와의 관계, 형제 경쟁)

3) 특성

Diane Heacox(1991)은 학습부진아들의 유형을 다음과 같이 나누었다.

첫째, 저항하는 유형이다. 학습에서 자신이 생각하기에 불필요하다고 여기면 '이건 필요없어' 라거나 '이런 걸 왜해? 시간만 낭비하게...'라며 '나한테는 이런 과제는 필요없다'라는 태도를 보이는 아동이다. 그러면서 자신이 좋아하는 영역 주로 유명한 연예인이나 모델

등이 되겠다는 식으로 좀 비현실적인 목표를 갖고 학습에는 관심을 갖지 않는 모습이다.

둘째, 순응하는 유형이다. 낮은 자존감을 보이는 아이들은 또래에게서 분리되거나 또는 놀림을 당하는 상황에 민감해서 사회적 또래 압박에 쉽게 순응한다. '너무 잘해도 놀림받는다'라는 표현하기도 한다. 주도적이지 못하고 수동적인 모습으로 관계에서 스트레스를 받을 수 있다. 그래서 학습도 주도적이기 어렵다.

셋째, 학습 곤란을 느끼는 유형이다. 학습을 이해하기 힘들어서 '잘 모르겠다', '예전엔 똑똑했는데…….', '이건 너무 어려워 시간 내에 절대로 다 할 수 없어'라는 표현을 자주 한다. 학습전략이 부족한 경우가 많다.

넷째, 피해자 유형이다. 이들은 학습이나 작업의 귀인을 환경 등의 외부 요인을 탓하는 게 많아 선생님이나 과제 탓을 하는 경우도 많다. 과제가 어렵다거나 선생님이 안 도와준다고 불평한다. 그래서 책임을 스스로 지기보다 자신을 '피해자(victim)'로 여긴다.

다섯째, 주의집중이 떨어지는 유형이다. 주의력 문제를 보이는 아이들이 개인적 생활뿐만 아니라 학습 수행에서도 어려움을 겪는다. 과제의 난이도가 어려워서 성공을 하지 못한 경험이 누적되면서 학습에 대한 흥미가 떨어지고 학습 과정에서 노력하려는 모습이 부족하다.

여섯째, 지나친 만족감을 보이는 유형이다. 학습에 대한 자신의 수행에 지나치게 만족하는 아이들 중에서도 학습 부진을 보일 수 있다. 이들은 자신의 잠재력을 이끌어 줄 수 있는 더 이상의 노력이나 도전을 하려 않는 모습을 보인다.

일곱째, 특정 영역에 대해서 배타적인 유형이다. '난 수학이 정말 싫어 국어 시간만 좋아', '난 이 과목에 재미가 없어서 가만히 듣고 있기가 힘들어' 등의 표현을 한다. 자기가 좋아하는 영역이나 잘하는 영역은 하지만 그렇지 않은 과목의 학습이나 작업에 대해서는 싫어하고 하려 않는다.

3 지적장애(Intellectual Disability)

1) 정의

최근의 개념으로 세계보건 기구 WHO에서 정한 국제질병분류 ICD-11과 미국정신의학회의 진단통계편람 DSM-5에 의하면 다음과 같이 정의하고 있다.

(1) 지능지수 I.Q.가 정상 이하(70 이하)이고 인지 기능의 저하를 갖는 경우이다. 이때 지능 지수는 객관적으로 표준화된 지능검사로 측정되어야만 한다.

(2) 지적장애를 진단함에 있어서 사회생활에 적응장애를 초래하는 정도(사회적응수준)

가 중요하게 고려되어야만 한다.

(3) 18세 이전에 나타나야 하는데 이러한 연령 규준은 지적장애가 발달장애로 여겨지고 있음을 의미하며, 18세는 한 개인이 성인으로서의 역할을 하게 될 뿐 아니라 중요한 심리사회적 발달과 대뇌발달이 일어나는 시기이다.

지적장애는 발달장애에 속하는 장애다. 자폐증이 포함되는 전반적 발달장애와 언어, 운동, 학습 등의 일부분만이 뒤떨어지는 특수발달장애와 함께 발달장애에 포함되어 있다. 지적장애는 태어나면서부터 IQ가 낮은 경우가 있으나 18세까지의 과정 중 어느 시기든 발병하는 경우 지적장애라는 진단을 사용할 수 있다. 즉 적절한 언어나 인지 자극을 주지 못하거나 사회적으로 고립되어 생활함으로써 정상적인 발달이 힘들었을 경우나, 반응성 애착장애이나 다른 심각한 정서 장애나 행동 장애로 인해 정상적인 지능이었어도 지능이 떨어져 IQ 70 이하가 되는 경우가 있다. 이러한 2차적 원인에 의해 지적장애가 되는 확률이 전체 지적장애아의 15~20%를 차지한다.

| 표 3-2 | 지적장애 정도에 따른 비율

심한 정도	IQ	비율
경도(mild) 지적장애	50~55에서 70 미만	약 85%
중등도(moderate) 지적장애	35~40에서 50~55까지	약 10%
고도(severe) 지적장애	20~25에서 35~40까지	약 3~4%
극심(Profound) 지적장애	20 이하	약 1~2%

최근에 정의에 의하면 지능검사 점수로는 지체의 범주에 들지만 집과 학교, 직장에서 생활하는 데에는 문제가 없는 사람들은 지적장애라고 진단하지 않는다. 즉 65~70의 지능지수라고 적응능력이 좋은 경우에는 지적장애 진단은 내릴 수 없다. 또한 지능검사 점수는 낮지 않으면서 적응행동에 결함이 있는 경우에도 지적장애로 진단하지 않는다. 그러나 지능지수가 70~75사이에 있는 경우라도 적응능력이 크게 떨어지는 경우에는 지적장애라는 진단이 가능하다. 한편 지능검사 결과 소검사 간에 산란이 뚜렷한 경우에는 해석에 주의하여야 한다. 이러한 경우에는 소검사 중 강한 부분과 약한 부분이 별도로 고려되어야 하며 단순히 평균치의 계산으로 전체 지능을 평가할 때에는 오류를 범할 수 있다(조수철, 2000).

우리나라의 지적장애의 정의는 '장애인 등에 대한 특수교육법'에 의하면 '지적장애를 지닌 특수교육대상자는 지적기능과 적응행동상의 어려움이 함께 존재하여 교육적 성취에 어려움이 있는 사람'이다. 2003년 '장애인복지법 시행규칙'에서는 지적장애를 지능지수에 따라 3가지 등급으로 구분한다. 지적장애 3급은 경도의 지적장애로 교육을 통한 사회적, 직업적 재활이 가능한 사람이다. 지적장애 2급은 지능지수가 35 이상 49 이하인 사람으로 일상생활의 단순한 행동을 훈련시킬 수 있고 어느 정도의 감독과 도움을 받으면 복잡하지 않고 특수 기술을 요하지 않는 직업을 가질 수 있는 사람이다. 지적장애 1급은 지능지수 34 이하인 사람으로 일상생활과 사회생활의 적응이 현저하게 곤란하여 일생동안 타인의 보호가 필요한 사람이다.

2) 원인

지적장애는 생물학적 원인이 많다. 심한 지적장애일수록 생물학적 원인에서 기인된 경우가 높다. 첫째 생물학적 원인으로 유전이 있다. 여기에 포함되는 내용으로 선천성 대사이상(테이 삭스 병, 페닐케톤뇨증), 단일 유전자 이상(결정성 경화증, 윌리엄스 증후군, 프라다-윌리 증후군 등), 염색체 이상(전좌 다운증후군, 취약 X 증후군)이 있다. 유전으로 발병되는 비율은 전체 5% 정도이다. 둘째, 임신 중 태내 이상으로 염색체 돌연변이(상염색체성 21 다운증후군), 약물 및 감염에 의한 태내 손상(태아알콜증후군) 등이 있고, 이로 인해 지적장애가 발병되는 비율은 30%로 제일 많은 편이다. 셋째, 임신 및 출산 과정의 이상으로 영양 결핍, 미숙아(37주 미만), 저산소증, 감염, 두뇌 손상이 원인되는 경우는 10% 정도이다.

환경적 또는 사회경제적인 원인으로 경도 지적장애들에게서 많이 나타난다. 후천적 원인으로 첫째, 후천성 아동기 질환으로 감염이나 독성물질에 노출, 손상 및 사고로 지적장애가 되는 비율은 5%이다. 둘째, 가정 환경 및 기타 정신질환으로 부적절한 양육, 자극의 부족, 심한 정신질환(자폐증 등)이 있는 경우는 15~20%이다. 부모의 낮은 사회경제적 지위, 영양상태의 부실, 부모의 낮은 교육 수준, 부모의 지능 수준, 언어적 자극을 줄 수 없는 환경, 학대나 방임, 양육에 대한 무관심 등의 심리사회적 요인이 원인이 되기도 한다. 가족성 지적장애나 가족 문화적 지적장애 양상이 나타난다.

마지막으로 지적장애의 불명확한 원인에 해당되는 비율은 30%에 해당된다.

지적장애의 원인을 다음과 같이 설명하기도 한다(홍강의 외, 2005).

① 산전의 적절한 의학적인 검사가 부족할 가능성과 영양상태의 불량 가능성
② 10대 임신의 경우 산과적 합병증의 위험성과 미숙아-저체중아 증가
③ 산후 산모에 대한 불량한 의학적 배려

④ 유아의 영양불량
⑤ 독성물질 또는 외상 등에 노출될 위험성
⑥ 가족 내에 불안정성, 잦은 이사, 부적절한 보살핌
⑦ 어머니의 교육정도가 낮아 아이에게 적절한 자극을 주지 못할 가능성
⑧ 절대 빈곤층 또는 사회경제적으로 낮고 불우한 계층에서 교육과 경험 부족
⑨ 아동 학대 및 방임의 장기간 경험

3) 특성

경미한 지적장애의 증상은 언어이해나 표현의 지체, 운동 능력의 미숙, 지적 학습능력의 어려움, 주의집중의 부족, 충동성, 일부 기질적 원인으로 지적장애가 된다. 이들은 자폐, 발달장애, 간질, 품행장애가 병존하기도 한다. 중등도의 지적장애의 증상은 사회적 접촉과 간단한 의사소통 기술 습득만이 가능하며 사회적 관심을 이해하는 데 어려움이 많고 대다수가 기질적 원인으로 확인되고 있다. 중도 지적장애의 경우 매우 초보적인 언어습득만이 가능하고 기본적인 자기 보살핌 행동만이 가능하다. 최중도 지적장애는 유아나 아동기 초기에 판별이 가능하며 지적 학습은 물론 사회적 적응도 거의 불가능하여 아동기부터 지속적인 보살핌과 지도감독이 필요하다.

경도지적장애(IQ 50~70)는 약 85%를 차지하며 교육가능군으로 분류되고 대개 초등학교 6학년 수준까지 교육이 가능하다. 나이가 들수록 추상적 사고능력의 결핍과 같은 인지적인 기능의 저하나 자기중심적인 사고 등으로 인해 또래 다른 아이들과 구분된다. 성장하여 획득한 직업적인 기술로 혼자서 살아가는 수도 있지만 스트레스 하에서는 도움이 필요하다.

지적장애는 지능 저하와 적응행동의 장애 뿐 아니라 각종 정서 및 행동장애, 신경학적 장애를 동반하는 복합 또는 중복 장애이다. 흔히 볼 수 있는 정신장애는 ADHD, 자폐장애, 상동행동 장애 등이며 이식증(pica)도 가끔 볼 수 있다. 흔히 과잉활동 증상, 좌절에 대한 낮은 내성, 공격적인 행동, 분노 발작, 정서 불안, 상동적인 행동, 자해적인 행동 등이 나타난다. 특히 자해적인 행동은 지적장애의 정도가 심할수록 더 자주 더 심하게 나타난다. 성 발달은 일반인보다 늦거나 거의 같은 수준으로 발달하며 적절하지 못한 성교육이나 성충동 조절 능력과 판단력의 미숙으로 성적 탈선이나 성범죄율이 높을 수 있다.

지적장애 아동의 연령별 특성을 살펴보면, 먼저 유아기의 모습은 부모에게 덜 반응적이고 덜 활동적으로 보이며 애착반응이 없거나 지연된 모습이 많다. 언어적 의사소통의 발달이 지연되기도 하고 또래와의 사회적 상호작용에서 어려움을 가져 나이에 기대되는

자조 활동이 부족하여 공공연히 거절당할 수도 있다. 학령기의 모습은 또래만큼의 사회적, 학습적, 독립적 기술을 숙달하기 어려워 충족시킬 수 없는 자신의 모습에 의해 행동적 문제가 발전할 수도 있다. 주류화나 포괄적 편성은 적절한 지지가 부족하거나 동료에 의해 수용성이 떨어질 경우 관심 받지 못하며 어려운 일을 피할 수 없게 되면서 우울, 불안, 행동적 문제가 초래되기도 한다. 청소년기가 되면 인지적 손상이 영구적이라 다른 교육적 프로그램으로 순차적으로 수정할 수 없다는 것을 수용해야 한다. 정상적인 신체 발달을 하기 때문에 신체적 사춘기와 성인 역할에 대한 정서적 준비에 대한 차이가 가속화된다. 미래에 대한 현실적 계획은 어려움을 겪기도 하는데 이는 자신이 능력에 대한 불확실성, 낮은 자아상, 정상적 수준 이하의 미래 설계를 꺼려함, 재활 서비스의 부족 등 때문이다. 학령기 아동은 구체적인 놀이, 주변과 상호작용, 보호 역할에 의한 장애가 없는 동료에 의해서 적응될지도 모르지만 청소년은 의사소통, 인지적, 추상적 기술이 요구되는 그룹의 상호작용에 참여시키기란 더욱 어렵다.

지적장애 정도에 따른 연령별 특성을 요약하면 다음 표와 같다.

| 표 3-3 | 지적장애 정도에 따른 연령별 특성

정도	학령 전 발달	학령기 교육	성인기 재활
경도	• 감각운동에서 약간의 지연	• 초 6까지의 교육가능	• 사회, 직업 기능 수행 • 때로 지도, 감독 필요
중등도	• 사회적 민감도 저하	• 초 2 수준의 교육 • 직업훈련 가능	• 보호환경에서 비숙련 작업 수행 • 대개 감독 요함
고도	• 운동발달지연 • 언어지연 미약	• 기본신변관리 • 직업훈련불가	• 전적인 감독하에 자기 유지 가능
극심	• 뚜렷한 지연 • 보조가 필요	• 신변관리에서 전적인 보호 요함	• 제한적인 신변관리

출처 : 아동정신병리. 안동현(2018). p. 99

4 주의력결핍 과잉행동장애(ADHD)

1) 정의

주의력결핍 과잉행동장애(Attention Deficit-Hyperactivity Disorder)는 최근

우리나라에서 가장 지속적으로 증가하고 있는 아동기 질병 중 하나다. 20세기 초에는 이런 아동의 문제를 공격적이고 말 안 듣고 지나치게 감정적인 모습을 도덕적으로 자제력이 떨어져서 왔다고 보았다. 하지만 1950~60년대 출생 시 손상이나 홍역 등으로 뇌손상이 생겨서 나타나는 것을 밝히면서 1966년 공식명칭을 미세두뇌기능 장애(minimal brain dysfunction : MDB)로 바꾸었다. 이후 '정신장애에 대한 진단 및 통계지침 제2판(DSM-2)에서 처음으로 공식 진단명으로 '과잉행동'이 소개되었고 이후에 주의력결핍의 문제를 첨가포함되어 주의력결핍-과잉행동장애'로 명명하였다. ADHD의 주 특징은 '부주의, 충동성, 과잉행동'으로 보았다.

| 표 3-4 | ADHD 진단기준

ADHD 진단기준(DSM-5)

A. 다음과 같은 증상이 발달 수준에 맞지 않고, 부적응하게 6개월 이상 지속될 때

(1) 주의산만 증상들(6개 이상)

① 흔히 세부적인 면에 대해 면밀한 주의를 기울이지 못하거나 학업, 작업 또는 다른 활동에서 부주의한 실수를 저지른다.
② 과제 수행이나 놀이 중 주의집중을 지속하는 데 어려움을 자주 갖는다.
③ 대놓고 이야기하는데도 듣지 않는 것처럼 보일 때가 자주 있다.
④ 지시를 완수하지 못하고 학업, 잡일, 작업장에서의 임무를 수행하지 못한다(반항적 행동이나 지시를 이해하지 못해서가 아님).
⑤ 과업과 활동을 체계화하지 못한다.
⑥ 지속적인 정신적 노력을 요구하는 과업(학업 또는 숙제 같은)에 참여하기를 피하고, 싫어하고, 저항한다.
⑦ 활동하거나 숙제하는 데 필요한 물건들(예 : 장난감, 학습과제, 연필, 책 또는 도구)을 잃어버린다.
⑧ 외부의 자극에 의해 쉽게 산만해진다.
⑨ 일상적인 활동을 잊어버린다.

(2) 과잉행동(1-6)/충동성(7-9) 증상들(6개 이상; 17세 이상인 경우 5개 이상)

① 손발을 가만히 두지 못하거나 자리에서 꼬무락거린다.
② 가만히 앉아 있어야 하는 상황에서 자주 자리를 뜬다.
③ 적절하지 않은 상황에서 지나치게 달리거나, 혹은 기어오른다(청소년 또는 성인에서는 주관적인 좌불안석으로 제한될 수 있다).
④ 조용히 놀거나 여가 활동을 하지 못하는 수가 자주 있다.
⑤ '끊임없이 활동하거나' 마치 '모터가 달린 것같이' 행동하는 수가 자주 있다.
⑥ 지나치게 수다스럽게 말을 한다.
⑦ 질문이 채 끝나기 전에 성급하게 대답한다.
⑧ 차례를 기다리지 못한다.
⑨ 자주 다른 사람 하는 것을 중단시키거나 무턱대고 끼어든다(예 : 대화나 게임에 참견한다).

B. 이러한 증상들이 12세 이전에 있어야 한다.
C. 적어도 두 군데 이상(예: 학교와 가정)에서 이러한 증상이 존재해야 한다.
D. 사회활동, 학업, 직업 기능의 방해 혹은 질적 저하에 대한 명백한 증거가 있어야 한다.
E. 조현병의 경과 중이거나 혹은 기분장애, 불안장애, 해리장애, 성격장애, 물질급성중독 혹은 금단에 의한 것이 아니어야 한다.

2) 원인

ADHD의 정확한 원인은 아직 명확하지 않다. 부적절한 양육, 생애 초기 경험의 중요성, 사회경제적 여건의 중요성이 논의되고 있지만 흔히 일반적으로 생각하는 것과 달리 그것이 원인에 미치는 정도는 비교적 적다.

(1) 유전

원인의 많은 부분이 유전적인 영향을 받는 것으로 보고되고 있다. 부모가 ADHD인 경우 자녀는 57%의 위험률을 보인다. 쌍생아 연구에서도 이란성 쌍생아의 경우 30%인데 비해 일란성 쌍생아는 약 80%의 일치율을 보인다(홍강의 외, 2005).

(2) 뇌손상

임신 과정에서 알코올의 섭취, 출산 시 혹은 출산 후의 충격 등으로 인한 미세한 뇌손상이 원인이 될 수 있다. 하지만 ADHD 아동의 5% 미만에서만 실질적인 뇌손상을 보이는 신경학적 이상 소견이 있을 뿐이다. 프랑스 의학자 콜베르 소베(Collete Sauve, 2004)는 ADHD의 신경학적 원인을 다음과 같은 3가지 접근법으로 설명하였다.

① 신경해부학적 접근법

전두엽 전 중앙부의 포도당 대사를 통해 각성 수준을 알아본 연구결과, ADHD 아동은 전반적으로 각성 수준이 낮거나 활성화되는 데 느린 상태를 보였다고 한다. 뇌의 전두엽의 주의집중과 활동, 정서 반응을 규제한다고 하므로 ADHD 아동은 각성 수준이 낮거나 느리기 때문에 강한 자극을 찾아다니는 것이다. 동시에 특정한 자극에 주의를 집중하는 것이 힘들다. 이는 곧 과잉행동과 충동적 행동으로 표출한다.

② 신경화학적 접근법

주의력결핍 과잉행동에 해당하는 신경회로 간의 의사소통에 문제가 생긴 것으로 여긴다. 도파민과 노에피네피린의 결핍이 장애를 유발하는 것으로 본다.

③ 신경생리학적 접근법

연구결과, 뇌파 검사에서 ADHA 아동은 중추신경의 성숙 지연으로 비특이적 이상 반응을 보인다고 한다.

ADHD 아동은 3개의 기능에 이상이 생기는 것으로 보았다. 첫째 주의를 담당하는 전두엽 피질로 장애 시 부주의가 발생한다. 둘째, 외부로부터의 감각신호를 걸러주는 기능을 하는 시상의 장애 시 산만해지는 모습을 보인다. 셋째, 운동조절을 담당하는 도파민 중피질돌기의 장애 시 과잉행동을 보인다.

(3) 사회 심리적 요인

과거에는 ADHD 부모들이 자녀 관리 방법에 문제가 잘못되거나 부모의 정신병리, 심리적 문제가 관련이 있다고 주장하였지만 이러한 요소들이 직접 ADHD 발현에 영향을 주는 것은 10%도 안 되는 것으로 밝혀졌다(홍강의 외, 2005). 따라서 ADHD의 원인은 1차적으로 신경생물학적 요인에 의한 것이며 부모의 심리상태나 돌보는 능력이 미치는 영향은 중요한 원인 요소가 아니다. 물론 부모나 주위 사람들의 잘못된 대응은 부정적 요인이 될 수 있으나 그렇다고 직접적인 요인은 되지 않는다. 즉 부모의 잘못된 양육문제 때문에 발생하는 것이 아니다.

콜레트 소베(2004)는 일반적으로 대다수 전문가들은 ADHD를 생물학적, 심리적, 사회적으로 모두 함께 문제를 보이는 장애로 본다고 정리하였다. 신경학적 장애가 환경과 서로 영향을 주고 받았다고 보는 것이다. 즉 유전은 특정 이상행동의 생물학적 기초를 제공하였고, 환경은 이런 행동을 표출되도록 하는 역할을 하였다.

3) 특성

ADHD 아동은 아주 어릴 때부터 그 양상을 아는 경우가 많다. 임신 중 태중에서의 움직임이 많아 발길질이 많았다는 산모들의 보고가 있던 아이들이 나중에 ADHD로 연결되기도 한다. 기거나 걷기 시작하면서부터는 발발거리며 돌아다녀 잡기가 힘들고 위험한 행동을 서슴없이 해서 부모를 애를 먹인다. 자라면서 움직임이 더 커지고 한시도 가만히 있지 못하며 오토바이가 달린 양 빠르게 움직이며 에너지가 넘친다. ADHD라고 하면 집중을 아예 못하는 것으로 오해하는데 사실은 자신들이 좋아하는 활동에서는 엄청난 집중을 보이는 경우도 있다. 하지만 자기가 하기 싫거나 꺼리는 활동에서는 주의 이동이 많고 오래 앉아 있기를 꺼린다. 긴 수업을 견디기는 것이 힘들어서 수업시간에 돌아다니거나 가만히 앉아 있기가 힘든 모습을 보인다. 보통 유치원 등의 단체 활동이 시작되면서 아이들의 문제가 지각되는 경우가 많다. 최근에는 어린이 집을 다니는 아동이 증가하면서 어린이집 교사에 의해 이상 징후를 전달받아 조기에 발견되는 경우도 많다. 보통 ADHD 아동은 부모가 먼저 의심하기 보다는 이렇게 교사들에 의해 상담이나 치료를 권유받게 되는데 부모는 대개 조금 극성맞는 아이 정도로 여기면서 시간이 지나면 나아질 것으로 여기다가 단체 활동에서 이들의 두드러진 행동으로 다른 사람과 수업에 방해를 주어 알게 된다.

여아보다 남아에게서 출현율이 높아 1:4~8 정도를 보인다. 문제 양상도 남아는 주로 공격성, 자기 조절 문제, 분노 폭발의 문제를 보이고, 여아는 인지적, 언어적 결핍이 더 크고 사회성 문제를 보인다. 이 중 50~70% 아이들이 청소년기까지 ADHD 문제를 갖고 있으며 8~33%는 성인에게까지 이어진다고 한다. ADHD의 대표적 특성들은 부주의, 충동성, 과잉행동이며, 동반되는 2차 특징으로 정서, 학업, 사회적 특성이 있다.

(1) 부주의(inattention)

흔히 주의산만이라고도 말하는 것으로 주의를 계속 유지하거거나 무시해야 할 자극을 무시하지 못하는 모습에서 주의가 산만해지는 모습이다. '귀 기울여 듣지 못한다', '쉽게 산만해진다', '물건을 자꾸 잃어버린다', '집중을 못한다', '일일이 알려줘야만 한다', '일이 끝나기도 전에 딴 일을 한다', '물건을 잘 못 찾는다' 등으로 표현한다. 과제에 주의해야 하는 상황에서 비생산적인 문제에만 세심한 주의를 기울이는 행동이나 말을 보인다. 그래서 자기가 좋아하는 흥미있는 활동(컴퓨터, TV 등)에는 엄청난 집중을 보인다. 이들의 주의집중 결여는 개인간의 상호작용 및 학교생활에서 큰 방해 요인이 된다. 자신이 해야 할 일과 다른 사람이 한 이야기를 잊어버린다.

(2) 과잉행동(hyperactivity)

소근육이나 대근육을 제대로 제어하기 어려운 행동의 규제의 어려움을 보이는 모습이다. 손발이 끊임없이 움직이거나 말이나 입으로 끊임없이 이상 행동을 하는 모습을 보인다. 가장 힘든 경우가 가만히 얌전히 앉아있는 상황에서 자신의 신체를 조절하는 것이다. 이러한 모습을 '행동의 불안'이라고 부르기도 한다. 주로 '안절부절하다', '몸을 계속 꼼지락거린다', '가만히 있기 힘들다', '모터 달린 아이 같이 정신없게 군다', '아이들 쫓아다니는 데 힘에 겹다'고 부모들은 보고한다. 과제와 상관없이 몸이 계속 움직이고 이를 제재하려 해도 좀처럼 멈춰지지 않는 모습이다. 이러한 과잉행동은 학년이 올라가면서 점차 대근육 운동에서 소근육으로 외적 행동에서 내적 행동으로 변화한다. 저학년에서 심하게 돌아다니는 등의 과잉행동을 보이는 경우가 많고 고학년 이상이 되면 돌아다니기보다는 자리에서 꼬무락거리거나 다른 아이를 집적거리는 등의 모습으로 바뀐다. 청소년기에서는 대부분 과잉행동이 주 문제 양상으로 나타나지 않는다.

(3) 충동성(impulsiveness)

감정이나 행동에서 자기 조절을 제대로 하지 못하는 모습이다. 생각없이 행동하고 말을 한다. 결과를 고려하지 못하고 기다릴 줄 모른다. 그래서 ADHD 아동이 무엇을 생각하고 어떤 감정인지를 이들의 성급한 행동을 통해 바로 알 수 있다. 충동성 양상은 언어, 행동, 사회적 장면에서 살펴볼 수 있다. 언어의 충동성을 보이는 모습은 큰 소리로 경솔하고 불쾌한 말을 늘어놓거나 다른 사람의 말을 가로채며 수업 중 선생님 질문이 끝나기도 전에 대답하는 모습이다. 행동의 충동성은 하던 것도 마치기 전에 다른 일을 시작하려 하고 아무 생각없이 위험한 행동(높은 곳을 올라가거나 뛰어내리는 등)을 해서 다치는 경우가 많다. 사회적 충동성은 함께 아이들과 놀 때 자기 순서를 기다리지 않고 끼어드는 모습으로 말과 행동을 해서 놀이를 중단시키거나 놀이에서 소외되기도 한다. 끝까지 남의 말을 안 들어 자기 맘대로 한다는 이야기를 듣기 쉽고 자기가 원하면 무례한 행동도 서슴지 않게 해서 상대방의 기분을 상하게 하는 경우가 많다.

(4) 정서적 특성

감정이 수시로 바뀌어 예측이 불가능한 경우가 많고 기분 변화의 이유를 알기 어려워 부모가 어떻게 대해야 줘야 할지 모르겠다고 호소한다. 이외에도 관심을 끌고자 하는 행위나 고집스러움, 불만족스러움, 낮은 자존감, 미성숙함의 모습을 보이기도 한다. 홍강의(1996)는 ADHD 아동의 48.8%가 동반장애를 보이고 있다고 하였다. 특정 발달장애는 11.6%, 품행장애 9.3%, 반항장애 7%, 불안장애 7%, 유뇨증 4.7%, 지적장애 4.7%의 순서를 제시하였다. ADHD는 다양한 질병을 동시에 보일 가능성이 높은 복합적인 질병이다.

(5) 인지적 특성

지적 능력에서는 두드러진 특징을 보이지 않고 있다. 즉 표준화된 지능검사에서 지능 문제를 보이지는 않는다. 지능은 정상이나 소영역에서 주의산만 요소(산수, 숫자, 기호쓰기)에서 낮은 수행을 보인다는 연구결과가 있다(신민섭 외, 1990). ADHD 아동은 저학년 때에는 학습에서 큰 문제를 보이지 않다가 고학년이 되면서 학습에서의 결함이 두드러지는 경우가 많다. 이는 이들의 기억 및 실행능력에서 보면 단순하고 쉬운 과제에서는 좋은 수행을 보이고 피상적으로 처리하는 과정에서는 수행이 수월하나 복잡해지고 다단계의 과제에서는 급격히 수행 결과가 떨어지는 모습을 보이는데 주의력의 문제로 실행능력에서의 어려움을 시사한다. 주의력의 문제는 선택적 주의집중, 연속적 주의집중, 주의 이동에서 어려움을 보인다. ADHD 아동의 학습장애의 동반률이 20~25%로 나타나고 있어 학습적인 문제가 ADHD로 인한 문제인지 아니면 학습장애적 특성에서 오는 문제인지를 변별하는 것이 중요하다.

(6) 사회적 특성

ADHD 아동이 가장 힘든 영역 중 하나가 또래 관계 형성이다. 또래 관계 욕구가 비교적 높은데 비해 그것을 유지할 수 있는 사회적 기술 방법이 부재하다. 언어적이든 비언어적이든 사회적 경험을 통해 구체적으로 사회적 단서를 배우는 능력이 결여되어 있다. 사회적 눈치가 덜 발달하고 이들이 보이는 과잉행동이나 충동성은 다른 친구의 감정을 이해하거나 읽을 여유가 없이 자신의 행동이나 말의 반응이 먼저 나가거나 격한 감정 폭발을 보여 다른 친구들과 서로 감정이 상하는 경우가 많아 친구들에게 배척되는 경험을 자주 한다.

5 자폐스펙트럼 장애(ASD : autism spectrum disorder)

1) 정의

(1) 자폐스펙트럼 장애명의 변천

자폐증(autism)이라는 용어는 미국의 소아정신과 의사였던 레오 카너 박사가 처음으로 명명하였다. 자폐증은 이후 자폐장애(autistic disorder)로 수정되었으며 자폐증은 전반적 발달장애(PDD : pervsive developmental disorder)의 속하는 여러 장애 중 하나로 보았다. 전반적 발달장애는 자폐, 레트 증후군, 소아기 붕괴성 장애, 아스퍼거 증후군, 비전형적 전반적 발달장애로 나눴으나 최근에는 자폐증과 유사한 증상을 가진 장애를 묶어 자폐스펙트럼 장애로 합쳤다. 이전에 사용하던 비전형 자폐장애, 아스퍼거장애 등은 삭제해 버리고 자폐적 증상의 심각성이나 수준이 다른 하나의 상태라는 견해를 가지고 이 용어를 쓰기로 하였다. 자폐증이라는 용어는 DSM – 3에서 사용하였고, 전반적 발달장애라는 용어는 DSM – 4와 DSM – 4 – TR에서 사용하며 개념을 확장하였다. 2013년 5월에 발간한 DSM-5에서는 자폐스펙트럼 장애라는 용어를 쓰기로 하였다.

(2) 자폐스펙트럼 장애의 정의

자폐스펙트럼 장애는 자폐증상을 보이는 아동들 중 가벼운 증상을 가진 아동이 한쪽 끝에 위치하고 심한 증상의 아동이 다른 끝에 위치하며 그 사이에 다양한 수준의 증상과 기능을 보이는 아동들이 존재한다고 보고 이러한 증상군을 하나의 이름으로 부르기로 한 장애명이다. 자폐스펙트럼 장애의 두 가지 핵심증상은 ① 사회적 의사소통의 결여, ② 제한적이고 반복적인 행동, 흥미와 활동이다. 이 두 가지가 모두 충족되어야 진단을 내릴 수 있다.

| 표 3-5 | 자폐스펙트럼 장애의 임상적 특징들

자폐성장애의 임상적 특징들
1. 다양한 맥락에 걸친 사회적 의사소통과 사회적 상호교류의 지속적인 장애
(1) 사회적, 정서적 상호교환성의 결핍
(2) 사회적 상호작용에 사용되는 비언어적 의사소통 행동의 결핍
(3) 부모 이외의 사람과 발달연령에 맞는 적절한 관계를 형성하고 유지하지 못함
2. 행동, 관심 및 활동이 한정되고, 반복적이고 상동적인 양상
(1) 상동화되고 반복적인 움직임, 사물의 사용 또는 말
(2) 같은 상태를 고집함, 일상적으로 반복되는 것에 대한 융통성 없는 집착 또는 틀에 박힌 언어적 비언어적 행동
(3) 매우 제한적이고 고정된 관심을 갖고 있으며, 그 강도나 집중의 대상이 비정상적임
(4) 감각적인 자극에 대해 지나치게 높거나 낮은 반응성 또는 환경의 감각적 측면에 대해 유별난 관심

출처 : 아동정신병리, 안동현(2018), p. 133

2) 원인

과거에는 자폐장애에 대해 바쁘고 차가운 부모가 문제라는 가족요인에 대한 원인제기를 하였지만 현재는 심리적인 문제로 아동이 자폐가 된다는 것은 밝혀진 바가 없다고 심인성 요인은 더 이상 받아들여지지 않고 있다. 미국자폐협회에서는 뇌기능에 영향을 주는 신경학적 장애가 원인으로 보고 있다. 신경생물학적인 원인을 좀 더 자세히 살펴보면 먼저, 취약 X 증후군 등의 몇몇 유전질환에서 자폐성장애와 연관이 있다고 보았다. 둘째, 선천적 요인으로 여러 기질성 뇌질환 또는 출산 전후의 여러 요인(나이 많은 엄마, 임신 초기 후의 출혈, 임신 중의 약물 사용, 양수 속의 태변 등)이 자폐성장애의 빈도를 증가시키는 것으로 알려졌다. 셋째, 신경학적 이상은 자폐아동의 30~75% 비율로 나타나고 있다. 주로 근긴장감퇴, 근긴장항진, 굼뜬 동작 등이 관련된다.

3) 특징

(1) 질적인(qualitative) 사회적 상호작용에서의 장애 특성

① 사회적 상호작용을 조절하기 위한 눈 맞춤, 얼굴 표정, 몸 자세, 몸짓과 같은 다양한 비언어적 행동을 사용함에 있어서의 현저한 장애가 있다.
② 발달 수준에 적합한 친구 관계 발달의 실패하는 모습을 보인다.
③ 자발적으로 다른 사람들과 기쁨이나 관심, 성공감을 나누지 못한다(예 : 관심의 대상을 보여 주거나, 가져오거나, 지각하지 못함).
④ 사회적으로나 감정적으로 서로 반응을 주고받는 상호 교류가 결여된다.

(2) 질적인 의사소통 장애 특성

① 표현언어 발달의 지연 또는 몸짓이나 흉내 내기와 같은 대체의사소통의 방법에 의한 보상적 시도가 수반되지 않는다.
② 적절하게 말을 하는 경우에도 다른 사람과 대화를 시작하거나 지속하는 능력에 현저한 장애가 발견된다.
③ 언어의 사용이 상동증적이고 반복적이며, 일탈적인 언어를 사용한다.
④ 연령수준에 적합한, 자발적이고 다양한 가상적 놀이나 사회적 모방 놀이기능 결함이 있다.

(3) 제한적이고 반복적이며 상동증적인 행동이나 관심, 활동 특징

① 강도나 초점 맞추기에 있어 비정상적이며, 상동증적이고 제한적인 관심에 집착하는 모습을 보인다.
② 특이하고 비효율적인, 틀에 박힌 일이나 의식에 고집스럽게 매달린다.
③ 상동증적이고 반복적인 동작성 매너리즘(예 : 손이나 손가락으로 딱딱 때리기나 틀기, 또는 복잡한 몸 전체 움직임)이 있다.

이처럼 자폐스펙트럼 장애는 사회적 상호작용의 일탈, 사회적인 의사소통에서 사용되는 언어의 일탈, 상징적 또는 상상적 놀이 영역에서의 일탈이라는 문제 중 적어도 한 가지 영역에서 기능이 지연되거나 비정상적 특성을 보이며, 3세 이전에 시작되는 모습을 보인다. 이러한 세 가지 특성 외에 자폐스텍트럼 장애에서 전반적으로 관찰되는 임상적 특징들로 다음과 같은 모습들이 있다.

① **감각자극에 대한 비정상 반응**

많은 자폐스펙트럼 장애 아동들은 촉각, 청각, 시각, 미각, 전정감각 등에 독특한 반응을 보이는데 사람 목소리를 잘 듣지 않는 것 같기도 하고 또는 다른 사람들은 아무렇지도 않은 소리에 민감하게 반응하는 경우가 있다. 그네를 계속 타면서 전혀 지치지 않는 모습을 보이기도 하고 어떤 아이들은 놀이터에서 그네나 미끄럼틀을 타게 하면 울거나 도망가는 행동을 하기도 한다.

② **행동의 문제들**

특정 물건에 지나치게 집착하여 꼭 들고 다니거나 물건의 특정 부위에 집착하여 계속 만지며 들여다보거나 일렬배열을 하는 등 고집스럽고 특이한 행동을 하기도 한다. 또 자신의 방에 물건의 위치가 바뀌거나 하면 지나치게 화를 내거나 우는 모습을 보이기도 한다.

4) 아스퍼거 증후군 특징

아스퍼거 증후군(Asperger syndrom)은 자폐의 특성과 상당히 유사하나 언어발달에 있어서 좀 더 나은 양상을 보이고 자폐에 비해 지능이 좀 더 높은 편이고 일상적인 생활의 적응능력도 좋은 편이다. 현재 고기능(high function)자폐라는 진단으로 자폐스펙트럼으로 포함된다. 아스퍼거 증후군은 전반적으로 다른 영역의 발달에 비해 질적인 사회적 장애가 두드러진다고 볼 수 있는데 비언어성 의사소통이나 제스쳐에 대한 이해가 부족하거나 친구관계 유지가 어렵고 타인과의 정서적인 상호교환에 문제가 있는 것을 볼 수 있다. 하지만 임상적으로 심각한 전반적인 언어발달의 지연은 없다. 또한 소아기에 인지발달이나 나이에 맞는 자기-보호 능력 및 사회적 상호작용 이외의 적응행동 발달이나, 주변 환경에 대한 호기심의 발달에 있어서는 임상적으로 심각한 지연은 없다. 따라서 아스퍼거 증후군은 장애가 아니라 차이라고 주장하는 의견도 있다.

6 반응성 애착장애(RAD : Reactive-Attachment Disorder)

1) 정의

반응성 애착장애는 5세 이전에 발병하고 모든 사회적 관계에서 장애를 지속적으로 보이고 자폐증을 포함한 전반적 발달장애와는 구별되며, 병리적인 양육을 병인으로 한다.

DSM-4의 분류 기준에서 유아기 또는 초기 아동기의 반응성 애착장애는 유아기, 아동기 또는 청소년기의 기타 장애의 하위유형으로 분류되었다. 하지만 DSM-5에서는 외상 및 스트레스 사건 관련 장애의 하위유형으로 분류된다. 5세 이전에 발병하며 아동이 양육자와의 애착 외상으로 인해 부적절하고 위축된 대인관계의 패턴을 갖게 된다. 애착 외상은 유아기 및 초기 아동기에 특정 양육자와 일관성 있고 안정된 애착형성이 중요함에도 불구하고 양육자에게 충분한 애정을 받지 못하거나 학대 혹은 방임 상태로 양육되면서 발생한다. 반응성 애착장애를 보이는 아동은 부모를 비롯하여 타인과의 접촉을 두려워하며 회피하는 모습을 보인다. 정서 발달 뿐만 아니라 사회성 발달에 어려움을 경험한다. 이외에도 인지발달, 언어발달도 함께 늦어지기도 한다.

반응성 애착장애는 억제형과 탈 억제형이 있다. 억제형은 타인과 사회적 상호작용을 보이지 않는다. 그러므로 어머니와의 이별에도 무관심해 보이고 떼를 쓰거나 화를 내거나 보채지 않는다. 환경에 대해서도 무관심하고 장난감에도 흥미가 없다. 사회적 상호교류는 과도하게 경계적이거나 양가감정적인 경우도 있다. 탈 억제형에서는 애착 행동이 무분별하게 나타나는 등의 적절하고 선택적인 애착을 보이지 못한다.

| 표 3-5 | 반응성 애착장애 진단기준

반응성 애착장애의 DSM-5 진단기준

A. 성인 양육자에 대해 시종일관 정서적으로 억제되고 위축된 행동이 다음 2가지 양상으로 나타난다.
  (1) 아동이 스트레스를 느낄 때 거의 위안을 구하지 않거나 최소한의 반응만을 나타낸다.
  (2) 아동이 스트레스를 느낄 때 위안에 거의 반응하지 않고 최소한의 반응을 나타낸다.

B. 지속적인 사회적, 감정적 장애가 다음 중 최소 2가지 이상으로 나타난다.
  (1) 타인에 대한 최소한의 사회적, 감정적 반응성을 보인다.
  (2) 제한된 긍정적 정동 행동을 보인다.
  (3) 성인 양육자와 비위협적인 상호작용을 하는 동안에도 설명되지 않는 과민성, 슬픔 또는 무서움의 삽화를 보인다.

C. 아동이 불충분한 양육으로 인한 극단적인 형태의 경험이 다음 사항 들 중 최소 1가지 이상으로 나타난다.
  (1) 위안, 자극, 애정에 대한 기본적인 욕구가 성인 양육자에 의해 지속적으로 결핍되어 사회적 방임이나 박탈의 형태로 나타난다.
  (2) 주된 양육자의 반복된 변경으로 인해 안정적인 애착을 형성할 기회가 극히 제한된다(예: 위탁가정의 잦은 교체).
  (3) 비정상적인 환경에서 선택적인 애착을 형성할 기회가 극히 제한된다(보육자 수에 비해 아동의 수가 많은 기관).

D. 불충분한 양육(진단기준 C)이 장애 행동(진단기준 A)을 초래한 것으로 추정된다(예: 진단기준 A의 장애는 진단기준 C의 적절한 양육 결핍 후에 시작했다).
E. 진단기준이 자폐스펙트럼 장애를 만족하지 않는다.
F. 이러한 장애는 5세 이전에 현저히 나타난다.
G. 아동의 발달연령은 최소 9개월 이상이다.

2) 원인

크게 두 가지 원인으로 볼 수 있다. 첫째 유아의 기본적인 신체적·정서적 욕구에 대해 지속적으로 무시하거나 방치하는 것이다. 예를 들면 지나치게 가혹한 벌을 주거나 무관심하고 방임을 하는 것이다.

둘째, 양육자가 자주 바뀌는 것이다. 어머니의 취업, 영유아 보육시설의 입소 등으로 여러 양육자가 아이를 교대로 돌보거나 자주 바뀔 때 안정적인 애착형성에 실패하게 된다.

3) 특징

외현적 양상에서 반응성 애착장애 아동의 모습과 자폐스펙트럼 장애 아동이 비슷한 특성을 보이나 구별되는 점이 분명하게 있다. 자폐스펙트럼 장애와의 차이를 살펴보면 다음과 같다.

(1) 자폐스펙트럼 장애는 정상적인 양육을 받았음에도 불구하고 나타나는 양상인데 비해 반응성 애착장애는 초기 양육 결핍에서 비롯된다.
(2) 자폐스펙트럼 장애 아동에 비해 반응성 애착장애 아동은 사회적 반응의 능력이 정상이며, 적절한 환경이 주어지면 상당히 호전된다.
(3) 자폐스펙트럼 장애 아동은 의사소통에서 질적 문제를 보이는데 비해 반응성 애착장애 아동은 비정상적인 언어의 유형이 나타나더라도 의사소통의 장애가 뚜렷하지는 않다.
(4) 자폐스펙트럼 장애 아동에 비해 반응성 애착장애 아동은 지속적이고 제한된, 반복적, 상동증적인 행동 패턴이 없다.

반응성 애착장애의 경우 아무런 치료 개입 없이 계속 부적절한 환경에 놓이게 된다면 이후의 발달과정에 심각한 손상을 끼치게 된다. 그러나 기질적인 문제를 가지고 태어난 자폐아와는 달리 반응성 애착장애 아동은 적절한 환경과 교육을 제공하였을 경우 급격한 호전을 보인다(Richters & Valkman, 1994).

7 불안장애(Anxiety Disorder)

1) 정의

불안장애는 아동 및 청소년에서 가장 흔한 정서문제로 알려져 있다. 정상적인 일시적 두려움, 걱정, 불안은 아동의 안정이나 복지를 위협하는 사람, 사물 또는 사건에 대처하는데 신체 · 심리적으로 준비할 수 있도록 해주는 매우 적응적인 정서라고 볼 수 있다. 불안의 증상은 신체 · 인지 · 행동체계를 통해서 표현된다.

| 표 3-6 | 신체 · 인지 · 행동체계를 통한 불안의 증상들

신체		
심장박동률 증가	입 건조	얼굴이 붉어짐
피곤	근육 긴장	얼굴이 싸늘해짐
호흡율 증가	심장 두근거림	숨을 쉴 수 없음
메스꺼움	얼굴 붉힘	두통
위장불편	구토	배뇨
배변	감각마비	호흡 곤란
흐릿한 시각	발한	몽롱함
인지		
두렵다는 사고	공허함	다친다는 생각
괴물 야수에 대한 생각이나 상상	망각	위험에 대한 생각
자기 비난이나 비평	절박한 죽음에 대한 생각	집중곤란
무능력, 부적절하다는 사고	미쳐가고 있다는 생각	사랑하는 사람의 상처에 대한 생각
행동		
회피	부동성	떨리는 목소리
울음	초조함	비명
손톱 깨물기	손가락 빨기	경직된 자세
눈감기	눈 마주치기 회피	꽉 다문 입
말더듬기	신체근접성	하얀 손가락
떨리는 입술	일정한 중얼거림	불필요한 팔, 손, 다리 움직임

2) 원인

(1) 기질

한 연구에서 800명을 대상으로 12년 동안 초기 기질과 불안 증상의 발달관계에 대해 조사를 하였다. 연구결과에 의하면 5세 때 새로운 환경을 열심히 탐구하고 확신이 있었던 소년은 아동기와 청소년기에 불안을 거의 나타내지 않았다. 대조적으로 수동적이고 두려움이 많고 수줍어하고 새로운 환경을 피하려고 했던 3세에서 5세의 소녀는 후에 불안을 경험할 가능성이 더 높았다(J. Mash, 2003).

(2) 가족력

불안장애가 있는 부모의 자녀는 그렇지 않은 부모보다 불안장애를 가질 확률이 약 5배나 되었다. 불안 장애가 있는 부모의 자녀는 일차적인 불안장애를 가지고 있었고 우울한 부모의 자녀, 또는 복합적인 불안과 우울로 괴로워하는 부모의 자녀는 여러 다양한 장애를 갖고 있었다.

(3) 신경학적 요인

불안과 흔히 연합된 뇌의 부분은 변연계이고 뇌간과 피질 사이에 중재자로써 활동한다. 잠재적인 위험 신호는 뇌간에 의해 조정, 감지되고 있는 이런 잠재적인 위험 신호는 변연계를 통해 좀 더 고등피질 센터에서 중재한다. 변연계에 있는 충격과 해마 영역에서부터 전두엽 피질까지 걸쳐져 있는 뇌 회로가 노어아드레날린 회로와 세로토닌 회로에 의해 신경자극을 받게 되는데 이런 행동 억제체계가 불안장애가 있는 아동에 있어서는 과잉활성화 된다.

(4) 심리학적 학설

① 고전적 정신분석이론

프로이드는 불안을 무의식에서 유래하는 위험의 존재를 알리는 신호로 여겼다. 불안과 공포를 아동기의 초기 양육에 뿌리를 두고 있는 무의식적 갈등에 대한 방어로 간주하는데, 특정 추동, 기억 및 감정은 너무나 고통스러워서 억압되고 외적인 대상으로 대치되어 불안의 실제 원천과 상징적으로 관련되어 있다고 본다.

② 행동주의 및 학습이론

행동주의에서는 공포와 불안을 특정 환경적 자극에 대한 조건화된 반응으로 여긴다. 또 다른 학습의 형태인 조작적 조건 형성은 공포가 한 번 설정되면 왜 그러한가에 대한 이유를 설명하였는데, 그 원리는 행동이 강화되고 보상될 경우 계속된다는 것이다.

③ 보울비의 이론

아동의 공포는 생물학적으로 생존에 필요한 정서적 애착에 뿌리는 두고 있다고 본다. 불안정 애착의 경우 세상과 사람을 신뢰할 수 없는 적대적 또는 위협적인 것으로 보는 아동은 불안과 회피적인 행동으로 발전하게 된다고 보았다.

④ **실존주의 이론**

실존주의에서는 사람은 목적을 잃은 우주에서의 삶에 대한 감정을 경험한다. 이 때 존재와 의미에서 지각되는 공허에 대한 반응이 불안이라고 보았다.

3) 특징

불안장애는 지나칠 두려움이나 걱정, 공포성 회피, 전반적 각성과 예기 불안, 공황발작을 갖는 질병을 말한다. 불안장애에는 분리불안장애, 특정 공포증, 사회공포증, 강박장애, 공황장애, 외상후 스트레스 장애, 범불안 장애가 포함된다.

(1) 분리불안장애(Separation Anxiety Disorder)

분리불안은 애착대상으로부터 분리되는 것에 대해 부적절하고 지나치게 두려워하거나 불안해하는 증상이다. 대부분 유치원이나 학교에 입학하면서 생긴다. 또는 누가 죽었거나 사고가 있을 때 혹은 아이가 심하게 아프고 난 후에도 생길 수 있다. 엄마와 함께 집에 있으려고 하고 학교나 유치원에 갈 때 엄마와 떨어질 때 화를 내거나 심하게 울면서 안 떨어지려고 하며 애원하기도 한다. 갑자기 배가 아프거나 머리가 아프다고 하기도 한다. 또한 낯선 사람과 접촉하지 않으려고 하고 친구들과 잘 놀지도 않고 스스로 하려고 하지도 않고 무엇이든지 부모에게 해달라고 요구하는 어리고 의존적인 행동을 보이는 것이 특징이다.

이러한 불안 증상이 아동 혹은 청소년의 연령과 발달에 비해 지나친 것으로 분리가 예상되거나 발생할 때 반복되는 괴로움, 분리 상황의 회피, 주요 영역의 기능 장애, 애착대상을 잃을지 모른다는 지속적 걱정과 비현실적 생각으로 인지 왜곡이 나타난다. 과거에는 18세 이전 발병을 단서조항으로 제한하였으나 DSM-5에서는 이 단서조항을 없애고 성인기에도 진단을 내릴 수 있게 하였다(안동현, p. 278).

| 표 3-7 | 분리불안장애 진단기준

■ 분리불안장애의 DSM-5 진단기준

A. 애착대상과의 분리에 대한 불안이 발달 수준에 비해 지나칠 정도로 나타나며, 다음 여덟 가지 중 3가지 이상이 발생한다.

(1) 집 혹은 애착대상과 분리가 일어나거나 예상될 때 반복적으로 심한 고통을 보인다.

(2) 애착대상을 상실하거나, 그에게 해로운 일(예: 강도, 교통사고)이 일어날 거라고 지속적으로 심하게 걱정한다.

(3) 운 나쁘게 사고가 생겨 애착대상과 분리될 거라는 비현실적이고 지속적인 걱정(예: 길을 잃음, 납치, 유괴)을 한다.
(4) 분리에 대한 불안 때문에 집을 떠나 학교나 그 외의 장소에 지속적으로 가기 싫어하거나 거부한다.
(5) 애착대상 없이 혼자 지내는 것에 대해 지속적이고 과도하게 두려움을 느끼거나 거부한다.
(6) 애착대상이 가까이 있지 않은 상황이나 집을 떠나는 상황에서는 잠자기를 지속적으로 싫어하거나 거부한다.
(7) 분리의 주제와 연관되는 반복적인 악몽을 꾼다.
(8) 애착대상과의 분리가 예상될 때 반복적인 신체증상(예: 두통, 복통, 오심, 구토)을 호소한다.

B. 장애기간이 아동 및 청소년인 경우 적어도 4주 이상이어야 한다. 성인의 경우 6개월 이상이어야 한다.
C. 분리로 인한 고통이 사회, 학습, 직장, 기타 기능에 상당한 장애를 초래한다.

(2) 선택적 함구증(Selective Mutism)

다른 상황에서는 말을 할 수 있음에도 불구하고 말을 해야 하는 특정한 사회적 상황에서는 지속적으로 말하기를 거부한다. 이러한 모습으로 인해 학업, 직업적 성취나 사회적 의사소통이 방해를 받는다. 몸짓이나 약간의 더듬거리는 말로 의사소통을 할 수 있다. 그렇지만 대개 집에서는 정상적으로 말을 한다. 함구증은 말을 할 수 있지만 다른 원인에 의해 말을 하지 않는 모습이다.

(3) 특정공포증(Specific Phobia)

특수한 상황 또는 대상에 대해 심한 불안과 공포를 느끼며 이러한 상황이나 대상을 피하게 되는 심리적 상태를 말한다. 대개 범불안 장애의 경우보다 훨씬 높은 강도의 불안과 두려움을 경험하며, 범불안 장애와는 다르게 공포 반응이 특정한 대상이나 상황에 한정된다. 특정 대상이나 상황의 존재로 야기되는 근거 없는 두려움이다. 공포증에는 상황형(폐쇄된 공간), 자연환경형(천둥, 폭풍, 번개 등), 혈액-주사-손상형, 동물형(뱀, 거미, 지네 등), 기타형(구토, 질식 또는 질병을 유발할 수 있는 상황 등)이 있다. 공포증은 수개월 이상 나타나 일상생활을 포함해 직업, 사회생활에 현저한 방해를 받는 경우가 많다.

주요 증상은 특정한 대상이나 상황에 대해 현저하고 지속적인 공포를 느낀다. 첫째, 공포대상이 존재할 것이라고 예측되는 상황에서도 이와 유사한 공포 반응이 나타날 수 있다. 둘째, 공포 자극에 노출되면 바로 불안 반응을 일으킨다. 셋째, 이런 장애를 지닌 사람은 자신의 공포가 과도하고 비합리적이라는 사실을 알고 있다. 넷째, 때로는 심한 불안을 느끼면서 공포 자극을 참아내는 경우도 있지만 대부분은 공포 자극을 회피하려 시도한다.

유아기에 흔한 공포 대상으로는 높은 곳, 어둠, 천둥과 같은 큰 소리, 주사, 곤충, 개, 기타 작은 동물이 있다. 학령기에는 다치는 것, 학교 관련 사항들, 주위로부터의 비난이나 인정을 받지 못하는 것도 포함된다. 청소년기에는 성에 관한 것, 죽음, 주위로부터의 인정, 자아정체성에 관한 사항들에 대해 공포심을 보인다. 공포증에 선행하는 요인들로 외상 경험, 갑작스런 공황 발작, 타인이 외상을 당하는 것 목격, 주위로부터 받은 정보 등이 있다.

(4) 사회공포증(Social Phobia 또는 Social Anxiety Disorder)

사회공포증이 있는 아동은 사회적 상황을 회피하며 연령이 증가함에 따라 적응이 더욱 어려워진다. 어쩔 수 없이 사회적 상황에 노출되게 되면 사회공포증을 가진 아동은 심한 심리적 고통과 신체 증상을 경험할 수 있다. 발병은 스트레스를 받거나 모욕을 당한 후에 갑자기 발생하기도 하고, 서서히 생기기도 하다.

사회공포증이 있는 아동은 집중이 어렵고 대인관계에 문제가 있으며 학업성취도 낮다. 사회공포증 아동은 눈에 띄는 문제 행동을 보이지 않기 때문에 교사들은 '혼자 지내는 아이'로 조용하고 내성적인 아이, 친구가 없는 아이로 보고한다.

| 표 3-8 | 사회공포증 진단기준

A. 한 가지 또는 그 이상의 사회적 상황에서 타인에 의해 주시되는 것에 대한 현저한 공포나 불안이 나타난다.
(예 : 1. 사회적 관계-대화, 친숙하지 못한 사람들과 만남
2. 관찰되는 상황 - 먹기, 마시기
3. 사람들 앞에서 수행(발표)하기
4. 주의점 - 아동은 성인과의 상호작용에서뿐만 아니라 또래관계에서도 불안이 일어나야 함)

B. 자신이 불안 증상을 나타내거나 타인에서 보일 것이기 때문에 부정적으로 평가될 것에 대한 두려움을 느낀다(수치스럽거나 당혹스럽게 행동할까봐, 타인에게 거부되거나 타인을 불쾌하게 할까봐 걱정).

C. 사회적 상황은 언제나 불안과 공포를 유발한다(주의점 : 아동은 사회적 상황에서 울거나, 성질부리거나 몸이 굳거나 매달리거나 움츠리거나 말을 못함).

D. 사회적 상황을 회피하려 하고 그렇지 못하면 강한 공포나 불안을 경험한다.

E. 공포나 불안은 사회적 상황에 의한 실제 위협이나 사회문화적 맥락에 비해 지나치다.

F. 공포, 불안, 회피는 전형적으로 6개월 이상 지속된다.

G. 공포, 불안, 회피는 사회적, 직업적 또는 다른 중요한 기능 영역에서 임상적으로 심각한 고통이나 손상을 야기한다.

(5) 공황장애(Panic Disorder)

공황장애는 반복적으로 예상하지 못한 공황발작이 일어난다. 공황발작은 극심한 공포와 고통이 갑작스럽게 발생하여 수분 이내에 최고조에 이르러야 하며 그 시간 동안 다음 중 4가지 이상의 증상이 있어야 나타난다(주의점 : 갑작스러운 증상의 발생은 차분한 상태나 불안한 상태에서 모두 나타날 수 있다).

- 심계항진(가슴 두근거림 또는 심장 박동 수의 증가)
- 몸이 떨리거나 후들거림
- 숨이 가쁘거나 답답한 느낌
- 흉통 또는 가슴 불편감
- 메스꺼움 또는 복부 불편감
- 어지럽거나 불안정하거나 멍한 느낌이 들거나 쓰러질 것 같음
- 춥거나 화끈거리는 느낌
- 감각이상(감각이 둔해지거나 따끔거리는 느낌)
- 비현실감(현실이 아닌 것 같은 느낌) 혹은 이인증(나에게서 분리된 느낌)
- 스스로 통제할 수 없거나 미칠 것 같은 두려움
- 발한
- 죽을 것 같은 공포
- 질식할 것 같은 느낌

발작이 일어난 후 1개월 혹은 그 이상의 기간 동안 추가적인 공황발작이나 그에 대한 결과(통제 잃음, 심장발작, 미치는 것)에 대한 지속적 걱정을 보인다. 또는 발작과 관련된 행동으로 현저하게 부적응적인 변화가 일어난다. 예를 들어 공황발작을 회피하기 위한 행동으로 운동 등 신체적 활동을 기피하고 일상행활의 제한, 익숙하지 않은 환경을 회피함(여행 회피), 대중교통의 이용을 회피하는 등의 모습이 나타난다.

(6) 광장공포증(Agoraphobia)

광장공포증이란 개방된 공간에서의 두려움을 말한다. 광장공포증의 본질은 공황발작에 대한 두려움이다. 대부분의 광장공포증을 지닌 사람들은 공황장애를 가지고 있을 뿐만 아니라 그들이 공황발작을 일으켰을 때 다른 사람들이 뭐라고 생각할지를 두려워한다. 공황 유사 증상이나 무능력하거나 당혹스럽게 만드는 다른 증상이 발생했을 때 도움을 받기 어렵거나 그 상황에서 벗어나기 어려울 것이라는 생각 때문에 그런 상황을 두려워하고 피한다.

광장공포증은 다음 5가지 상황 중 2가지 이상의 경우에서 극심한 공포와 불안을 느낀다.

- 대중교통의 이용(예: 자동차, 버스, 기차, 배. 비행기)
- 열린 공간에 있는 것(예: 주차장, 시장, 다리)

- 밀폐된 공간에 있는 것(예: 상점, 공연장, 영화관)
- 줄을 서 있거나 군중 속에 있는 것
- 집 밖에 혼자 있는 것

광장공포증의 상황은 대부분 공포와 불안을 야기한다. 광장공포증 상황을 피하거나 동반자를 필요로 하거나 극심한 공포와 불안 속에서 견딘다. 적어도 6개월 이상 이런 증상이 지속되고, 이로 인해 임상적으로 상당한 고통이나 기능저하가 초래되어야 진단할 수 있다.

(7) 범불안 장애(Generalized Anxiey Disorder)

여러 사건이나 활동(일 또는 학습)에 대해 과도한 불안과 걱정을 하며 그 기간이 최소 6개월 동안 그렇지 않은 날보다 그런 날이 더 많다. 자기 스스로 걱정을 통제하는 것이 어렵다고 느낀다. 불안과 걱정은 다음 6개 증상 중 3개 이상과 연관된다(주의: 아동의 경우 1가지 증상만 충족해도 된다).

- 안절부절못함 또는 긴장이 고조되거나 가장자리에 선 듯한 느낌
- 쉽게 피로해짐
- 주의집중이 어렵거나 정신이 멍한 듯한 느낌
- 과민한 기분상태
- 근육긴장
- 수면장애

일반적 걱정이나 불안과 다른 점은 걱정이 지나치게 심하고 기능에 상당한 지장을 주며, 보다 더 광범위하고 심하며 괴로움을 주고 길게 더 지속되는 양상이면서 뚜렷한 촉발요인도 없이 발생한다. 또한 신체증상을 더 많이 동반한다. 범불안 장애의 핵심증상은 일상생활에 지장을 줄 정도로 지나치게 통제할 수 없는 불안을 갖는 것이다. 아동은 끊임없이 다른 사람들로부터 안심을 구하고자 하는 경향이 많고, 회피행동이 자주 발생하기도 한다.

8 우울장애(Depression Disorder)

1) 정의

우울한 아동은 슬퍼질 때 빨리 회복하는 대부분의 아동들과는 달리 슬픔을 떨쳐버리지

못한다. 우울을 슬픔과 구별하기 위해서는 슬프고 우울한 기분과 함께 비관적이고 부정적인 생각이 동반하는지, 불면이나 식욕감퇴, 피곤감, 성욕이나 의욕감퇴 등의 생리적 혹은 행동적 변화가 동반하는지, 이 같은 상태가 일반적 슬픔의 기간보다 훨씬 오래 상당기간 지속되는지를 살펴봐야 한다. 우울증은 아동의 일상생활, 사회적 관계, 학업 수행, 전반적인 기능을 방해한다. 우울한 청소년은 종종 불안이나 품행장애와 같은 문제를 수반한다.

| 표 3-9 | 우울장애 진단기준

주요우울장애의 DSM-5의 진단기준

1. 거의 매일, 하루종일 우울한 기분이다.
2. 흥미, 즐거움, 활동이 뚜렷하게 떨어져 있다.
3. 체중이 줄고, 식욕저하가 심하다(반대로 체중증가, 식욕항진의 경우도 있다).
4. 거의 매일 불면증이 있다(반대로 지나치게 잠을 많이 잘 수도 있다).
5. 안절부절못하거나 혹은 반대로 거의 꼼작하지 않는다.
6. 피곤하고 기운이 없다.
7. 허무한 마음, 지나친 죄책감에 시달린다.
8. 생각이 잘 나지 않고, 집중이 어렵고, 결정을 잘 못 내린다.
9. 계속해서 죽는 생각에 사로잡히거나, 자살 생각 혹은 시도를 한다.

2) 원인

(1) 유전 및 가족 요인

유전적 요인은 우울증의 원인의 50%에 해당된다. 부모 중 한 명이 우울증을 앓은 경우 적어도 약 3배 이상의 발병 가능성이 증가한다. 가정환경 요인에 대해서는 아직 확실하게 알려진 바는 없다. 일반적으로 가족의 근심이 불안장애를 가지고 오고 불안장애가 나중에 우울의 위험 요인이 될 수 있다. 우울한 아동의 가족들은 아동에 대해 더 부정적이고 비난적인 행동을 하며 그 가족 내의 다른 형제들과 비교해 볼 때 덜 온정적이고 더 많은 분노 충돌 통제를 하며, 덜 지지적이고, 빈약한 의사소통, 과도하게 간섭하고, 더욱 비난적이다. 그러므로 가족들은 친밀감이 부족하게 되면서 우울이 증가될 수 있다.

(2) 신경생리학적 요인

뇌의 전두엽은 기분과 정서를 조절하는데 결정적인 역할을 한다. 우울한 어머니의 영아들은 그렇지 않은 어머니의 영아들에 비해 전두엽의 활동성이 덜하며 스트레스 호르몬의 수준이 더 높다. 이외에도 여러 생물학적 인자들이 우울증 발병의 위험인자로 알려졌는데 호르몬 외에도 수면 등도 주요 인자로 거론되고 있다.

(3) 생활스트레스 요인

이사, 전학, 사랑하는 사람의 죽음, 심각한 사고, 가족의 질병, 가족 자원이 극도로 부족할 때, 폭력적인 가정환경, 부모와의 갈등, 이혼과 같은 부정적인 생활사건은 우울에 영향을 미친다. 많은 스트레스 중 특히 상실을 동반하는 경우가 많다. 약 60~70%가 우울증에 선행해서 상실을 경험한다. 자살은 우울장애의 발생률을 3배로 증가시킨다. 자살로 인해 친구나 동료를 잃어버린 청소년의 약 30%는 사건 후 6개월 이내에 우울장애가 발생한다.

(4) 인지 요인

낮은 자기 존중감과 인지적 왜곡, 부정적 귀인, 절망, 과도한 자기-비난, 부정적인 생활사건들을 통제하기 위한 이해의 부족 등을 포함하는 부정적인 인지 양식과 관련되어 있다. 인지-취약성 모델에서는 나쁜 성적표 또는 동료들로부터의 거절과 같은 스트레스가 있는 생활사건들을 경험하고 스트레스를 해석하고 대처하는데 부정적인 양식을 가지고 있는 청소년들은 우울장애를 발달시킬 가능성이 높음을 시사한다.

(5) 우울의 이론

① 정신역동이론

우울을 공격적 본능이 우울정서로 전환된 것으로 보았다. 또한 우울은 양가적인 애정대상의 상실에 기인한다고 보았다.

② 애착이론

부모와의 분리와 애착 관계의 붕괴에 초점을 맞추었다. 불안정 애착은 정서적 경험을 규제하는데서 곤란을 야기할 수 있으며, 우울의 위험 요인이 된다.

③ 행동주의 이론

학습, 환경적 영향 및 기술, 우울 출현과 유지에서의 기술과 결함의 증거를 강조한다. 행동주의 모델은 아동에게 우울의 출현, 표현, 결과에 대한 학습적 관점의 중요성을 강조한다.

④ 인지이론

부정적인 사고와 기분 사이의 관계에 초점을 맞춘다. 부정적 인지의 다양함, 귀인, 잘못된 지각, 인지적 문제 해결 기술들의 결함은 우울과 관련되어진다.

⑤ 자기-통제 이론

우울한 개인은 장기 목표와 관련된 행동을 조직화 하는데 어려움을 갖는다고 본다. 자기-점검, 자기-평가, 자기-강화에서 결함을 보인다.

⑥ **대인관계 이론**

대인관계, 특히 가정 내에서의 붕괴를 우울의 출현과 유지에 기초하는 것으로 본다. 우울한 사람은 타인들이 상호작용하는 방법을 인식하면 할수록 더욱 비참하게 느끼고 혐오적인 행동은 분별없이 증가된다.

3) 특징

아동의 우울증은 아동의 능력을 극도로 쇠약하게 만드는 장애이다. 거의 모든 아동은 몇 가지 우울 증상을 경험하고 사춘기 이전 아동의 5% 이상과 청소년들의 10-20%가 유의미한 우울을 경험한다. 10대의 자살은 우울증과 관련되어 계속 상승하는 추세이다. 7세 이하 아동의 우울증상은 뚜렷이 구분되지 않기 때문에 나이든 아동과 청소년 우울보다 쉽게 확인되지 못하는 경향이 있다.

(1) 지적 기능 및 학교생활

일반적으로 아동의 우울정도와 전체 지능간의 관계는 미약한데 이는 우울이 인지 기능에 미치는 영향이 선택적이고 주의력, 협응력, 정신 운동성 속도를 요구하는 비언어적 지적 수행과제에서의 손상과 관련되어 있지만 반드시 손상을 보이는 것은 아님을 제시한다. 그러나 우울한 청소년은 시간 경과에 따라서 언어적・인지적 수행에서 약간의 감퇴를 보이고 학업 기술의 학습에 손상이 있음을 반영할 수 있다.

우울한 아동들은 빈약한 집중력과 사고능력, 정신 운동성 둔화, 초조, 피로감, 불면증 및 신체화 증상들은 낙제, 지각이나 학교를 빼먹고 숙제 미완성, 학교에 대한 불만족 및 등교 거부를 야기한다.

(2) 인지적 특성

부정적 신념과 실패에 대한 귀인과 같은 인지는 우울장애에 전형적으로 동반되는 양상이다. 우울한 청소년들은 정보와 우울의 귀인 양식을 처리하는 방식에서 왜곡을 보인다.

(3) 관계 특성

우울한 아동과 청소년들은 부모와 형제와의 빈약한 관계를 경험한다. 가족으로부터 더욱 사회적으로 고립되어 있다고 느끼며 가족들보다 오히려 혼자 있는 것을 선호한다. 우울한 아동의 부적절한 행동은 아동과 부모사이의 정상적인 애착 과정을 방해할 수도 있다. 부모에게 긍정적인 강화를 제공하지 않고, 양육 역할에 만족하고 싶어 하는 부모의 욕망을 좌절한다.

우울한 청소년은 다른 사람에 대해 부정적이며 성마르고 공격적인 행동, 대화를 시작하거나 친구를 사귀는 것과 같은 사회적 기능에서 결함 및 사회적인 기술이 부족한 대인간 행동으로 나타난다.

9 의사소통장애(Communication Disorder)

1) 정의

미국의 말-언어-청각 협회의 의사소통장애의 정의를 살펴보면 개념이나 구어, 비구어 및 그래픽 상징체계를 수용하고 전달하고 처리하는 능력에 있어서의 손상을 의미한다. 의사소통장애는 청각, 언어 또는 말의 처리과정에서 분명하게 나타날 수도 있다. 의사소통장애는 경도에서 최중도에 이르는 범위를 보이며, 발달적이거나 후천적으로 나타나기도 한다(이소현 외, 2011).

의사소통장애는 언어, 말, 의사소통의 결함을 갖는 경우이다. 언어는 상징의 형태, 기능 및 전통적인 방식의 사용을 포함한다. 말은 소리로써 표현되는 것으로 조음, 유창성, 음성, 공명을 포함한다. 의사소통은 다른 사람의 행동, 생각 혹은 태도에 영향을 미치는 언어적. 비언어적 행동을 말한다. DSM-5의 의사소통장애에는 언어장애, 말소리 장애, 유창성 장애, 사회적 의사소통장애의 하위유형이 있다.

(1) 언어장애(Language Disorder)

언어장애는 '구두 또는 쓰기 상징체계의 이해 또는 사용에 대한 결함을 보이는 것'으로 이해와 표현의 언어 처리 과정에서 문제가 생긴 것이다. 언어영역은 5가지 영역으로 구성되어 있다. 언어의 형태와 관련된 음운론(phonology), 형태론(morphology), 구문론(syntax)이 있고, 언어의 내용과 관련된 의미론(semantics), 언어의 기능과 관련된 화용론(pragmatics)이 있다(홍강의 외, 2005). 각 영역의 문제를 살펴보면 다음과 같다.

① **언어의 형태**

㉠ **음운론** : 말소리 체계(언어의 소리 체계와 소리 합성의 규칙이해)의 어려움이 있다. 예) '파'를 '바'로 말한다.

㉡ **형태론** : 단어의 구조와 형태의 구성(조사나 접미사 낱말의 뜻 등)의 이해를 어

려워한다. 예) '나를 인형을 가져' (내가 인형을 가져)

㉢ **구문론**: 문장을 만들기 위한 낱말의 순서나 규칙적 조합 능력에 어려움이 있다. 예) '밥을 먹어 집에 나는' (나는 집에서 밥을 먹어)

② **언어의 내용**

㉣ **의미론**: 단어와 문장의 뜻(의미)를 이해하는데 어려움을 갖는다. 예) '양말'을 '구두'라고 말한다.

③ **언어의 기능**

㉤ **화용론**: 기능적이고 사회적으로 적절한 의사소통을 위한 언어를 사용하는데 어려움이 있다. 예) '설명하기'가 또래보다 떨어져서 자기가 아는 것을 친구에게 잘 전달하지 못한다.

| 표 3-10 | 언어장애 진단기준

언어장애와 관련된 DSM-5의 진단기준

A. 다음을 포함하는 언어의 이해 또는 생성의 결함 때문에 언어의 획득과 형식적인 언어 사용(예: 말하기, 쓰기, 수화 또는 기타)에 있어서 지속적인 어려움
  1. 감소된 어휘력(단어지식과 사용)
  2. 제한된 문장 구조
  3. 말하기 장애

B. 언어 능력이 실질적으로 기대되는 연령보다 낮아서, 효과적인 의사소통, 사회적 참여, 학업적 성취 또는 직업적 수행에 있어서 독립적 또는 여러 조합으로 기능 제한의 결과가 나타난다.

C. 증상의 발병은 초기 발달 단계에서 이루어진다.

(2) 말소리 장애(Speech Sound Disorder)

말소리 장애는 말소리의 발성, 흐름, 음성에 있어서의 손상을 말한다. 나이에 비해 말소리를 적절히 내지 못하는 것을 말한다. 특징적으로 말소리가 미숙하고 언어의 수준 정도는 다양하다. 다른 말로 발화음 장애로 부르고 여기에는 조음장애와 음성장애(voice disorder)가 있다. 일반적으로 음성 이해에 지장을 주거나 메시지의 구두 의사소통을 방해하는 언어음 생성에 있어서 지속적인 어려움을 보이는 장애이다.

조음 또는 음운 장애로 불리던 발화음 장애는 일정 시기나 연령이 지났음에도 불구하고 잘못되거나 미숙한 발음을 계속하여 의사소통에 어려움을 주는 경우를 말한다. 자신의 생활연령에 비해 적절하지 않은 조음 오류(대치, 탈락, 첨가, 왜곡 등)로 말의 이해를 방해한다.

음성장애는 자신의 나이나 성별에 맞지 않은 목소리 높낮이, 크기, 지속시간, 음성의

질에 변화를 보여 비정상적인 산출이나 결여를 보인다. 의사소통에 어려움을 주는 경우를 말한다.

(3) 아동기 유창성 장애(Childhood-Onset Fluency Disorder)

말더듬이 혹은 유창성 장애라고 불리던 것으로 말이 계속되지 못하고 비정상적으로 자주 끊어지고 말속도가 불규칙하다. 비전형적 속도, 리듬을 보이면서 음절, 어절, 단어, 구절 등이 반복되어 말의 흐름을 방해한다. 또한 말을 할 때 불필요하게 긴장하거나 힘들여 애쓰는 노력 등의 과도한 행동이 함께 나타나기도 한다.

말의 정상적인 유창성과 말하는 시간 양상이 개인의 연령과 언어 기술에 비해 부적절한 장애가 지속되고, 다음 중 한 가지 또는 그 이상으로 현저하게 나타나는 특징을 보인다.

- 소리와 음절의 반복
- 자음과 모음의 소리를 길게 내기
- 깨진 단어 (예: 단어 내에서 머뭇거림)
- 들을 수 있거나 들을 수 없는 차단
- 에둘러 말하기 (문제가 될 만한 단어를 피하기 위한 단어 대체)
- 과도하게 신체적 긴장이 있는 단어
- 단음절의 단어 반복

(4) 사회적(화용론적) 의사소통장애(Social (Pragmatic) Communication Disorder)

사회적 의사소통장애는 언어의 기능인 화용론의 어려움을 보이는 장애이다. 사회적인 구어적, 비구어적 의사소통 사용에서 다음과 같은 문제로 지속적인 어려움을 보인다.

- 사회적 목적을 위해 사용되는 의사소통의 결함
- 맥락에 맞게 또는 청자의 요구에 따라 의사소통을 변화시키는 능력의 결함
- 의사소통과 이야기 말하기 규칙에 따르는 것에 대한 어려움
- 명시적으로 말해지지 않은 것과 청자가 존재하지 않거나 애매한 의미의 언어에 대한 이해에 대한 어려움

이러한 결함으로 인해 효과적인 의사소통, 사회적 참여, 사회적 관계, 학업적 성취 또는 직업적 수행에서 개인적 또는 협력적인 범위에서 기능적 한계를 야기한다. 이러한 증상은 초기 발달적 시기에 출현한다.

2) 원인

의사소통장애의 원인은 두뇌 및 신경손상, 구개파열 등의 구강기관의 이상, 입과 얼굴의 기형 등 밝혀진 생물학적 원인에 의해서 나타나기도 하지만 많은 경우에 그 원인이 정확하게 밝혀지지 않고 있다. 크게 2가지로 기질적 요인과 기능적 요인을 살펴볼 수 있다. 기질적 요인은 신체적인 원인인 중추신경계나 입, 후두 등에 손상을 가져오는 질병이나 사고에 의한 것으로 출산 전, 출산 중, 출산 또는 아동기나 성인기 모든 시기에 걸쳐서 발생할 수 있다. 실어증과 같은 언어장애는 뇌손상에 의해 나타나며 만성적인 중이염도 언어발달의 결정적 시기에 발생하면 청각손실에 의해 언어 발달에 심각한 영향을 끼치지도 한다. 기능적 요인은 발달 초기에 제공되는 언어의 질과 양이 아동 언어 발달에 영향을 준다. 따라서 빈약한 언어환경으로 인해 아동이 적절한 언어 학습을 할 수 있는 모델을 경험하지 않았기에 언어 발달을 제대로 시킬 수 없을 수 있다. 아동기 전반에 결친 환경적 요소는 아동의 의사소통 능력의 발달을 촉진하기도 하고 저해하기도 한다(이소현 외, 2011).

3) 특징

(1) 단순언어장애

자신의 나이에 적절한 사회, 인지, 감각, 신경학적 발달을 보이는 반면 언어 발달은 자기 나이의 수준에 이르지 못하는 언어 발달 모습을 보이는 것을 말한다. 지능은 정상 수준이면서 다른 사람과의 상호작용이나 정상적 보기, 듣기에 문제가 없는데 언어 검사 결과 일반 또래에 비해 언어 발달(언어의 규칙을 이해하고 언어의 상징을 이해하는 것)이 떨어지는 모습을 보인다.

(2) 언어발달지체

생활연령이 비슷한 또래에 비해 언어발달이 현저하게 느리면서 자기 또래보다 어린 아동으로 보여지는 모습이다. 대표적으로 지적장애 아동이나 경계선 지능 아동이 여기에 포함된다. 언어발달 순서는 일반아동과 동일한데 비해 속도가 매우 느리고 지적장애가 심할수록 언어발달의 진전에 한계를 보이고 완전히 습득하는 것이 불가능한 경우도 있다. 선천적인 신경-신체적 결함을 지닌 아동의 경우도 이러한 언어지체 양상을 보일 수 있는데 대표적으로 뇌성마비나 청각장애 아동이 포함된다.

(3) 언어발달장애

언어발달이 일반아동과 비교해서 지체되었을 뿐만 아니라 비전형적 특성을 보이는 언어적 패턴을 갖고 있는 모습을 보인다. 자폐아동들이 그 대표적 예이다. 다른 사람과의 대화를 시작하거나 지속하는데 어려움이 있고 단조음이나 비정상적 억양이나 자기 주장이 부적절한 것, 반향어 등의 사용을 보인다. 동시에 상동행동으로 부자연스런 행동이 반복되거나 자연스런 눈맞춤 등에 어려움을 보인다. 이러한 모습은 단순언어장애나 언어지체장애 아동과는 확연히 구별되는 모습이다.

(4) 실어증

뇌의 손상이나 기능저하로 인해 생기는 대표적 신경언어장애가 바로 실어증이다. 후천적으로 뇌 신경계 손상으로 언어장애가 생긴 것을 실어증이라 부른다. 즉 호흡기관이나 발성, 조음기관 등의 주변적인 신체부위의 손상에 원인이 있는 것이 아니라 중추신경인 뇌에 이상이 생겨 언어의 구조, 의미 등의 구성이 어렵게 된 것이다. 이는 언어 능력 자체가 없어지는 것이 아니라 언어 수행 능력에서의 효율성이 현저하게 저하됨을 의미한다. 즉 많은 언어적 정보를 이해하고 필요할 때 언어적 체계에 맞추어 표현하고자 하는 생각을 적절하게 수행하는 것에 어려움이 있다(이승환, 2001). 뇌손상 부위에 따라 브로카 실어증, 베르니케 실어증 등이 있다.

(5) 청각장애로 인한 말장애

선천적 또는 후천적으로 청각에 문제가 생겨 말소리를 잘 못 듣거나 들을 수 없게 되면 말을 배우는데 한계가 있다. 중이염도 청각장애를 일으키는 경우가 많다. 따라서 조기에 청각 검사와 치료를 통해 말소리 장애가 생기지 않도록 도와야 한다. 노인성 난청도 말소리를 잘 듣지 못할 뿐 아니라 발음도 점차 부정확해진다. 선천적으로 듣기가 어려운 아이들의 경우 현재 인공달팽이관이식수술 등을 통해 기관 문제를 보완해주고 어릴 때부터 말소리를 돕는 치료 프로그램들이 병행토록 한다.

10 발달성 협응장애(Developmental Coordination Disorder)

1) 정의

운동장애의 하위유형에는 틱 장애, 발달성 협응장애, 상동운동장애 등이 있다. 이 중 발달성 협응장애는 운동협응기술의 습득과 실행이 연령에 비해 현저하게 저하되어 굼뜨거나 운동기술의 수행이 느리고 부정확함을 보인다. 이로 인해 연령에 적합한 일상생활에서의 활동에 지속적인 방해를 초래하고 학교생활이나 직업생활 및 놀이 등에 영향을 미친다.

발달성 협응장애를 보이는 아동은 주로 운동 협응을 요구하는 기술의 손상을 가지고 있으며 연령에 따라 다르게 나타난다. 앉기, 기어다니기, 걷기, 계단 오르내리기, 페달 밟기, 단추 잠그기, 퍼즐 맞추기, 지퍼 사용하기 같은 발달기술의 지연된다. 혹은 그 기술을 익히더라도 또래에 비해 움직임이 서투르고 느리거나 어색하고 정교하지 못해 정확성이 부족할 수 있다. 나이든 아동이나 성인의 경우 퍼즐 맞추기, 모형 만들기, 글씨 쓰기, 타자치기, 운전하기 같은 운동과제를 수행하는데 속도가 느리거나 부정확한 움직임을 보일 수 있다(APA, 2015).

발달성 협응장애는 나이에 비해 지능 수준에 문제가 없음에도 불구하고 운동기술 손상을 가지고 있으며 이러한 손상이 가정, 사회, 학교 또는 일상적 활동에 상당한 방해를 줄 때에만 진단할 수 있다. 발달성 협응장애의 유병률은 5~11세 아동에서 5~6%이며 남성이 여성보다 유병률이 높으며, 남녀비는 2:1에서 7:1 사이다.

2) 원인

발달성 협응장애의 원인으로 환경적 요인, 유전적, 생리적 요인, 공존병리의 원인 등이 있다. 환경적 요인으로 태아기 알코올 노출이나 조산, 저체중 출생아의 경우에서 발달성 협응장애 아동의 출현율이 높았다. 또한 발달성 협응장애 아동은 특히 시각운동기술, 시각 운동 인지 및 공간지각의 손상이 발견되는데 이는 움직임이 복잡해 짐에 따라 빠르게 운동협응이 요구되는 능력의 어려움으로 나타내며 유전적 생리적 원인으로 나타난다. 마지막으로 공존병리와 연관 있는 원인으로 주의력결핍 과잉행동장애 아동과 발달성 협응장애가 동반되어 있는 경우 단순 주의력결핍 과잉행동장애의 아동보다 더 많은 손상을 보이게 된다.

3) 특성

발달성 협응장애 아동의 운동특징은 근육 긴장도가 낮고, 지속적인 원시반사, 대근육 운동발달에 방해가 되는 미숙한 균형반응과 신경학적 증후를 가지고 있다(김한나, 2011). 발병은 아동기 초기에 시작되며 처음으로 나타나는 징후는 운동발달 과제의 지연으로 나타난다. 옷 단추 잠그기, 끈매기, 공놀이 등의 지연이 보이고 중기 아동기 이후에는 퍼즐 맞추기, 모형 만들기, 공놀이하기 등의 어려움을 보인다. 발달성 협응장애의 경과는 다양하나 아동의 50~70%에서 운동 협응 문제가 청소년기까지 지속된다. 청소년기 손글씨

쓰기, 소지품 정리하기 등의 운동순서와 협응이 요구되는 운동영역과 성인기 초기 운전이나 도구사용과 같은 복잡하고 자동적인 운동기술이 요구되는 과제를 수행하기 어렵다. 이러한 어려움은 발달성 협응장애 아동의 사회생활의 어려움, 자존감 저하, 행동문제 등으로 나타난다.

발달성 협응장애 아동의 학업적 특징은 지능에서 언어성 지능에 비해 동작성 지능이 떨어지는 경우가 많다. 이는 시각운동기술, 시각 운동 인지 및 공간지각의 어려움으로 나타나는 경우가 많다. 특히 글씨 쓰기, 산수, 읽기, 언어에서의 어려움을 가지고 있으며 이는 인지적, 심리사회적, 감각운동, 손 운동, 시각처리 기술의 어려움으로 인한 것이라 보고되고 있다. 때문에 임상양상과 예후가 다양하고 연령이 증가함에 따라 언어장애, 특정학습장애(특히 읽기와 쓰기), ADHD를 포함한 주의력 문제, 자폐스펙트럼장애 등이 중복되어 나타나며, 이러한 경우 손상이 운동기술에 기인한 것인지에 대한 검사자의 판단이 요구된다.

| 표 3-11 | 발달성 협응장애 진단기준

발달성 협응장애의 DSM-5의 진단기준

A. 협응된 운동의 습득과 수행이 개인의 생활연령과 기술 습득 및 사용의 기회에 기대되는 수준보다 현저하게 낮다. 장애는 운동 기술 수행(예, 물건 잡기, 가위나 식기사용, 글씨 쓰기, 자전거 타기 또는 스포츠 참여)의 지연과 부정확성뿐만 아니라 서투른 동작(예, 물건 떨어뜨리기 또는 물건에 부딪히기)으로도 나타난다.

B. 진단기준 A의 운동 기술 결함이 생활연령에 걸맞은 일상생활의 활동(예, 자기관리 및 유지)에 현저하고 지속적인 방해가 되며, 학업/학교생활의 생산성, 직업 활동, 여가, 놀이에 영향을 미친다.

C. 증상은 초기 발달 시기에 시작된다.

D. 운동 기술의 결함이 지적장애(지적발달장애)나 시각 손상으로 더 잘 설명되지 않으며, 운동에 영향을 미치는 신경학적 상태[예, 뇌성마비, 근육퇴행위축(muscular dystrophy), 퇴행성 질환]에 기인한 것이 아니어야 한다.

제 4 장

인지학습치료

1. 치료 소개
2. 장애별 치료 내용
   1) 지적장애
   2) 학습장애
   3) 학습부진
   4) 주의력결핍 과잉행동장애(ADHD)
   5) 자폐스펙트럼 장애
3. 치료 사례

제4장

인지학습치료

1 치료 소개

1) 인지학습치료의 정의

인지학습치료는 여러 요인들에 의해 학습상황에서 어려움을 겪고 있는 아동들을 도와주는 것으로 치료적 개념과 교육적 개념을 포함하는 말이다. 치료적 개념에서는 학습에서의 문제를 의료적인 서비스를 통해 도움을 받는 것을 의미하며 교육적 개념에서는 인지적 측면에서 문제를 돕는 것뿐만 아니라 정의적 측면에서 학습에 문제를 일으키는 모든 개인 및 환경적 요인을 포함하여 살펴보는 개념이다. 또한 인지학습치료는 심리치료 이론과 기법에 근간을 두고 학습 능력 향상을 목표로 하는 학습 전략(study strategy) 또는 학습 기술(study skill)을 임상장면에서 치료적으로 활용 및 적용하는 것을 말한다.

인지학습치료의 대상은 학습장애, 학습부진, 지적장애, ADHD, 자폐스펙트럼 장애 등 학업상의 문제를 가진 아동으로 표준화된 1차 평가와 심층적 분석을 위한 2차 평가를 통해 개별 치료 교육 계획을 확립하고, 교정(remediation)위주의 학습치료를 시행하여 아동의 지적 잠재력을 최대한 발휘하도록 돕는 치료다.

인지학습치료는 치료분야의 한 영역으로 존재한다. 언어치료나 작업치료, 놀이치료에서 다룰 수 없는 학교에서 배우는 학습적 문제를 도와 또래와의 차이(gap)의 원인과 정도를 밝혀서 개인별 학습문제를 돕는다.

자주 혼돈하는 비슷한 용어로 인지치료(cognitive therapy)라는 말이 있다. 이는 치료분야를 말하는 것이 아니라 인지적 기법에 의해 피상담자의 문제를 돕는 치료기법의 한 분야이다. 인지치료는 개인이 처한 상황이나 사건에 대해 부여한 인간의 의미에 의해서 인간의 감정과 행동이 좌우된다고 보는 입장으로 상황을 잘못된 방식으로 해석하는 것을 바꾸어야 한다고 본다. 잘못된 방식은 그 사람의 지식과 신념에 의한 것으로 본다. 그래서 여러 가지 부적응 문제를 보이는 사람들의 왜곡된 신념들을 찾아 좀 더 현실적이고 적절한 것으로 변화시켜나가는 것을 치료의 목적으로 본다. 인지학습치료는 눈 나쁜 사람에게 처치하는 다양한 방법과 같다. 즉 안경, 렌즈, 라식수술 등의 치료를 통해 눈을 잘 보이게끔 돕는 것처럼 다양한 치료교육적 도움을 통해 아동의 제한된 능력을 최대한 발휘할 수 있도록 돕는 것이다. 그래서 가능한 일반 아동과의 차이(gap)를 최대한 줄여 주도록 돕는다.

2) 인지학습치료사의 자질

인지학습치료사가 지녀야 할 필수 자질에는 다음과 같은 사항들이 요구된다.

(1) 아동의 정상 발달에 대한 이해

정상적인 아동의 발달 과정을 이해해야 문제가 생긴 것이 정상 아동과 비교해서 무엇을 의미하는지를 알 수 있다. 아동 발달과 관련된 기본적 이론에 대한 내용은 이 책 2장의 내용을 참고하길 바란다.

(2) 아동의 병리성에 대한 이해

아동 청소년기에 발생할 수 있는 병리를 이해함으로써 문제를 정확하게 구별하고 이에 따른 치료교육적 방안을 모색할 수 있다. DSM-5를 통한 아동의 발달, 정서, 행동 장애 등의 양상을 이해하고 있어야 의사들과의 협진과정에서 쌍방의 의사소통에 어려움을 최소화시킬 수 있다.

(3) 평가와 리포트를 하는 능력

표준화된 평가 도구를 전문적으로 다룰 수 있는 능력이 요구된다. 또한 평가를 통해 양적 및 질적 해석을 할 수 있다. 양적 해석은 검사결과를 검사 해석 자료에 의거해서 판단하는 것으로 검사자와 상관없이 동일한 결과가 나온다. 이에 비해 질적 해석은 검사자가 평가를 통해 아동의 주문제를 발견하는 능력으로 검사자의 오래된 현장 경험과 전문적 지식이 요구된다. 질적 해석에서는 평가자의 주관성을 배제시키는 것도 중요한 능력이 된다.

(4) 개별화 치료계획과 치료기법에 대한 지식

평가결과에 따라 각 아동의 치료계획을 구성하는 능력을 말하는 것으로 치료교육의 핵심적 내용이 된다. 학습의 특성상 내용이 방대하고 학년별 커리큘럼에 대한 이해가 필요하기에 내용 선정에서의 당위성과 타당성을 잘 검증해가는 게 중요하다. 개별화 치료프로그램(IEP)은 각 아동들이 지니는 개인차와 장애로 인한 발달상의 개인차로 인해 단일 교육과정으로는 그들의 다양한 필요를 충족시킬 수 없으므로 교육을 계획하고 실시함에 있어 각 아동개인의 발달에 적절한 프로그램을 계획하고 실행하는 과정이다. 대상 아동의 현행 수준을 평가한 후(진단단계) 개별화 교육 목표의 장기, 단기 목표를 설정한다(계획단계). 장,단기 목표를 고려해서 개별화 교육을 실시하며(지도단계) 이후 구체적인 평가계획을 세우고 전문가의 평가를 통해 수행 변화를 살펴본다(평가단계).

인지학습치료의 전문가로서 학습영역의 문제를 규명하고 장애별 아동의 인지학습 치료 방법에 대한 지식과 방법을 이론적으로 알고 각 아동에 맞게 실제적으로 도울 수 있는 올바른 태도를 겸비하기 위한 교육 수련과 수퍼비전 과정이 요구된다.

(5) 상담가로서의 자세

학습을 다루지만 학습의 영역에서만 문제를 보는 것이 아니라 아동의 발달적, 환경적, 심리정서적 요인들을 총체적으로 보면서 문제 원인을 찾아 돕는 상담적 마인드를 형성해야 한다. 인간중심적 상담, 정신분석적 상담, 행동주의적 상담, 인지주의적 상담의 기본적 이해를 바탕으로 새로운 상담 접근에 대한 수용과 동시에 자신에 맞는 상담이론과 기법을 잘 형성해가면서 상담가로서 꾸준히 성장해가려는 노력을 게을리해서는 안 된다.

(6) 타 분야에 대한 이해

아동의 문제를 돕기 위해 다른 영역의 전문가들과의 상호협조와 의사소통이 필요하다. 인지학습치료로 단독적으로 도와주는 것보다 다른 치료가 병행되었을 때 치료적 효과가 좋은 경우도 많다. 또한 다른 치료가 더 선행되거나 다른 치료로 연계되는 단계가 발생하는데 이런 경우 적절하게 다른 치료로의 이행을 돕기 위해서는 타 분야에 대한 이해와 지식도 필요하다. 이런 인접 분야의 치료 방법들을 이해하고 있을 때 아동의 문제를 협조하에 좀 더 바람직한 방향으로 도울 수 있다.

3) 인지학습치료의 요소

(1) 정보처리 요소

정보처리능력이란 뇌가 정보를 수집, 저장, 인출할 수 있는 능력이다. 감각적 수용기관을 통해 들어온 자극을 선택적으로 받아들여 단기기억과정 또는 장기기억과정을 통해 정보가 처리되는 것을 말한다. 수집하는 과정에서 주의력과 부호화의 능력이 요구되며 저장과 인출의 과정에서는 감각기억, 단기 및 작업 기억, 장기 기억의 능력이 영향을 미친다.

정보처리능력은 인지적 능력과 초인지 능력으로 나누어 볼 수 있다. 인지적 능력(cognition)은 지식 탐구에 필요한 지각, 기억, 주의, 사고, 언어기술 등의 요인들이 포함된다. 초인지 능력은 상위 인지(meta cognition)로도 불리는데, 사고 과정에 대해 사고하는 능력이다. 인지적 책략을 적절하게 사용하는지, 인지 사용자가 과제에 따라 어떤 특성을 보이는지, 수행 과정에 대한 객관적인 평가를 하는 모습을 말한다. 인지 전략에 대한 평가로 자기 주도 학습이나 자기 조절 학습과 직결된다.

정보처리 과정(information process)에서 특히 학습과 관련된 정보처리 과정으로 시각적(visual) 정보처리 과정과 청각적(auditory) 정보처리 과정이 있다. 시각적 정보처리 과정은 눈을 통해 정보를 습득해서 기억하고 인출하는 전 과정을 말한다. 글이나 그림, 공간 등을 직접 보고 기억해서 다시 재현하는 등의 모습으로 시각 정보처리에 치중되어 학습하는 경우 시각 학습자라 부른다. 반면 청각적 정보처리 과정은 귀로 들어오는 정보의 습득이 빠르고 정확하게 인출하는 모습을 보여준다. 청각적 정보처리 과정에 치중하여 학습하는 경우 직접 읽기보다는 다른 사람들의 설명을 통해 이해하는 경향이 높아 청각 학습자라 부른다.

인지학습치료에서는 학교 학습 수행에서 보이는 격차의 원인을 이러한 정보처리 능력에서 찾아 어떤 정보처리 과정이 더 우세한지 혹은 약세인지 살피고 각 과정에서 보이는 정보처리 능력상의 문제를 도와 학습문제를 해결하고자 한다. 주로 지능검사를 통해 아동 개인의 정보처리적 특성을 알 수 있으나 경험적 연구에 의하면 지능이 학업성취를 설명하는 비율이 15~36% 정도라고 하니 지능이 학업성취에 대해 가장 중요한 변인으로 간주하는 데는 문제가 있을 수 있다. 지능이 주는 영향을 무시할 순 없지만 지능이 학업성취의 모든 것을 결정하는 것처럼 인식해서도 안 된다(이소현 외, 2011).

(2) 학과목 요소

자신의 학년에서 요구되는 학교의 커리큘럼을 얼마나 잘 수행하고 있는지는 학습 문제를 진단하는데 중요한 정보가 된다. 학과목은 수학처럼 위계적 구성으로 되어 있는 경우가 있기에 선행학습이 얼마나 잘 습득되어 있는지에 따라 이후 학습에 미치는 영향이 크다. 위계적 구성이 높지 않은 과목이라고 해도 학년이 올라갈수록 교과 내용이 더욱 방대해지고 추상적 개념도 많이 등장하기 때문에 이전 학년의 선행지식의 중요성은 높아질 수밖에 없다.

학과목 습득 정도는 표준화된 학습평가를 통해 이루어지고 과목별로 비형식적 검사를 실시하거나 실제 학교 수행 점수를 비교해서 자신의 지능과 비교해서 잠재력이 잘 발휘되고 있는지를 알아본다.

(3) 심리적 요소

학습문제를 다룰 때 주의해야 하는 부분은 정보처리의 인지적 요소만을 강조해서 학습문제를 해결하려는 태도다. 학습문제는 아동의 정서 및 행동 문제를 다룰 때와 마찬가지로 총체적 입장에서 생각하는 것이 필요하다. 학습문제가 단지 정보처리나 학과목 요인의 문제로만 발생하지 않는다. 능력이 뛰어나도 막상 시험 상황에서 실수를 보이는 아이들의 문제는 무엇으로 해석할 수 있을까? 그리고 뛰어난 잠재능력이 있음에도 이를 제대로 발휘하고 있지 못하는 이유는 무엇인가? 거기에는 학습과 관련된 심리적 요소가 많다. 여기서는 간략히 부모와의 관계, 학습동기, 자아개념, 흥미요인을 살펴보고자 한다.

① 부모와의 관계

부모-자녀간의 친밀한 관계가 가장 기저가 되어야 한다. 부모와의 사랑을 토대로 학습의 어려운 난제를 수용하고 극복하려는 용기가 형성된다. 시험 불안을 견디고, 낯설고 익숙지 않은 새로운 과제를 수용하거나 실패 후에도 다시 도전해보려고 일어설 수 있는 건 모두 건강한 심리적 힘이 있기 때문이다. 부모와의 좋은 관계는 학습이라는 열매를 맺는 가장 중요한 토양이 되는 것이다.

② 학습 동기

'동기(motivation)'는 행동을 일으키는 원동력이며, 유기체의 활동을 가능케 하는 심리적 에너지이다. 학습 동기는 학습활동을 가치 있는 것으로 보고 학습활동을 열심히 하려는 경향성을 말한다. 학습활동으로부터 의도된 학습의 이익을 얻고자 하는 학생의 경향성이다.

학습 동기를 구성하는 요소들은 다음과 같다.

- 계획세우기, 목표에 집중하기
- 배우고자 하는 내용과 그것을 어떻게 배울 것인지에 대한 상위적 인식

- 새로운 정보에 대한 탐구
- 피드백의 명확한 지각
- 성취에서 오는 자부심과 만족
- 실패의 두려움이나 불안감의 제거
- 학생의 정신적 노력의 질

③ **자아개념**

'자아개념(self-concept)'은 자신을 평가의 대상으로 놓고 볼 수 있을 때 형성되는 것으로 주변과 자기 스스로의 평가를 통해 자기의 내부적인 특질(성격, 취향, 장점과 단점)들에 대한 이미지를 형성하게 되는 것이다. 자아개념을 나를 비춰보는 거울이라고도 부른다. 자아개념은 자기 자신에 대한 이미지이기도 하다. 자아개념이 긍정적일 때는 성공할 것이라는 기대감으로 실제 성공할 가능성도 높지만 부정적일 때는 쉽게 불안해하고 일이 잘못 되었을 때 자책감이나 좌절감에 빠질 가능성이 높다. 자아개념 유형 중 학문 자아개념이 있다. 학문과 관련된 자아개념으로 교실에서 이루어지는 학업과 관련된 것으로 '학급 자아개념'이 있고, 학업에 관련된 능력에 대한 평가로 '능력 자아개념'이 있으며, 실제 학업성취에 대한 느낌으로 '성취 자아개념'이 있다. '수업시간에 발표를 잘한다'는 학급 자아개념이고 '나는 남들보다 공부를 더 잘 해낼 수 있다'는 능력 자아개념이다. 능력 자아개념과 성취 자아개념은 대개 일치하지만 아주 다를 때도 있다. 자기가 실제로는 시험을 못 보지만(성취 자아개념) 맘만 먹으면 언제든지 잘 해낼 수 있다(능력 자아개념)고 생각하는 경우가 그런 경우이다.

④ **흥미**

'흥미(interest)'는 특정한 활동을 하는 동안 경험할 수 있는 즐거움 혹은 긍정적 정서의 다른 표현이다. 학습 흥미를 형성하는 데는 다음 4단계가 요구된다(Hidi & Renninger, 2006).

㉠ 1단계 : 상황적 흥미의 촉발

정서적 및 인지적 과정으로 인한 단기간의 변화에서 야기한 심리적 상태를 말한다. 이 단계에서는 흥미를 유발할 수 있는 환경적 조건이 중요한데 주로 퍼즐, 모둠 활동, 컴퓨터 등을 활용해서 흥미를 이끈다.

㉡ 2단계 : 상황적 흥미의 유지

관심이 촉발된 이후의 심리적 상태로 집중과 관심을 유지하는 단계이다.

개인적으로 학습 내용을 의미있게 받아들일 수 있도록 교육적 환경을 조성하는 것이 필요하다. 협동학습 또는 일대일 학습 등의 모습을 갖는다.

㉢ 3단계 : 개인적 흥미의 등장

내용에 대한 지속적인 관심이 나타나 흥미가 개인의 성향이 되는 초기 단계이다. 또래나 전문가 등의 지원이 있기는 하지만 외부 도움없이 스스로도 흥미를 갖게 되는 초기 단계를 말한다. 긍정적인 관심과 내용 관련 지식의 축척이 이루어지면서 호기심 어린 질문도 보인다.

㉣ 4단계 : 개인적 흥미로 자리잡음

시간이 지나도 특정한 주제에 대해 지속적인 흥미를 보이는 단계이다.
상당한 정도로 자발적인 흥미를 보이며 외적인 지원도 이를 유지하는 데 도움이 된다.
긍정적 감정, 지식의 증가 및 축척, 자기 조절 및 자기 성찰이 증가되는 모습이다.

4) 인지학습치료의 목표

인지학습치료의 목적(goal)은 '각 아동의 학습 상황에서의 강점을 이해하여 강화시켜 주고, 단점을 찾아 보완해준다'에 있다. 인지학습치료 시 학습의 단점에만 집중하기보다 동시에 아동이 갖고 있는 학습에서의 장점을 발견하여 최대화시켜 가도록 돕도록 한다.

이러한 목적을 이루는 인지학습치료의 세부 목표들(objectives)은 학습 상황에서 발생되는 모든 학습 문제들을 포함한다. 구체적인 예를 살펴보면 다음과 같다.

- 내재적 동기 발견 및 격려
- 배움의 즐거움(Fun to learn)을 깨우치기
- 학습에서의 자기 약점 이해하기
- 부정적 학습 경험 상쇄시키기
- 학습 집중력 기르기
- 정보처리 능력 기르기
- 학습상황의 좌절 견디기
- 자발적인 문제해결능력 기르기
- 집이나 학교로 일반화시키기
- 시행착오 수용하기
- 노력(연습)의 중요성 배우기(Practice makes perfect!!)
- 아하 경험하기(A-Ha experience)
- 성취동기 기르기(자신감 기르기)
- 실수를 통한 자기 이해하기(실수 줄이기)
- 시험 불안 및 학습 스트레스 관리하기
- 학습으로 인해 발생하는 부모와의 갈등 관리하기
- 시험 준비 능력 기르기
- 자신의 학습 스타일 이해하기
- 안내자 및 협력가로서의 부모나 선생님의 학습 역할 이해하기
- 선한 경쟁 인식하기
- 자율적 학습 태도 기르기
- 초인지 능력 향상하기
- 효과적인 학습방법의 습득

5) 인지학습치료의 원리

인지학습치료는 3가지 원리로 이루어진다. 첫째, 학습 기술의 개입 효과를 높이기 위해서는 기본적으로 학생의 정서 및 성격 변인들이 강조되어야 한다. 둘째, 학습치료의 내용은 구체적인 인지, 초인지, 정서적 요인이 포함되어야 한다. 셋째, 구체적 인지적 개입들이 실제 학습 맥락에 전이되기보다 제한되는 경향이 있으므로 실제의 학습 맥락과 밀접한 관련이 있어야 한다.

6) 인지학습치료의 일반적 교수 접근법

(1) 인지훈련

인지훈련은 아동의 관점을 정보를 확인하고 해석하고 정리하고 활용하는 등의 정보처리 과정을 스스로 결정하는 '적극적 주체자'로 인식하면서 인지훈련 프로그램을 적용하는 것을 말한다. 인지훈련 프로그램에는 자기 교수(self-instruction), 자기 점검(self-monitoring) 등이 있다.

자기 교수는 아동이 자신의 말을 통해 행동을 조절하는 것을 말하는 것으로 혼잣말을 통해 학습 과제를 수행해가는 방법이다. 자기 교수의 단계는 외부 시연 → 혼잣말 → 내적 언어의 과정을 통해 실시된다.

| 표 4-1 | 자기 교수 단계

자기 교수 단계
- 1단계 : 교사가 먼저 큰 소리로 문제 규명이나 계획, 해결해 가는 과제수행 전 과정을 말하면서 시연해 준다. 그리고 아동은 따라 말한다.
- 2단계 : 교사의 시연 없이 아동이 혼자 큰 소리로 말하면서 과제풀이를 한다.
- 3단계 : 아동이 작은 목소리로 말하면서 과제풀이를 한다.
- 4단계 : 아동이 소리 없이 마음속으로 말하면서 과제를 푼다.

자기 점검은 주로 자기 평가와 자기 기록으로 이루어지는데 자신의 진도나 행동을 점검하며 표시하는 것을 말한다. 기록표에 형성평가를 통한 기록을 그래프로 제시하거나, 자신의 과제 수행에서 보이는 행동들을 특정 신호(예를 들어 종소리 듣고 표시하기) 자발적으로 기록하기를 통해 자신의 학습패턴을 이해하고 좀 더 효율적인 방법들을 찾도록 돕는다.

(2) 직접교수(direct instruction)

학습자에게 가르쳐야 할 교수 내용에 더 초점을 맞추는 교수적 접근으로 특정 학업 영역의 기술을 성취하게 하는 목적을 지닌다. 인지훈련이 아동의 주도성을 인정하고 그를 바탕으로 학습을 진행시키는데 비해 직접 교수는 교사의 철저한 준비와 직접적인 연습, 훈련으로 부족한 학습 능력을 향상시키는 데 목적이 있다. 따라서 과제 분석 방법(task analysis)을 주로 사용해서 아동이 습득하지 못하는 과제의 특성을 세분화시켜서 학습자인 아동이 수용하기 쉬운 방안을 찾아 알려주는 것이다. 직접교수법은 지적장애 아동과 자폐범주성 장애 아동의 대표적 학습법이다. 또한 학습부진 아동에 비해 학습장애 아동의 경우 직접 교수가 효과적인 방법 중 하나로 보고되고 있다.

(3) 학습전략 교수

학습전략은 학습을 촉진시키기 위해 학습자가 사용하는 여러 가지 정신적 조작을 말한다(Jones, 1983). 쉽게 말하면 학습을 위한 기술을 말하는 것으로 학습하는 방법을 알려줌으로써 효율적인 학습자가 되게 돕는다. 대표적인 예로는 자기 질문(self-questioning), 조직 전략(organizational strategy), 암기법(mnemonics) 등이 있다.

① 자기 질문

자기 질문은 과제를 수행하는 과정에서 스스로에게 물어보면서 과제 진행정도를 파악하는 것이다. 흔히 문제해결능력이라고도 부르는 이 질문법은 다음과 같다.

Q 1. 지금 문제가 무엇이지? (문제 규명)

↓

Q 2. 이 문제를 해결하기 위해서는 나는 무엇을 해야 하나? (해결 방안 선택)

↓

Q 3. 나는 계획대로 하고 있나? (실행)

↓

Q 4. 해보니까 결과는 어떠한가? (평가)

② 조직 전략

조직 전략은 학습자에게 가르쳐야 할 내용을 미리 선행 조직자(advanced organizer)를 통해 학습할 내용을 미리 요약해 주는 것이다. 그러면 학습자인 아동이 이해하기가 쉽고 스스로 정리하기에도 용이하다. 혹은 학습할 내용을 흐름에 따라 시각적 조직도로 그려보게 해서 아동 스스로 주요내용과 하위내용의 관계를 이해하도록 돕기도 한다. 연대표나 다양한 도표, 그래프, 마인드 맵 활동이 이에 속한다.

③ **암기법**

암기법은 학습의 대부분이 기억에 의존하고 있다. 학습한 것을 얼마나 효율적으로 잘 외워서 적절하게 인출해 낼 것인가가 학습의 승패를 좌우하기에 다양한 암기방법이 학습전략의 대표가 된다. 암기법에는 첫 머리글자를 이용한 약어법(예 : 태종태세문단세 …….), 리듬이나 패턴의 이용법(예 : 알파벳송), 심상법(예 : 마음속으로 이미지를 찍어 기억하기), 범주화(유목화라고도 하며 단어의 위계개념으로 기억하는 것), 그래픽 조직화(예 : 마인드 맵) 등이 있다.

7) 인지학습치료 과정

| 그림 4-1 | 인지치료 과정

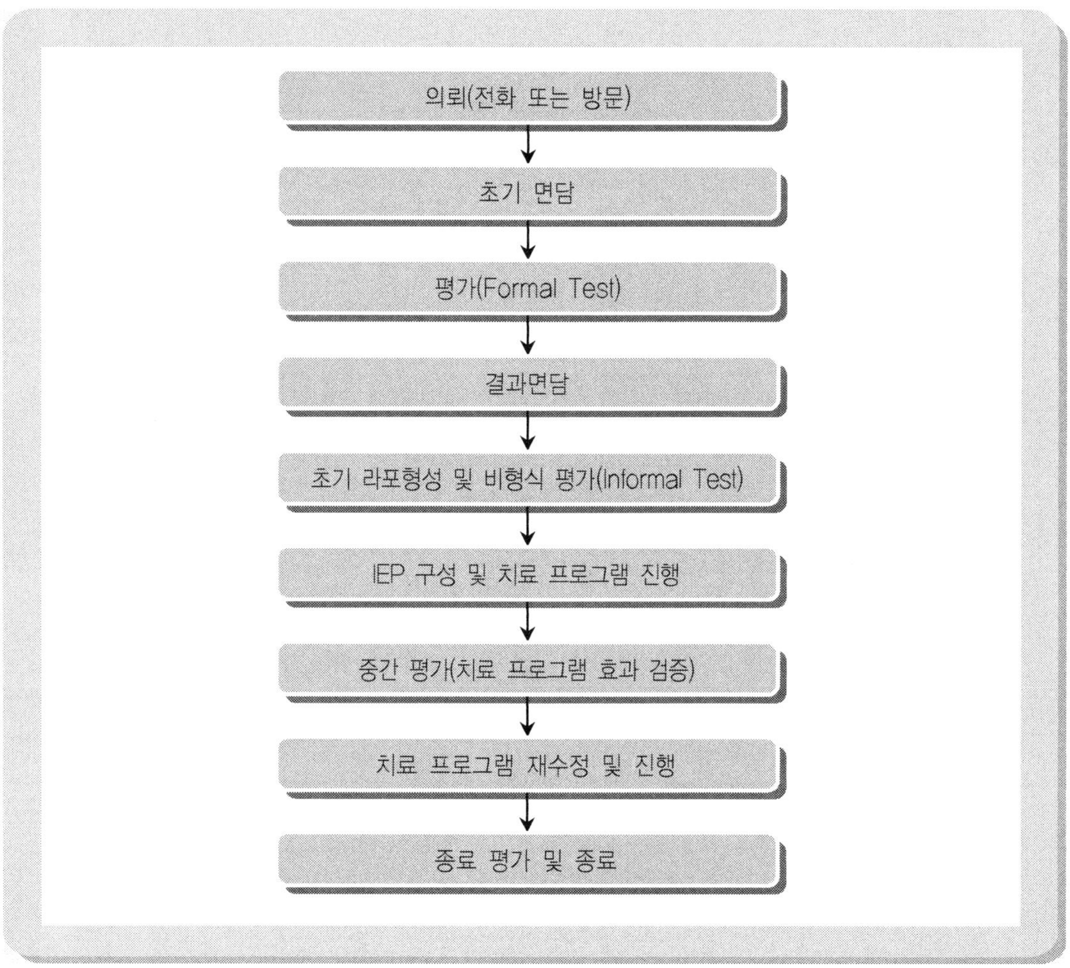

2 장애별 치료 내용

1) 지적장애

(1) 평가

① 가족력 및 임신력

지적장애 아동은 어릴 때부터 발달 문제를 보였을 가능성이 높다. 따라서 발달 과정의 정보수집을 위한 부모 면담은 필수적이다. 선천적 요인으로 발달 수준이 태어날 때부터 한계를 보이는 경우와 유전적인 것, 출산시 산소 결핍이나 뇌손상, 다운 증후군, 난산, 임신시 약물복용이나 대사 장애 등으로 야기되는 경우이다. 아동이 가지고 태어난 수준은 크게 문제가 되지 않았지만 환경적으로 발달단계에 필요한 욕구들이 제대로 채워지지 못하게 되는 경우 발달에 영향을 주어 현재 발달이 또래에 비해 현저히 떨어지는 후천적인 요인도 있을 수 있다. 환경적인 경우 방치된 기간이나 아동의 타고난 능력에 따라 회복되는 기간이나 양상이 다를 수 있다.

② 발달 평가

6세 미만의 아이들의 경우 기증 수준에 대한 평가를 위해 발달 평가를 한다. 지적장애를 알려주는 발달의 주요한 위험 지표에는 다음과 같은 내용이 있다.

㉠ 18개월까지 단어, 30개월 이전 100단어 이상, 4세가 될 때까지 문장 형태로 말하지 못한다.

㉡ 12개월까지 혼자 앉지 못하고 24개월까지 걷지 못하며 4세까지 한발로 뛰기를 못한다.

㉢ 일반적인 위험물(성냥, 칼 등)을 4세가 되도록 피할 줄 모른다.

㉣ 8세까지 적은 액수의 돈을 적절히 다룰 줄 모른다.

㉤ 4세까지 사물 2가지의 개념, 7세까지 글자로 된 간단한 단어를 인식할 수 없거나 10가지 사물에 대한 개념이 되어 있지 않다.

지적장애 아동에게 사용되고 있는 구조화된 검사로 발달 평가로는 덴버 발달 평가(DDST), Gesell 검사(GPT), Bailey 유아 발달 척도(BSID), 사회성숙도 검사(SMS) 등이 있다.

③ 심리검사

심리검사가 진행될 수 있는 아동의 경우 심리검사의 지능점수나 적응기능의 결합을 통해 지적장애를 판별하기도 한다. 지적장애를 판단하는 가장 중요한 기준인 지능 지수의 경우 검사시의 행동, 검사 반응 내용, 생활사에 대한 보호자의 보고 등을 종합하여 판단하게 된다.

지적장애 중 90% 이상에 해당되는 지적장애 3급의 경우 표준화된 지능검사인 웩슬러 유아용 지능검사(K-WIPPS), 아동용 지능검사(KEDI-WISC-IV)나 고대-비네 지능검사, 그림 지능검사(PTI) 등으로 지능 측정이 가능하다. 그러나 이들 검사에서 규준상의 최소점수에도 미치지 못하는 수행을 보이는 경우 보간법(補間法)으로 지능 지수를 추정하거나 유소아용 발달수준 검사를 활용해야 하며 그 밖의 인물화나 BGT와 같은 검사를 통해 정신연령을 간접적으로 추정하기도 한다.

(2) 특성

① 인지 교육적 특성

개개인이 매우 큰 차이를 보인다. 각 개인 내에서도 발달 영역에 따라, 학습과제에 따라, 유의한 개인 내 차이를 보이는 것이 보편적이다. 이들도 매우 다양한 개성을 갖고 학습에 열심히 참여하기도 한다.

지적장애 아동의 인지적 패턴을 정보처리 모델로 접근하여 이해한다. 예전에는 장기기억 결함으로 봤으나 현재는 일반인과 유사한 것으로 인식되고 있다. 이보다는 장기기억으로의 전이과정인 작업 기억(working memory)에서 결함이 있는 것으로 나타났다. 여기에는 주의, 전략사용, 실행기능 등 많은 과정에서의 결함을 포함하고 있다. 주의에서 감각 기억 단계에서 특정 자극에 주의를 기울이고 이를 선택하는 능력이 부족하다.

효과적인 인지전략을 사용하는 데 제한이 많아 전략을 자발적으로 선택하거나 모니터하지 못하고 일반 아동들보다 늦게 상위인지를 발달시키는 모습을 보인다(김태련, 2003).

학업성취에 있어서도 관찰이나 모방을 통해 배우는 모방학습이나 우연의 학습 능력이 많이 떨어진다. 따라서 일반 아동들이 교사의 가르침이 없어도 스스로 아는 내용에 대해서도 이들에게는 교사가 직접적이고 세부적인 교수로 가르쳐야만 한다.

하나를 배우면 아무데로 적용하려는 과도한 일반화와 혹은 배운 내용을 다른 상황에 적용하는 것을 어려워하는 일반화 부족의 모습을 보인다.

언어면에서는 언어발달지체와 비정상적인 패턴을 보이는데 조음문제를 많이 보인다. 하지만 대부분 발달 속도가 느릴 뿐 정상적인 언어발달을 보이고 있다.

학습 동기가 높지 않아 처음부터 동기가 없는 아동도 있지만 계속적인 실패가 누적되면서 학습에 대한 흥미를 잃고 해도 안 된다는 생각에 하고자 하는 의욕을 잃는 모습을 보인다. 거기에 주변사람들이 도와주어 대신 해주는 경우가 증가하면서 빈번하게 '학습된 무기력(learned helplessness)'의 상태가 된다.

② **사회적, 행동적 특징**

사회적 기술 결함이 많다. 예를 들면 부적절한 얼굴 표정, 신체접촉, 상황과 대상에 맞지 않는 대화, 대화시 감정 이입이 안 되는 것, 사회적 인지가 떨어지는 것, 이러한 문제로 다른 사람의 관점을 봐야 할 상황에서 상대이해능력이 떨어진다. 사회적 인지가 부족한 것은 인지 결함이 원인이 되기 때문이다. 남의 관점으로 볼 수 있는 능력은 비록 점진적이나 정상 아동과 같은 순서로 발달한다. 친구들과 다르다는 것을 인식하고 빈약한 자아개념을 형성하게 되는 경우 사회성 발달에 더욱 부정적 영향을 미치게 된다.

행동문제는 일반 아동에 비해 3~4배 더 많이 보인다. 이는 신경학적인 원인으로 인해 ADHD와 같은 질병이 동반하여 나타날 수 있는 가능성이 많기 때문이다. 또한 행동문제로 사회적 고립이 되면 적절한 사회기술 학습의 기회가 박탈되며 이로 인해 다시 행동문제가 발생된다. 이러한 행동문제는 연령이 증가하고 지적 장애의 정도가 심할수록 더욱 증가하는 양상을 보인다.

반면 정신장애 진단은 내려지는 경우가 많지 않은데 우선 이들의 의사소통 결함으로 정확한 진단을 내리기에 어려움이 많기 때문이다. 과거에는 행동문제나 사회적 기술 문제가 단순히 지적장애 증상의 일부로 보아왔으나 현재는 지적장애의 고유한 부분일 수도 있고 아닐 수도 있다는 주장이 나오고 있다.

(3) 치료

지적장애를 가급적 빨리 발견해서 발생할 수 있는 문제를 최소화시키기 위한 예방적 교육이 중시된다. 다음의 예방 교육에는 3가지 입장이 있다.

- **1차 예방** : 지적장애와 관련된 질환을 발생시키는 상황을 줄이는 과정
- **2차 예방** : 조기 발견, 조기 치료로서 일단 지적장애와 관련된 질환이 확인되면 그 질환의 경과를 단축시키기 위한 치료과정이다.
- **3차 예방** : 재활로서 후유증이나 잔류 장애를 최소화하는 치료과정을 의미한다.

지적장애 아동을 위한 조기 치료 프로그램의 내용은 다음과 같다.

① **소아에 대한 교육**

이들의 조기 진단과 조기 교육은 매우 중요하다. 현재 국내에서 영유아 검진을 통해 영유아의 조기 진단율이 높아지고 있고 예전에 비해 조기 개입과 교육이 더 많이 이루어지고 있다.

적응기술 훈련, 사회성 증진 훈련, 직업훈련 등 포괄적인 특수 교육 프로그램이 필수적이다. 의사소통과 삶의 질을 향상시키는데 초점이 맞추어져야 하며 효과적일 수 있다. 지적장애 아동의 학습 목표는 초등학교 6학년까지의 내용이다. 이 내용을 아동의 수준에 맞추어 개별화된 프로그램으로 제시하여 진행한다. 주로 교사 주도적 교수방법으로 교사가 직접 과제를 수행하는 것을 보여주는 모델링, 학생 주도 교수방법으로 아동의 독립성을 증진시키는 자기 조절 기술들의 사용을 하는 교수방법들이 있다.

② **행동치료**(behavior therapy)

사회적 행동을 늘리고 공격적이고 파괴적인 행동을 줄이는데 유용하다. 긍정적 강화와 가벼운 정도의 벌을 줄 수 있다. 문제행동을 다루기 위해 응용행동분석(Appled Behavior Analysis: ABA) 기법을 기본으로 기초선 자료 수집, 바람직한 행동 늘리기 기법, 잘못된 행동 줄이는 방법을 나눌 수 있다. 바람직한 행동을 늘리는 방법으로 긍정 및 부정 강화를 적절하게 사용하는 것이다. 잘못된 행동을 줄이기 방법으로는 변별 강화, 소거, 타임 아웃, 과잉 교정 등이 있다.

③ **인지치료**(cognitive therapy)

지시를 따를 수 있는 정도라면 잘못된 생각을 없애거나 이완운동을 하기 위한 목적으로 사용할 수 있다.

④ **역동적 정신치료**

불안, 분노, 우울을 야기하는 요소와 관련된 갈등을 줄이기 위한 환자 및 그 가족을 대상으로 시행할 수 있다.

⑤ **부모 교육 및 상담**

환자에 대한 현실적인 기대를 유지시키면서 환자의 능력과 자존심을 향상시킬 수 있는 방법이다. 환자의 독립과 동시에 보호하는 환경에 대한 판단을 돕고 부모에게 도움을 주면서 부모 자신이 느끼는 죄책감, 낙심, 분노 등의 감정을 표현할 수 있는 기회를 제공하게 된다.

⑥ **약물치료**

지능을 호전시켜주는 약물은 없다. 지적장애 자체가 다른 행동장애나 정신의학적 질환에 걸릴 위험성을 높여주므로 적절한 약물치료를 시도하여야 한다. 특히 자해, 상동증, 난폭 행동, 과잉 행동 등에는 약물치료를 통해 증상을 완화시키기도 한다. 일반적으로 지적장애에서의 정신질환으로의 가능성이 일반인에 비해 3-4배 높다고 알려져 있다.

2) 학습장애

(1) 평가

학습장애 아동들의 지적능력과 성취도 불일치가 특수교육 서비스의 적격성을 결정하는 능력-성취 불일치(IQ-achievement discrepancy)를 가장 중요한 요인이기 때문에 표준화된 지능검사와 성취도검사가 가장 널리 사용되고 있다. 일반적으로 개인의 생활연령, 측정된 지능, 연령에 알맞은 교육에 따라 기대하게 되는 수준보다 상당히 낮은 학문적 기능을 수행하는 상태를 학습장애로 본다. 주로 기대되는 수행보다 실제 학업성취도 검사에서 2년 이상의 차이가 있는 경우 학습장애를 지닌 것으로 진단되어 왔다.

학습장애를 판별하는 학업성취도 검사는 표준화된 검사로 규준-참조검사와 준거 참조 검사의 형식으로 나뉜다. 먼저 규준-참조검사(norm-referenced measures)는 한 학생의 점수를 검사를 받은 다른 학생의 점수와 비교하기 위해서 제작된다. 준거-참조 검사도구는 아동의 점수를 이미 결정된 준거 혹은 숙련도와 비교하는 것이다. 준거-참조 검사(criterion-referenced measures)는 아동이 학습한 기술과 아직 학습하지 않은 기술을 측정한다. 교육과정중심검사(curriculum-based assessment)는 준거참조검사의 한 형태로 교육과정 목표가 평가과정에서의 교수목표를 확인하는 기준으로서의 역할을 한다. 중재 목표를 확인하고 진도를 점검하고 앞으로의 교수를 위한 피드백을 제공하는데 유용하다(Wolery, 1996). 표준화된 검사는 공식적 평가(formal assessment)를 위해 사용되는 검사이고, 이에 비해 비공식적 평가(informal assessment)는 비표준 평가 절차를 사용하는 것으로 행동관찰, 체크리스트, 평정척도 등이 포함된다.

대표적인 학업성취도 검사로 기초학력검사(KISE-BAAT)가 있다. 아동이 학습한 특정 기술 및 교수 시 필요한 기술을 확인할 수 있다. 읽기, 쓰기, 수학의 학습에 부진과 곤란을 나타내는 아동을 선별하고 진단하는데 도움을 주는 것 뿐만 아니라 이들을 위한 교육 계획의 수립과 적용에 필요한 정보를 획득하는데도 목적을 두고 있다. 유치원부터 중학생까지 검사가 가능하고 개인용 검사이다. 사전검사와 사후검사용으로 구성되어 있다. 사전검사는 아동의 전체 수준을 사정하여 아동이 배우려고 하는 프로그램을 결정하기 위함이고, 사후검사는 그 프로그램의 효과를 평가하는 것을 말한다.

비표준화된 검사는 교사가 교수계획을 위한 유용한 정보를 얻기 위한 공식적 성취도 검사의 한계를 인식하게 됨에 따라 필요한 영역에서 교사가 개발하고 실시하는 검사들을 말한다. 여기에는 지각-언어 검사, 읽기 검사, 쓰기 검사, 수학 검사, 독해 검사, 문제해결력 검사 등이 있다.

(2) 학습장애 판별

전통적 방법은 잠재능력과 학업 성취 간에 나타나는 심각한 차이를 통하여 판별해 왔다. 능력-성취 불일치의 문제를 보이는 것으로 지능검사와 학업성취도 검사에서 2년 이상의 차이를 보이는 경우이다. 그런데 이러한 '능력-성취 불일치' 모형이 판별기준의 단점은 통계학적 결함이 있고, 부정확한 판단이 될 우려가 있으며, 단일 공식에 의한 점수에 의존한다는 것이다. 예를 들어 초등학교 저학년의 경우 지능-성취간의 차이를 발견하는 일 자체가 어려운데 이는 많은 내용을 배우지 않았기 때문이다. 초등학교 3학년에서 보이는 2년 지체와 중학교 1학년에서 보이는 2년 지체는 그 심각성에 있어서 큰 차이가 있다. 따라서 이것만이 유일한 학습장애 판별 기준이 되어서는 안 된다.

이를 보안하기 위해 대두된 대안적인 방법으로 중재 반응(Response to Intervention : RTI)모형이 있다. 이는 전통적 방법으로 한 검사에서 나온 결과가 정확하게 학습장애를 의미하는지 모호한 경우 학습장애에 대한 진단을 보류한 채 일정기간 치료나 교육의 기회를 주고 그 기간에 보인 아동의 학습 반응 양상들을 살펴 추후에 학습장애 진단을 내리는 것이다. 예를 들어 다단계 접근(일반학급→소그룹→개별)을 통하여 과학적으로 입증된 연구기반의 교수적 실제를 적용했음에도 성취의 변화가 나타나지 않는 경우에만 학습장애로 판별하는 것이다. 주로 특정 학습장애를 가진 초등학교 저학년 장애 학생들을 살펴보기 위해 사용되고 있으며, 유치원 수준에서도 적용하려는 움직임이 나타나고 있다. 특화된 조기 학업 중재를 통해 학업에 어려움을 겪는 학생이 도움을 받을 수 있도록 하려는 것이다. RTI 모델에는 체계적인 심사, 진행과정의 점검, 점차 증가하는 다양한 단계의 집중중재와 개별중재의 사용, 의사결정에 도움을 주는 문제해결과정들이 포함되어 있다(Coleman, Buysse, & Nietzwl, 2006).

(3) 학습장애 치료

학습장애의 문제를 돕기 위해서는 그들의 이질적인 특성을 이해해야 한다. 각 아동의 오류패턴을 발견하여 이를 해결하도록 돕는다. 자동화처리에 어려움이 많으므로 구체적이고 세부적인 전략을 배워 전략을 사용함으로써 문제 양상을 최소화시킬 수 있다. 기본 기술 결함을 치료 교육하는 데 초점을 두고 있으나 최근에는 학생 스스로 표현하고 문제해결 기술을 배우고 의미있는 방식으로 일반 교과과정에 접하는 기회를 제공하도록 돕는다.

학습장애 아동이 보일 수 있는 강점이나 약점의 영역에는 다음과 같은 분야들이 있다.

- **학업기술** : 읽기, 쓰기, 수학
- **언어기술** : 말하기, 듣기
- 주의집중 및 과잉행동
- 기억력

• 기타 인지 능력
• 사회–정서적 성숙
• 운동기능 및 협응
• 초인지
• 지각

(4) 학습장애 영역별 치료

① 읽기 장애

읽기 장애 아동의 경우 글자 해독의 어려움과 독해의 어려움으로 나누어 볼 수 있다.

㉠ 글자 해독 문제

글자 해독을 못해 읽기가 힘든 아이들에게는 단어 해독 교수법이 의미중심 교수법에 비해 효율적임이 입증되었다. 의미중심 교수법은 통문자로 익히는 것을 말하고, 단어 해독 교수법은 단어의 구성인 자음, 모음의 결합 방식을 익히면서 글자 소리나 쓰는 법을 배우는 것이다. 단어 해독 교수는 음독 분류와 해독 분류로 나누어 볼 수 있는데, 음독 분류 체계에 의한 단어 인지 오류 유형으로는 자신의 단어 읽기 오류 양상을 조사해서 도와주는 방법이다. 음의 생략, 대치, 첨가, 반전, 오발음, 발음불능, 반복, 자기 교정(self–correction) 등으로 살펴본다. 해독 분류 체계에 의한 단어인지 오류 유형은 ⓐ 자음과 모음, 초성과 중성, 받침 유무, 음절위치, 음운 변동에 따른 오류, ⓑ 단어 자극과 문장 자극 간 비교에 따른 오류, ⓒ 문자론적, 의미론적, 구문론적 분석에 따른 오류로 나누어 본다. 읽기단어 해독 교수법의 예로 음운 인식 훈련을 시키는 교수 방법과 음성학적 인식 발달을 위한 교수 방법이 있다(Lerner, 2003).

| 표 4–2 | 음운 인식 과제 – 시각적 또는 청각적 과제

과제	활동
음소 분절	• '감' 은 몇 개의 음소로 이루어진 단어인가?
음소 분리	• '화분'이란 단어는 몇 음절로 구성되었나? 초성은 무엇인가?
음소 혼합	• 'ㅈ/ㅏ/ㅈ/ㅓ/ㄴ/ㄱ/ㅓ'는 어떤 단어인가?
음소 맞추기	• '나비', '날씨', '낭떠러지' 등에서 공통된 음소는 무엇인가?
음소 바꾸기	• '방'의 종성을 'ㅂ'으로 바꾸면 무엇이 되나요?
음소 생략	• '곰에서 ㄱ을 빼고 읽으면 어떤 소리가 날까요?

| 표 4-3 | 생활 속 음성학적 인식 발달을 위한 훈련

활동명	활동 내용
첫 음소가 같은 물건 찾기	방안의 환경 물건 중 '가'자로 시작되는 물건들 찾아오기 예) 가위, 가방 등을 찾아오기
단어나누기(clapping names)	단어를 듣고 음절수대로 박수치기 예) 할아버지 - 박수 4번치기
소리감추기(take away sound)	부정확한 소리를 듣고 맞추기 예) '떠보기'를 듣고 떡보기 단어를 맞추는 게임
거꾸로 말하기	거꾸로 된 단어 듣고 바른 단어 맞추기 예) '지아송'은 무슨 단어인가요?
음률 게임(rhyming game)	단어의 음절을 듣고 단어 만들기 예) '~리'자로 끝나는 낱말 3개 생각해보기

㉡ 독해 문제

읽기 장애 아동이 음운 법칙을 모를 경우 단어 해독 뿐 아니라 이해에서도 어려움을 경험하게 된다. 독해 문제(읽기 이해 문제)가 발생하는 어려움은 읽기 장애 아동은 일반 아동이 자동적으로 읽으면서 글의 의미에 집중하는데 사용하는 인지적 용량을 모두 읽기의 단어 해독 기능에 사용함으로써 이해에 사용되는 용량이 상대적으로 부족하기 때문에 발생한다. 즉 의미가 구성되는데 충분히 긴 시간동안 작업기억 속에 그 정보를 보유하기가 어려워 읽기 이해에 영향을 끼친다(김동일 외, 2003). 읽기 장애 아동은 읽으면서 독해가 동시에 되는 것이 어렵고 지문의 내용을 기억하기 힘들어 다시 반복해서 읽어야 하는 모습이 많아 읽기에 거부적 태도가 형성되기 쉽다. 독해의 문제의 특성은 어휘 지식의 결핍, 배경 지식의 수준 및 적절한 사용의 어려움, 상위인지 및 전략 사용상의 문제, 작업기억 능력의 어려움 등이다.

독해를 기르기 위해서 다음과 같은 기능들을 훈련시킨다.

ⓐ 어휘 의미 알기, ⓑ 세부사항 회상하기, ⓒ 중심 내용 파악하기, ⓓ 이야기 순서 이해하기, ⓔ 인과관계 파악하기, ⓕ 추론하기, ⓖ 예측하기, ⓗ 평가하기 및 판단하기, ⓘ 감상하기, ⓙ 문제해결하기 및 적용하기

학습장애의 문제를 예방하기 위한 활동으로는 조기 문해 능력을 기르는 활동으로 다음과 같은 내용들이 있다(Lerner 외, 2004).

㉠ 어린 유아에게 읽기와 쓰기에 관련된 풍부한 환경 제공하기

: 책 읽어주기, 놀이와 말하기, 공상하기, 낙서하기, 그리기, 읽는 척하거나 쓰는 척하기 등과 같은 다양한 활동(예 : 영화를 보고 그림으로 그리기)

㉡ 다양한 문해 환경 제공하기

: 여러 다양한 인쇄물과 단어가 의미하는 개념들, 언어의 소리들(음성학적 인식), 다양한 책과 이야기 나누는 경험하기

㉢ 조기 읽기 활동

ⓐ 이야기 읽기 활동을 한다(소그룹 아이들로 구성된 집단에게 이야기를 자주 들려주고, 이야기에 적합한 질문을 하고, 반복적 리듬이 있는 경우 아이들에게 그런 예측을 할 수 있도록 묻고, 그림이 잘 그려진 책을 선정하고, 녹음 테이프를 사용하거나, 이야기와 관련된 추후 활동을 한다).

ⓑ 글로 이루어진 언어의 즐거움을 인식하고 언어는 여러 가지 방법으로 사용될 수있다는 것을 알도록 돕는다. 문자 언어에 대한 인식을 개발한다(인쇄매체에 대한 이해를 돕는다. 책을 다루는 방법, 페이지를 넘기는 방법, 그림이 아닌 글자가 이들이 읽고자 하는 이야기의 내용이라는 것 등을 알도록 한다. 또한 아동 주변에 있는 신문과 상점, 광고 게시판, 사인, 상표 등 모든 것들에 글자가 있고 이러한 글자들은 여러 다양하고 다른 목적으로 사용된다는 것을 알도록 한다).

ⓒ 철자를 습득한다(문자를 편안하고 친숙하게 느끼도록 돕는다. 문자의 이름을 배우고 글자 모양에 대하여 인식하고 구성할 수 있어야 한다). 글자와 단어의 관계를 이해한다(단어는 글자들로 구성되었으며, 왼쪽에서 오른쪽으로 읽는 것임을 알도록 한다. 또한 글자의 조합은 바뀔 수 있으며 단어들도 변화할 수 있다는 것을 이해한다).

ⓓ 읽기가 유창해지기 위해 연습이 필요하다. 의미 있는 교재를 읽고 또 읽는 것이다.

ⓔ 생각하며 읽는 것을 배운다. 글로 쓰여진 책에 포함된 새로운 어휘나 새로운 생각, 새로운 사고 형태 등을 습득할 수 있다. 즐기면서 이를 통해 여러 요소들을 생각하면서 읽을 수 있는 시간을 갖는다.

| 그림 4-2 | 읽기 장애 아동의 비형식 검사

읽기 장애 아동의 비형식 검사

1. 읽기 오류 양상

1. 대문 앞 -> 대나무 앞

2. 과녁 -> 광녁

3. 싶어서 -> 시어서

4. 결승점 -> 경기점

5. 심술 -> 시술

6. 지금 -> 지기

7. 검정 바지 -> 검검 검정 바지

8. 걸어왔기에 -> 걸어와왔기에

2. 음절 변별

1. 나하산 / 낙하산 소리 변별 실패

2. 정월 대보름 / 정원 대보름 소리 변별 실패

3. ㅋ + ㅏ + ㄹ = ? 분절된 음 기억하기 실패

| 그림 4-3 | 읽기 장애를 위한 음운론적 학습

읽기 장애를 위한 음운론적 학습 – 자음, 모음 결합하기

자음 \ 모음	ㅏ	ㅑ	ㅓ	ㅕ	ㅗ	ㅛ	ㅜ	ㅠ	ㅡ	ㅣ
ㄱ	가		거		고		구			기
ㄴ	나		너		노		누			니
ㄷ	다		더		도		두			디
ㄹ	라		러		로		루			리
ㅁ	마		머		모		무			미
ㅂ	바		버		보		부			비
ㅅ	사		서		소		수			시
ㅇ	아		어		오		우			이
ㅈ	자		저		조		주			지
ㅊ	차		처		초		추			치
ㅋ	카		커		코		쿠			키
ㅌ	타		터		토		투			티
ㅍ	파		퍼		포		푸			피
ㅎ	하		허		호		후			히

| 그림 4-4 | 읽기 장애를 위한 독해 활동

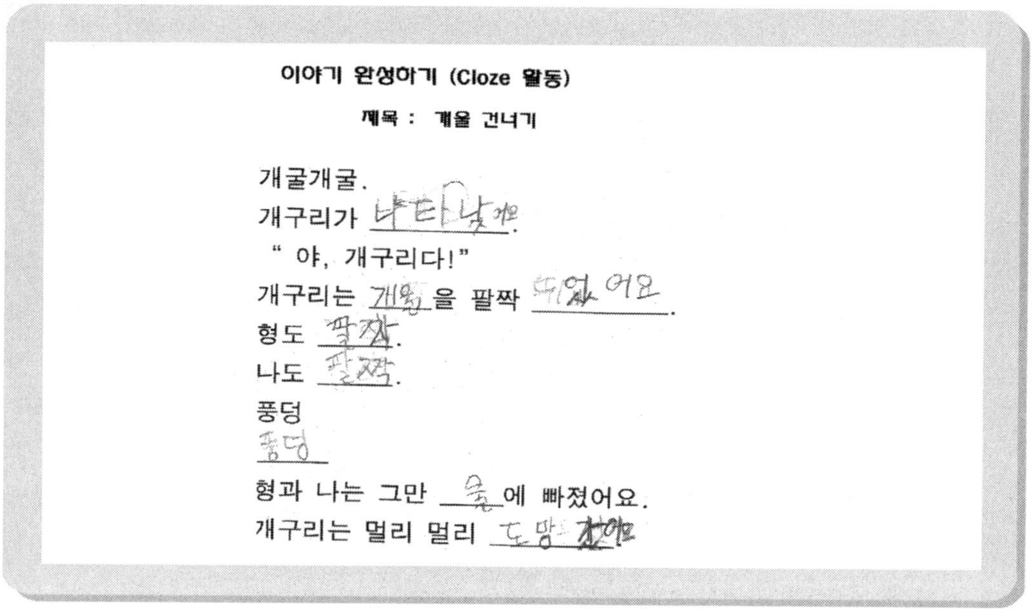

② **쓰기 장애**

읽기 장애 아동에게 병행으로 나타나는 문제 중 하나가 쓰기 장애이다. 쓰기 장애는 크게 3가지로 손 글씨(handwriting), 철자 쓰기, 작문의 문제로 나누어 볼 수 있다.

손 글씨는 지각 운동 기능과 관련이 높은 것으로 연필을 쥐는 힘 조절과 글자를 형성하는 데 문제를 보인다. 문자의 기형, 반전 오류가 여기에 속한다. 쓰기의 유창성 문제는 극도로 느리게 쓰는 것을 말한다. 철자 쓰기의 문제는 읽기 장애와 마찬가지로 소리를 글자로 연합하는 과정에서 음운 인식이 떨어져 철자 오류, 음소와 문자소의 결합의 어려움을 보이는 것이다. 읽기 장애와 마찬가지로 음운론적 지식을 기반으로 하는 교수법과 동시에 정자법적 지식을 통합하여 치료 교육하는 것이 바람직하다. 작문에서의 문제는 글쓰기 장애로도 부르는데 문장에서의 글씨 쓰기와 철자쓰기의 오류를 포함해서 문법적 오류가 많고, 쓰기 기술이 부족해서 같은 유형의 글을 반복하는 양상을 보이며, 어휘가 부족해서 단어의 사용이 빈약하고 반복적 양상이 많다. 글을 쓸 때 주제에 대한 이해가 부족하고 생각하는 것을 싫어해서 무계획적으로 즉흥적으로 글을 짧게 쓰는 경향이 많다.

㉠ 손 글씨와 철자쓰기 문제

철자 쓰기의 문제를 극복하기 위한 방법으로는 연필잡기 및 쓰기 자세, 모양 따라 그리기, 모양 보고 그리기, 자모음 따라 쓰기, 자모음 보고 쓰기, 인쇄된 글자 따라

쓰기, 글자 보고 쓰기, 단어 받아 쓰기, 문장 받아 쓰기 순으로 지도한다. 한글 받아쓰기의 오류는 아동마다 다르기 때문에 오류 유형을 찾아 개별적으로 돕는다. 소리 나는 대로 쓰기, 생략, 대치, 삽입, 순서무시, 접속사 과다 사용, 문맥에 불일치하는 독립절, 문장 부호의 잘못 사용 등을 점검하여 주요 오류양상을 직접 교수를 통해 교정해 간다.

㉡ 글쓰기 문제

글쓰기 활동으로는 잡지 만들기, 그림 그리기, 이름 붙이기 등과 같은 활동은 읽기가 시작하기 전에 하면 좋다. '스스로 제작한 철자'들을 사용할 수 있는 기회를 제공해야 한다. 자신이 만든 철자를 사용하고 자신이 원하는 것을 무엇이든 써 보도록 한 아동들은 쓰고자 하는 동기가 보다 높다.

ⓐ 글자의 소리를 습득한다(음절의 소리를 인식할 수 있을 때 글자와 소리간의 관계를 습득할 수 있다. 이러한 대응 관계에 기초하여 자모음 철자쓰기 체계를 논리적으로 이해할 수 있도록 한다).
ⓑ 새로운 단어 읽기와 쓰기를 한다(단어-소리 대응관계를 습득하게 되면 익숙하지 않은 새로운 단어 읽고 쓰는데 적용할 수 있다).
ⓒ 받아쓰기를 해 본다.
ⓓ 글쓰기 연습을 한다(글쓰기 단계의 예 : 관찰일지쓰기 → 일기쓰기 → 주장쓰기).

| 그림 4-5 | 쓰기 장애 평가

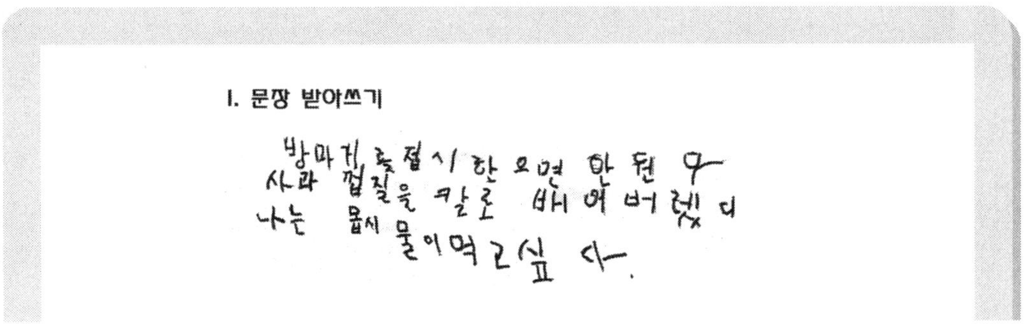

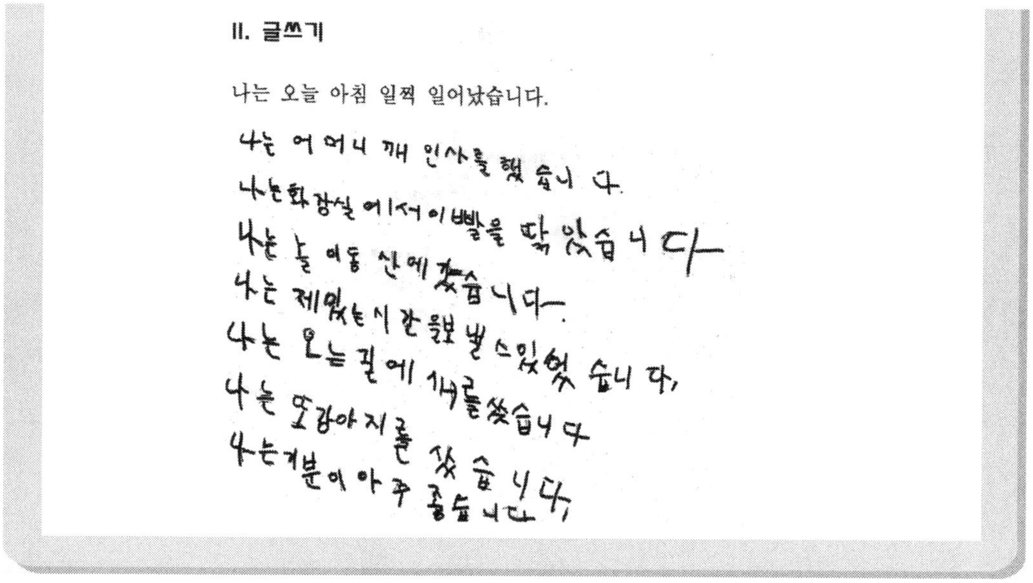

| 그림 4-6 | 쓰기 장애를 위한 철자 연습

비슷한 음, 다른 글씨, 다른 뜻 이해하기

보기 : 꿈다 / 꿂다 / 꿇다

1. 담배를 ______________________

2. 물이 ______________________

3. 목숨을 ______________________

4. 속이 ______________________

5. 말을 ______________________

6. 사람이 ______________________

7. 그 사람과 손을 ______________________

8. 젊은 피가 ______________________

9. 기차표를 ______________________

10. 무릎을 ______________________

| 그림 4-7 | 쓰기 장애를 위한 글쓰기 연습

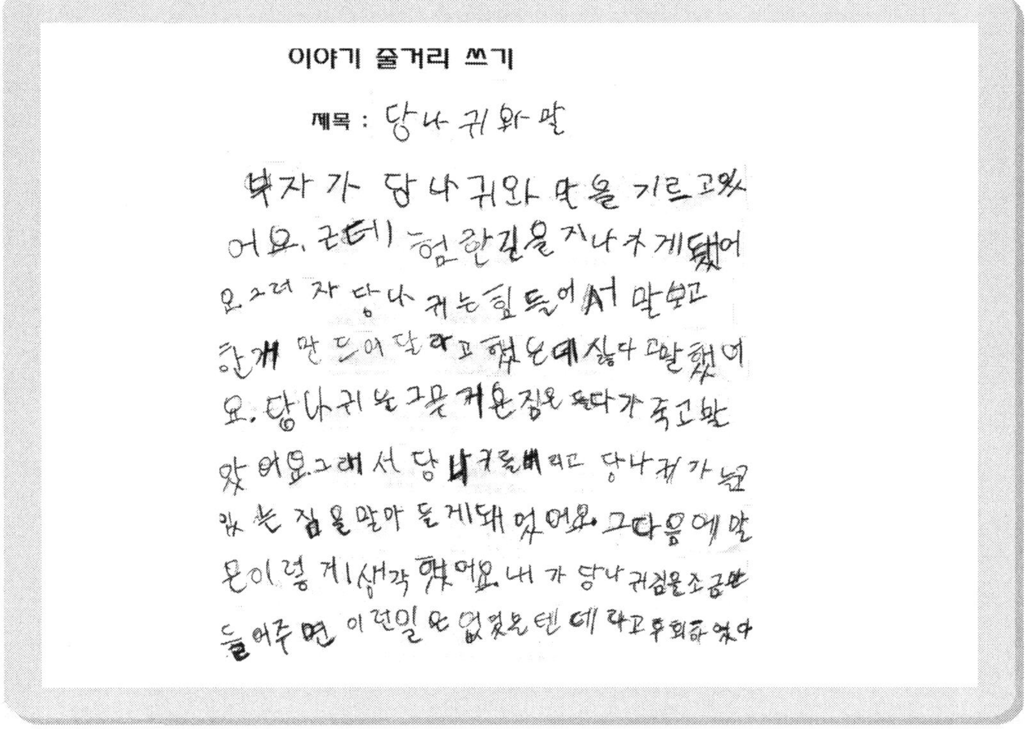

③ 수학 장애

학습장애의 한 유형인 수학 장애는 계산의 문제를 보이는 경우와 수학적 추론의 문제를 보이는 경우로 나누어 본다.

㉠ 계산 문제

계산의 문제는 수 개념의 이해가 부족하며 연산에 대한 기념이 부족하고 연산 과정에서 잘못된 방법을 사용하거나 자릿수에 대한 이해가 부족하는 등 연산 습득에 어려움을 보인다. 수학적 추론의 문제는 주로 문장제 수학 문제 풀이를 어려워하는 것으로 읽기 이해력이 부족하고 요구되는 수학적 해법의 이해 부족, 문제와 수학적 해법과의 관련성에 대한 이해가 적은 것이다.

연산지도에서는 목표를 정할 때 단계를 세분화시키는 것이 중요하다. 가감승제의 개념이나 방법을 배울 때 앞서 언급한 비계교수법이나 자기지시 훈련 등을 통해 각 풀이의 단계를 작게 쪼개어 제시한다. 점진적 지원을 감소하기 위해 완전 구조화를 시키던 내용을 반 구조화로, 이후에는 개별 연습이 되게 자료를 구성한다. 연습과 복

습을 자주, 여러 번에 걸쳐, 다양한 문제를 가지고, 누가적으로 할 수 있게 구성한다. 수학 장애도 읽기 장애와 마찬가지로 이들의 문제 풀이 과정에서 보이는 절차적 오류를 직접 해결해 주는 직접 교수법이 좋다. 학습장애 아동의 문제 풀이의 모습을 직접 들으며 관찰해야 파악할 수 있는 것이므로 1:1 관찰이나 중재가 더 효과적이다.

㉡ 수학적 추론 문제

수학적 추론 문제는 문장제 수학 문제와 관련이 높다. 문장제 수학문제는 독해 장애를 보이는 학습장애 아동에게서 흔히 중복으로 나타나는 모습을 보인다. 수학 문장제를 해결하기 위한 교수법에는 자기 지시 훈련과 같은 인지 전략을 통해 문장제 풀이 과정에 대한 이해를 한다.

| 표 4-4 | 자기 지시 훈련을 통한 문장제 풀이

자기 지시 훈련을 통한 문장제 풀이 과정
㉠ 문제가 무엇인가?
㉡ 문제의 의미를 내 말로 풀어보기
㉢ 문제에 필요한 숫자와 불필요한 숫자 구별하기
㉣ 그림이나 도표 등으로 나타내기
㉤ 수식으로 표현하기
㉥ 식을 계산하기
㉦ 답을 쓰기
㉧ 정답이 무엇을 의미하는지 말해보기

수학 문장제에 나타난 표현들 중 수학적 기호로 바꿀 수 있는 '핵심어'들이 있다. 예를 들어 '모두' 하면 '+'이고 '나머지'는 '−'인 경우가 많다. 이러한 학습에서 주의할 것은 다른 정보는 무시한 채 숫자와 이런 핵심어에만 집중해서 문제를 풀려는 태도이다. 이런 경우 고학년의 복잡한 사고력을 요구하는 과제를 풀어내기 힘들다. 그 외 삽화나 그림, 도표 등을 이용해서 문장제의 이해를 돕는다. 초등학생의 사고가 구체적 조작기 수준에 머무르기에 초등 수학 교과서의 내용도 매우 다양한 물체와 그림, 표 등을 이용해 개념 이해를 돕고 있다. 수학은 다른 과목보다 위계성이 분명한 과목이라 선수 내용에 대한 이해가 중요하고 그것의 결함을 찾아 도와주는 전략이 중요하다.

| 그림 4-8 | 수학 장애 오류 양상들

수학 장애 아동들의 오류들

계산		해석
1. 24 + 53 ——— 68	->	(1) 2+4=6 (2) 5+3=8 (3) 각 수를 십의 자리, 일의 자리에 적음 (4) 따라서 답이 68
2. 21 - 5 ——— 24	->	(1) 일의 자리 수 5-1=4 (2) 십의 자리 수 2-0=2 (3) 각 수를 십의 자리, 일의 자리에 적음 (4) 따라서 답이 24
3. 15원 - 7원 ——— 65원	->	(1) 숫자 자릿수를 잘못 정렬시킴 (2) 십의 자리 수 7-1=6 (3) 일의 자리 수 5-0=5 (4) 따라서 답이 65
4. 1 158 265 + 98 ——— 2	->	일의 자리 수 8+5+8=21 2를 올려야 하는데 밑에 남겨두고 1을 올림
5. 87 + 39 ——— 15 11 ——— 26	->	(1) 8+7=15 (2) 3+9=11 (3) 각 수를 아래로 나열함 (4) 그 둘을 합함 (5) 따라서 답이 26
6. 87 + 39 ——— 16 11 ——— 126	->	(1) 7+9=16 (2) 8+3=11 (3) 각 수를 곱셈식으로 계산함 (4) 따라서 답이 126

7. 문장제 : 꽃을 24송이 샀는데 그 중 6송이는 튤립이고 나머지는 백합이 었다. 백합은 몇 송이일까요?
답 : 그냥 말할 때는 18송이라고 답함
계산으로 해보라고 하면 다음과 같이 나타남

$$\begin{array}{r} 6 \\ -24 \\ \hline 22 \end{array}$$

* 수학적 오류에 대한 이해
: 오류는 체계화된 전략과 규칙에서 생겨난다. 아동이 보이는 잘못된 규칙과 형식적 지식과 비형식적 지식간의 차이를 이해해야 한다.

④ **정서 및 사회성 문제**

학습장애 아동의 정서 사회적 문제는 필수적으로 나타나는 건 아니다. 학습에서의 낮은 수행 때문에 2차적으로 정서적 문제를 보일 수 있으나 모든 학습장애 아동이 정서나 사회적 문제를 보이진 않는다. 이들 중에는 사회적으로 잘 적응하여 또래에게 인기를 얻는 학습장애 아동도 있다. 그래도 학습장애 아동이 정서 사회적 문제를 보이는 정도는 75~80%라고 한다(Bryan, Burstein, & Ergul, 2004). 주로 학업으로 인한 사회적 평가로 낮은 자아 존중감이 형성되면서 빈약한 자아 개념을 형성하게 된다. 또한 학습과 관련한 상황 불안을 경험하는 경우가 많다. 이런 정서적 문제가 학습과 연관지어 부정적 영향을 끼치게 된다.

학습장애 아동이 사회적 능력에서도 결함을 보이는 경우가 있다. 주로 다른 사람과의 상호작용에서 사회적 단서를 잘 해석하지 못하고 다른 사람의 감정이나 느낌 상태를 잘못 해석하여 성공적인 상호작용을 유지하기 어렵다. 이러한 사회적 문제도 학업 성취에 다시 부정적 영향을 미친다. 따라서 이들을 위한 사회적 기술 훈련프로그램을 실시하여 학습 외의 사회 정서적 문제도 도와주려는 노력이 필요하다.

3) 학습부진

(1) 평가

학습 문제의 원인을 평가하는 영역에는 다음 세 가지가 있다(김동일 외, 2012).

① **학습자의 평가**

㉠ 시각이나 청각 등의 감각 기관의 결함이나 질병 등의 신체적 문제로 기인되었나?

㉡ 학습자의 지적 능력이나 전략 사용 등의 인지적 문제로 기인되었나?

㉢ 학습동기, 자아 개념, 불안 및 학습자의 정신 건강 등의 정서적 문제로 기인되었나?

② **가족 평가**

㉠ 부모의 양육 태도나 부모의 학습에 대한 기대에서 문제가 있나?

㉡ 형제간의 갈등이 심한가? 형제의 특성은 어떠한가?

㉢ 가족의 심리적 환경이나 물리적 환경은 어떠한가?

③ **환경 체계 평가**

㉠ 또래 관계는 어떠한가?

㉡ 학교 선생님과의 관계는 어떠한가?

㉢ 이웃이나 지역사회에서의 활동이나 교류는 어떠한가?

㉣ 학교나 지역사회의 특성이나 문화는 어떠한가?

평가도구는 기본적으로 심리검사를 통해 인지 능력상의 강약점이나 특성을 파악한다. 주로 한국 웩슬러 아동지능 검사(K-WISC-V), 카우프만 아동용 지능 검사(K-ABC)를 활용한다. 학업성취도는 기초학력평가(KISE-BAAT)를 실시해서 읽기, 쓰기, 수학의 기초 학력 성취를 알아볼 수 있다.

(2) 학습부진아의 특성

학습부진아들에게서 보이는 공통적 특성은 다음과 같다.

① 학습 동기가 결여되어 있어 무엇을 하고자 하는 게 떨어지고 행동이 게으르다.

② 계획을 세우는 것도 꺼리고 설령 계획을 세웠어도 자꾸 미룬다.

③ 공부를 잘 못하는 것에 대한 변명이 많다.

④ 과제 수행에서 좌절이나 어려움에 쉽게 포기한다.

⑤ 부진한 수행에 대해 성적표 외에는 크게 걱정하지 않는다.

⑥ 학습 수행에 대해 약속은 잘 하나 이행은 못해 부모와 마찰이 많다.

⑦ 자아와 미래에 대한 성찰이 부족하다.

(3) 학습부진아의 치료

① **정서적, 환경적 문제**

학습부진아들의 정서적, 환경적 문제가 뚜렷한 원인이 되었을 때에는 우선적으로 이들의 문제를 먼저 돕는다. 놀이치료나 부모상담을 통해 학습을 할 수 있는 심리적 안정감이 우선 형성되었을 때 학습부진아를 위한 치료교육이 개입된다. 학습부진아들은 자신들의 잠재 능력을 충분히 발휘하지 못하고 있는 경우가 많기 때문에 그들의 잠재 능력에 대해 자신감을 회복시키면서 성취 동기를 먼저 이끌어주는 것이 좋다.

② 전략사용의 문제

학습부진아의 학습의 효율성을 극대화시키기 위해서는 인지적 과제 즉 사고의 중요성을 제시한다(Woolfolk, 2001). 이는 인지적 정보처리 능력에서의 결함이 특정 학업을 방해하거나 실제 수행을 하는데 영향을 미친다는 정보처리 입장에 입각한다. 학습부진의 문제를 전략사용의 문제로 보면서 학습에 필요한 다양한 전략을 직접적으로 가르쳐주는 것을 치료 프로그램의 내용으로 하고 있다. 학습 전략을 가르치기 위해서는 주로 직접교수법이 활용되어 먼저 설명하고, 이후 시범을 보이고, 마지막 단계로 이해 중재의 단계를 거친다.

| 그림 4-9 | 전략 교수 단계

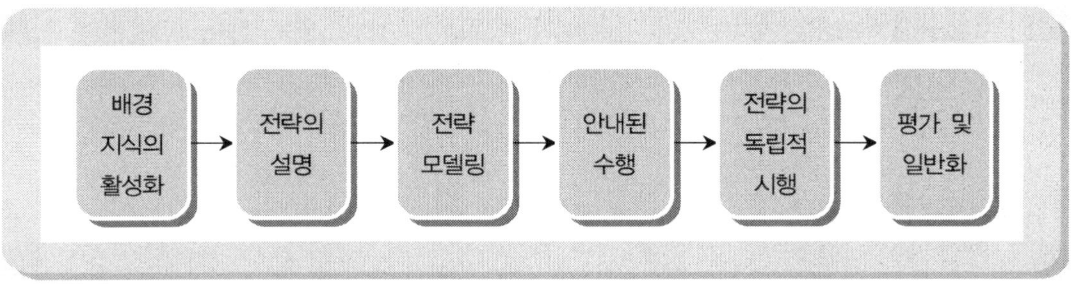

- 1단계의 배경지식의 활성화
  : 선행조직자를 활용해서 '왜, 무엇을' 배울 것인가에 대한 개관을 제공해서 학생이 이미 알고 있는 지식과 학습할 전략 간의 의미있는 관계를 발전시킬 수 있도록 돕는다.
- 2단계의 전략의 설명
  : 배우고자 하는 전략이 무엇인지, 그 전략의 목적이나 사용되는 단계는 언제인지를 설명하여 각 단계를 읽고 명시적으로 언제 어디서 사용할 것인지를 충분히 설명한다. 주로 시각적 제시물이나 다감각적 교수법을 활용한다.
- 3단계의 전략 모델링
  : 교사가 먼저 전략의 단계들을 시범 보이고 학생이 따라 하면서 자기 교수를 언어화하는 방법으로 제시하여 학생의 참여가 적극적으로 되도록 유도한다. 다음 단계

로 이행되기 전에 전략의 단계를 외울 수 있도록 충분히 연습시킨다.

- 4단계의 안내된 수행

  : 교사의 도움을 받아 학생 스스로 적용해 보는 전이 단계로 지속적인 피드백을 제공하는 것이 중요하고 잘못 사용하였을 때는 바로 수정해서 잘 할 수 있도록 주지하고 안내해주는 것이 중요하다.

- 5단계의 전략의 독립적 시행

  : 교사의 지원 없이 학생이 전략을 과제에 적용할 수 있는 기회를 제공하는 것으로 전략의 숙련과 독립적 수행을 위해서 많은 연습을 요구하는 단계이다.

- 6단계의 평가 및 일반화

  : 학생이 전략을 독립적으로 사용할 수 있는지를 확인하고 다른 환경에 전략을 적용할 수 있는 기회를 제공하는 것으로 과제의 난이도를 조정해 보는 것과 다른 과목에도 확대 적용하는 것이 시도되는 단계이다.

③ 학습 전략의 부재

학습 전략에는 학습 동기 전략, 기억 전략, 인지 전략, 상위 인지 전략, 읽기 전략, 노트 필기 전략, 시험 전략 등이 있는데 이를 크게 3가지로 나누어 볼 수 있다(McKeachie, Pintrich, Lin, & Smith, 1991).

| 표 4-5 | 학습 전략

학습 전략 분류		
인지적 전략	(1) 시연 전략	암송, 따라 읽기, 복사, 자구적 노트정리, 밑줄 치기
	(2) 정교화 전략	매개 단어법, 심상, 장소법, 의역, 요약, 유추 생성, 생성적 노트 정리, 질문-대답
	(3) 조직화 전략	결집, 기억조성법, 핵심 아이디어 선택, 개요화, 망상화, 다이어그램화
상위인지 전략	(1) 계획 전략	목표 설정, 대충 훑어봄, 질문 생성
	(2) 점검 전략	자기 검사, 시험
	(3) 조정 전략	독서 속도 조절, 재독서, 복습, 수검
자원관리 전략	(1) 시간 관리	시간표 작성, 목표 설정
	(2) 공부환경 관리	장소 정리, 조용한 장소, 조직적 장소
	(3) 노력 관리	노력에 대한 귀인, 기분, 스스로에게 이야기 하기, 끈기 가짐, 자기 강화
	(4) 타인의 조력	교사로부터의 조력 추구, 동료로부터의 조력 추구, 동료/집단 학습, 개인 지도

④ **기타 학습부진 아동을 돕는 전략들**(Daniel, 2011)

㉠ 능력이 아닌 노력을 칭찬하라.

㉡ 노력은 결실을 맺는다고 말해주라.

㉢ 실패를 학습의 자연스런 과정으로 여기라(예 : 에디슨-99번의 실패와 1번의 성공, 마이클 조던-9000번 공을 골대에 넣는 것을 실패했고 300번 게임에서 지는 경험을 했다. 내 인생은 실패하고 실패하는 과정이었다. 그래서 나는 성공할 수 있었다.).

㉣ 모든 학생이 학습 방법을 안다고 단정하지 마라.

㉤ 학습부진아들이 수업을 따라오게 하는 것이 장기적 목표다.

㉥ 학생들을 향한 믿음을 보여주라.

| 그림 4-10 | 학습부진 아동을 위한 활동 – 자기 이해 활동

학습 부진 아동들의 활동의 예

자기에 대한 이해 활동

1. 나는 어떤 사람입니까? (빈 칸에 솔직한 생각을 써 넣으십시오.)

	행 동 내 용		
1	나는	통역사가	되고 싶다.
2	나는	통역사가 되고	말겠다.
3	나는	모든일에 열심히	하겠다.
4	나는	끈기있게	하고 만다.
5	나는	놀 때	신이 난다.
6	나는	공부를 열심히	할 수 있다.
7	나는	포기	하지 않는다.
8	나는	[illegible]	하려 든다.
9	나는	평균 85점을	만들고 싶다.
10	나는	예수님을 [illegible]	믿는다.
11	나는	행복하는게 힘들다고	생각한다.
12	나는	통역사가	되겠다.
13	나는	내성적은 이름	예쁘다.
14	나는	쉬운일을	먼저 한다.
15	나는	게임할때	즐겁다.
16	나는	[illegible]	덤빈다.
17	나는	화가 나면	중단하지 않는다.
18	나는	그나마 착하고 [illegible]	사람이다.
19	나는	잃어버린것 잘	찾아낼 수 있다.
20	나는	그것을	견딜 수 있다.
21	나는	[illegible]	적극적이다.
22	나는	무조건	다짐한다.
23	나는	내가 한 일에	책임진다.
24	나는	무조건	물러서지 않는다.
25	나는	그것을	알아본다.
26	나는	그것을	읽어 본다.

| 그림 4-11 | 학습부진 아동을 위한 활동 – 공부 동기 활동

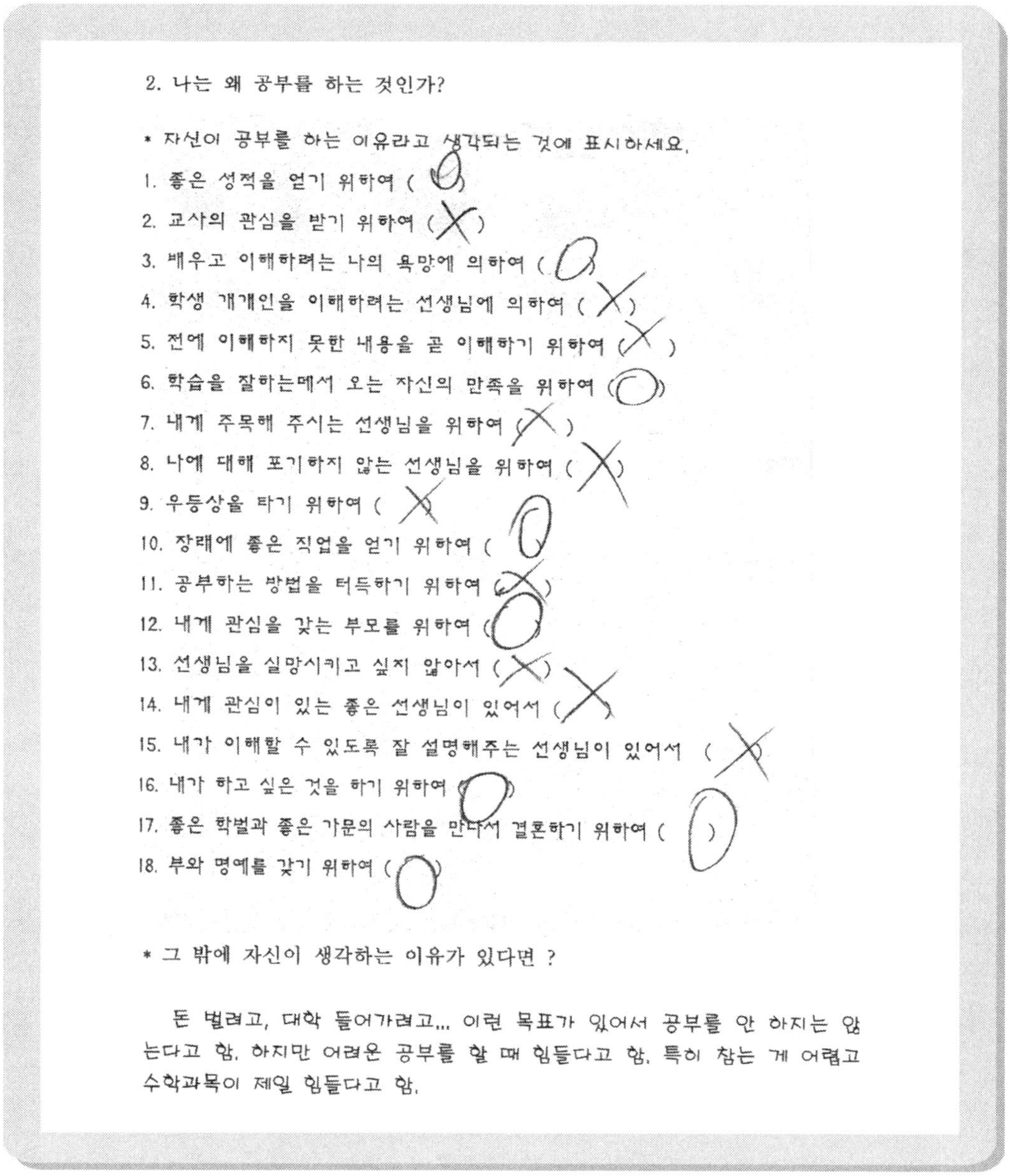

2. 나는 왜 공부를 하는 것인가?

* 자신이 공부를 하는 이유라고 생각되는 것에 표시하세요.

1. 좋은 성적을 얻기 위하여 (O)
2. 교사의 관심을 받기 위하여 (X)
3. 배우고 이해하려는 나의 욕망에 의하여 (O)
4. 학생 개개인을 이해하려는 선생님에 의하여 (X)
5. 전에 이해하지 못한 내용을 곧 이해하기 위하여 (X)
6. 학습을 잘하는데서 오는 자신의 만족을 위하여 (O)
7. 내게 주목해 주시는 선생님을 위하여 (X)
8. 나에 대해 포기하지 않는 선생님을 위하여 (X)
9. 우등상을 타기 위하여 (X)
10. 장래에 좋은 직업을 얻기 위하여 (O)
11. 공부하는 방법을 터득하기 위하여 (X)
12. 내게 관심을 갖는 부모를 위하여 (O)
13. 선생님을 실망시키고 싶지 않아서 (X)
14. 내게 관심이 있는 좋은 선생님이 있어서 (X)
15. 내가 이해할 수 있도록 잘 설명해주는 선생님이 있어서 (X)
16. 내가 하고 싶은 것을 하기 위하여 (O)
17. 좋은 학벌과 좋은 가문의 사람을 만나서 결혼하기 위하여 (O)
18. 부와 명예를 갖기 위하여 (O)

* 그 밖에 자신이 생각하는 이유가 있다면 ?

돈 벌려고, 대학 들어가려고... 이런 목표가 있어서 공부를 안 하지는 않는다고 함. 하지만 어려운 공부를 할 때 힘들다고 함. 특히 참는 게 어렵고 수학과목이 제일 힘들다고 함.

4) 주의력결핍 과잉행동장애(ADHD)

(1) 평가

① **면담(interview)**

가급적 모든 상황에서의 행동 상태를 보고 받는 것이 필요하다. 평가에서 부모 면담이

차지하는 비중이 제일 크다. 우선 부모와의 면담을 통해 아이의 발달력, 사회성, 학습능력, 가족기능 등을 알아본다.

㉠ 건강상태

ⓐ 임신부터 분만, 출산의 과정에서의 문제가 있었나?

ⓑ 신체적 검사에 대한 내용은 소아과나 가정의의 검사결과는 어떠한가?

㉡ 전반적 발달 과정과 학교 과정

ⓐ 운동발달, 언어발달, 배변 훈련 등의 과정에서 문제점이 있었나?

ⓑ 아이의 기질적 어려움이 있었나?

ⓒ 유치원이나 학교에서의 행동이나 적응, 학습 부분의 문제는 있었나?

㉢ 사회적 관계

ⓐ 친구나 형제, 친척, 기타 여러 사람들과의 관계 형성정도는 어떠한가?

㉣ 집이나 학교에서 행동문제

ⓐ 여러 환경에서 보이는 구체적 행동문제 양상은 어떤가?

㉤ 가족 기능

ⓐ 부모와의 애착 및 관계 형성 정도나 전체 가족이 어떻게 기능하고 있는가?

ⓑ 부모의 훈육 방법이나 가정에서의 행동양상들은 어떠한가?

㉥ 이전 치료 개입 정도

ⓐ 문제해결을 위한 시도로 어떤 치료나 접근들이 있었나?

아이와의 면담을 통해서는 아이가 자신과 자신의 문제 그리고 다른 사람에 대해 어떻게 인식하는가를 알 수 있으며, 가족이나 친구에 대한 정보와 다른 심리적 문제(성격이나 감정기능)가 있는지를 살필 수 있다. 면담시 보이는 행동에서는 일반적 상황보다 좋거나 스스로를 잘 조절하는 경우가 많다. 따라서 다른 활동을 통한 관찰이 바른 정보를 주기도 한다.

② 관찰(Observation)

여러 검사 과정을 통해 수행 태도와 행동양상을 볼 수 있다. 자리에 앉아있는 모습부터 주변 자극에 대한 반응, 몸 움직임의 정도, 검사시간에 따른 변화, 과제의 욕구 좌절에 대한 반응, 주의의 폭이나 선택적 주의집중과 유지 등을 알 수 있다.

③ 부모나 교사용 평가 척도

주의력결핍-과잉행동장애 아동의 경우 관심이 있고 없는 것에 따른 주의태도나 행동이 많은 차이를 보이며 환경이 얼만큼 구조화되고 강압적이냐에 따라 달라진다. 따라서 여러 경우의 행동 반응에 대한 보고를 받는 것이 중요한데 주로 늘 아이와 함께 하는 부모나 교사의 평가를 중시한다. 평가 척도(질문지)에는 여러 종류가 있는데 대표적인 것으로 아동 행동 체크리스트(CBCL)이다. 이는 주의력결핍-과잉행동장애 아동의 행동문제와 외현적, 내면적 문제, 또래 관계를 알아볼 있다. 하지만 가족관계의 문제를 다루지 않는다. 이외 코너의 부모 교사 평가 척도의 경우도 주의력결핍-과잉행동장애 아동을 위한 질문지로 상당히 알려져 있는데, 행동문제나 외현적, 내면적 문제를 다루었으나 또래와 가족문제는 포함하지 않고 있다. 이외의 여러 질문지에서도 이와 같이 또래와 가족 문제가 소홀히 된 경우가 많아 이 두 영역의 정보를 따로 체크해서 수집해야 한다.

학교 선생님의 정보가 중요한데 또래와 비교해서 학교에서의 최근 문제 정도와 아이의 수행정도를 파악하는데 큰 도움이 된다. 학교 정보가 부정확한 경우 많은 경우에 진단을 잘못 내릴 수 있다. 학교에서의 직접 관찰이 유용하나 불행히도 임상에 있는 사람이 가서 직접 살피는 것이 쉽지 않다. 따라서 교사의 관찰과 질문지를 통해 정보수집이 중요하다.

④ 심리검사 및 학업 평가

심리검사는 주의력결핍-과잉행동장애의 진단 평가에서 아주 중요하며 필수적인 부분이다. 지적 능력 외에 주의 폭, 시각 운동 기능, 연합능력, 충동성 조절, 단기 기억 등 다양한 인지 기능과 학업 수행 정도도 포함하고 있다. 지능은 개인이 다양한 상황에 얼마나 잘 적응할지를 예견해 주는 하나의 능력에 해당된다. 지능이 평균 이하의 경우는 그렇지 않은 경우에 비해 계속적으로 학업과 사회생활이 복잡해지면서 쉽게 좌절된다.

지능검사에서는 주로 소검사들의 수행차이나 능력을 보면서 청각적, 시각적 주의집중의 문제를 찾아낸다. 또 다른 도구로 컴퓨터 프로그램을 이용한 연속적 수행검사(Continuous Performance Tests, CPT)나, TOVA, 고돈 진단 체계, 주의력 장애 진단 시스템(ADHD Diagnostic System, ADS), CAT 등이 활용되고 있다. 이들 검사는 같은 연령대의 정상아들과 비교해서 수행 정도를 알 수 있으며, 시각, 청각의 부주의와 충동성의 특성을 식별하는 객관적인 평가들이다.

투사적 검사를 통해서는 성격과 감정 등의 내면적 상태를 알아보며, 자신이나 가족 또래 관계 등의 인식이나 갈등 정도를 파악할 수 있다. 같은 실패상황에서도 좌절을 잘하는 아이가 있는 반면 쉽게 잊어버리고 상관없이 긍정적으로 사는 아이도 있다. 좌절 극복이 어려운 아이들은 불안, 우울 등의 문제를 갖기 쉽다. 따라서 이들의 경우 이러한 부분의 심리적 치료가 병행되는 것이 필수이다.

주의력결핍-과잉행동장애의 25% 미만이 학습 장애를 보이므로 읽기, 쓰기, 수학에서의 학습장애적 특징이 없는지 살피는 것이 중요하다. 의심되는 경우 학습 평가를 병행한다. 많은 주의력결핍-과잉행동을 앓고 있는 아이들이 한 두 과목의 기초 과목에서 낮은 수행을 보인다고 한다. 이들의 수행이 평균 이하를 보인다면 직접적 개입을 통해 학습 능력을 향상시키도록 도와야 한다(Colette Souve, 2004).

(2) ADHD 특성

① **주의력 문제**

- 주의 선택의 문제와 지속적 주의의 문제

② **지각 운동 결함**

- 행동은 많으나 민첩성이 떨어짐
- 구두 지시를 잘 따르지 못함
- 전반적인 미세 운동 협응이 어려움
- 읽기 속도와 시각 운동 협응의 일치가 어려움

③ **인지적 특성**

- 자극에 대한 높은 반응성(즉흥성, 비일관성)
- 새로운 문제해결 습득의 문제
- 상위 수준의 개념화 문제
- 우연적이거나 변덕스러운 책략 사용
- 주의의 어려움으로 기억의 어려움(단 전략에 대한 학습이 이루어지는 경우 기억의 문제 해결되기도 함)
- 전략 동원을 의식적으로 하지 않음(노력을 최소한으로 줄이는 시도)
- 쉬운 과제수행 능력 탁월, 복잡해지면 저하
- 정보의 누락 대치
- 감각적이고 새로운 자극에 대한 관심
- 익숙하고 반복적인 과제 수행 저하
- 신속하고 빠른 정보처리
- 강화의 효과 제한적
- 비체계적 검열
- 원리와 규칙 발견의 곤란
- 계획, 집행의 조직화의 어려움
- 복잡한 단계를 거치는 추론 문제해결 곤란
- 피상적 수준의 정보처리
- 확장적 사고
- 판단과 행동의 불일치
- 자기 평가와 감찰적 시도의 결핍
- 욕구적 감정적 문제해결

④ **학습에 주는 영향**

- 읽기에서 생략 대치 등의 오류 많음
- 철자 교정 등 가능
- 말하기가 조리없이 표현되나 부주의, 계획성 부족, 계열적 처리 능력의 결함 및 확장적 사고 경향과 관련 높음

(3) ADHD 치료

ADHD 아동의 치료에 어떤 단 하나의 기적의 치료 방법은 없다. 또한 대다수의 주의

력결핍-과잉행동장애는 완치도 없다. 중요한 것은 주의력결핍-과잉행동장애가 효과적으로 조절될 수 있다는 것이다. ADHD 치료는 부모상담, 약물치료, 인지-행동치료, 심리 치료, 사회성 치료, 주의력 훈련 등이 있다.

① **부모상담 및 부모교육 프로그램**

평가 후 진단에 대해 부모는 바른 지식과 정보, 의견을 듣거나 나누어야 한다. 평가 결과가 무엇을 말하는지 문제 정도와 성질을 이해하고 받아들일 수 있도록 도와야 한다. 평가의 목적은 자녀에게 진단을 붙이려는데 있는 것이 아니라 아이의 문제를 바로 보고 올바르게 도와주는데 있다. 먼저 부모는 아이의 문제가 아동의 생리학적인 문제에 기인한다는 것을 이해하는 것이 중요하다. 이는 부모가 느끼는 죄책감을 감소시키고 아이의 행동을 다루는 다른 방법을 생각해보게 한다.

또한 단순히 부모나 가족 상담에 그치지 않고 체계적인 부모교육 프로그램을 통해 ADHD 아동을 돕는 방법을 배운다. 부모교육 프로그램은 다음과 같은 내용을 포함한다. 부모의 양육기술과 아동의 문제 행동을 다루는 능력기르기, 아동기 반항 행동의 원인과 그러한 행동의 사회학습 기저에 있는 원리, 개념들에 관한 부모의 지식을 증가시키기, 부모의 지시와 명령, 규칙에 대한 자녀의 순종을 향상시키기, 부모가 자녀에게 더 많은 긍정적인 관심을 보이고 적절한 행동 결과들을 제시함으로써 가족 간의 조화를 증대시키기 등이다(안정현, 김세실, 1997).

② **약물치료**

신경생리학적 문제로 인해 생긴 주의력결핍-과잉행동장애의 아동은 저자극되어져 있는 각성상태를 스스로 높이기 위해 늘 외부의 강한 자극을 향해 나아간다. 따라서 주로 산만하고 주의가 자꾸 바뀌며 집중하여 오랜 시간 유지하거나 선택적으로 주의를 집중하는데 어려움이 있으며, 충동성으로 흥분된 행동 방식을 보여 먼저 생각하고 행동하기가 힘들며 규칙 이행에 어려움이 있다. 또한 비일관적인 감정이나 행동이 많아 예측불허한 경우가 많고, 보상에 대한 인식과 행동 변화에 대한 동기가 적어 행동 변화가 효과적이지 못하다. 주로 사회심리적 치료만으로 충분하지 않거나 증상 및 지장이 심하고 비약물치료를 거부하고 중등도 이상의 증상 및 지장을 가질 때는 약물치료를 권한다. 하지만 학령전기 아동의 경우는 약물치료를 우선으로 하지 않는다. 여러 약제가 처방되지만 가장 효과가 좋은 것은 중추신경자극제(각성제)인 덱스트로암페타민, 베칠페니데이트, 두 계열의 약물과 최근 비각성제로 개발된 아토목세틴이 있다.

대부분 각성제는 효과가 빠르게 나타난 30~45분 정도면 아동의 행동 변화를 가져오나 지속시간이 3~5시간 정도여서 하루에 2~3차례 복용을 해야 한다. 약물의 부작용으로는 수면장애가 가장 많으며 다음으로 식욕부진이다. 그 외 두드러기 증상, 약간의 복통, 두통 등의 부작용이 있다. 약물 사용을 중지하고자 할 때 의사와 의논해서 방학동안(2주 정도) 약물없이 지내는 모습을 보거나 약물 투여 시간의 변화를 검토해 보는 등의 조정기간을 갖는 것이 필요하다. 부모들이 마음대로 약을 끊거나 복용량을 결정하려는 태도를 견제하고 충분히 의사와 합의해서 따르도록 권고해야 한다.

③ 인지행동치료 방법

생리학적인 문제를 돕기 위해 약물치료 외에도 인지-행동적 기법들을 병행한다. 약물을 통해 행동수준이 안정적이 되면 부모가 아이에 대해 더욱 긍정적 반응과 시각이 많아져 아이에게도 큰 도움이 되기도 한다. 이와 동시에 아이가 스스로를 조절할 수 있는 힘을 길러주기 위한 행동수정 기법이 활용된다. 이를 통해 아이는 조절력을 배울 수 있고 주의력 결핍이나 과잉행동을 통제해 나갈 수 있게 된다. 이것이 아이의 문제의 완치를 의미하지는 않는다. 하지만 향상을 보여주고 계속적으로 발생할 수 있는 이차적인 문제들을 막을 수 있는데 큰 도움이 된다.

ADHD 아동에서 보이는 충동적인 행동문제를 줄이기 위해 행동억제력을 연습한다. 행동억제력이 떨어지는 아동은 옳지 않은 것을 옳은 것으로 고르는 아이들 혹은 수학 부호 혼돈, 주의 산만, 자신에게 익숙한 요소만 가지고 상황 판단하려는 모습이 있다. 이와 관련된 훈련 프로그램으로 가라사대 게임이 있다. 이 밖에도 ADHD 아동의 자기 통제력을 기르기 위해 자기 지시 훈련을 실시한다.

④ 심리 치료

문제가 오랫동안 방치되면 갈수록 다루기가 힘들며 심각해지는 경향이 많다. 아동의 부정적 행동으로 말미암아 주위와는 계속 갈등을 겪고 이는 자기에 대한 부정적 인식을 쌓게 한다. 학업에서는 계속적으로 주의에 실패하여 실력을 향상시켜나가는데 곤란을 느끼게 되어 학습무기력증과 같은 무력감을 갖게 된다. 이로 인해 낮은 자존감과 정서적 부적절감, 불안정성을 경험한다. ADHD 아동의 25% 정도가 우울이나 불안 장애를 동반하는 것으로 알려져 있다. 이들의 문제가 심화되지 않도록 정서적 지원을 돕는 것이 필요하다.

또한 ADHD 아동들의 감정 조절의 어려움을 돕기 위해 분노 조절 훈련을 실시한다. 주의력이 떨어지는 아이들 중에 충동적인 감정 반응이 많다. 이는 전전두엽 활동이 활발하지 못하면 화내고 이성 잃기 쉽기 때문에 나타난다. 이들을 위한 행동 전 미리 생각하기 훈련은 매우 필수적으로 요구된다. 생각하기 훈련으로 문제해결력을 배운다. 분노조절을 위해 이완훈련, 타임아웃, 긴장 풀리는 장소로 이동하기 등의 방법을 제시한다.

⑤ 사회성 치료

ADHD 아동이 보는 또래 관계의 어려움은 대인 동기는 높은데 비해 대인 기술 즉 사회적 기술 결함에 있다고 본다. 타인에 대한 눈치가 적고 자기 중심적으로 타인에게 다가가는 행동이 많아 거부되면 자기를 싫어하는 것으로만 왜곡되게 생각해서 학년이 올라갈수록 피해의식만 증가하는 모습이다. 이들은 사회적 행동의 결함을 보이므로 구체적인 대인 관계 기술을 배워서 친사회적 행동을 습득하도록 돕는 것이 필요하다. 따라서 사회적 지식 결함에 대해 직접 개입하고 부적응적 사회적 행동을 적응적 행동으로 대체하기 위한 직접 교수를 하면서 실제적인 모델링을 보여주며 행동 시연 등을 사용해서 새로운 기술을 배우도록 돕는다. 사회적 행동에 대한 적절한 자극 통제를 위해 타인의 언어적 비언적 사회적 단서들이나 감정들을 변별하고 이해하는 방법을 가르친다. 새로운 문제해결 상황에서 적극적이고 적절한 반응을 하도록 사회적 문제해결 방법에 대한 구조화된 절차를 배우도록 돕는다. 구체적 사회 장면에 대한 사회적 추론 학습으로 문제해결에 대한 사고능력을 기르고 실제 친구관계를 맺음으로써 관계에서 발생하는 상호작용의 모습이나 감정 조절, 갈등 및 스트레스 다루기 등을 통해 새로운 기술을 배우도록 돕는다.

⑥ 주의집중 훈련

인지학습치료에서 실시하는 주의집중 훈련은 주의집중 자체를 훈련시킬 수 없고 무엇에 관한 주의집중 행동을 훈련시키는 것이다. ADHD 아동에게서 보이는 주의력의 2가지 문제 선택적 주의집중(selective attention), 지속적 주의집중(sustained attention)을 돕는다. 이들 주의집중의 기능에는 시각적 주의집중과 청각적 주의집중이 있다. 선택적 주의집중 중 시각 주의력이 떨어지면 공부의 기본이 되는 글을 정확하게 읽고 이해하는 것이 힘들어서 책에 주의집중이 어렵다. 이를 극복하기 위해 하는 활동으로 숨은 그림 찾기, 달라진 곳 찾기 등이 있다. 선택적 주의집중 중 청각주의력이 떨어지는 것은 필터링의 문제 때문이다. 집중해야 할 소리와 그렇지 않은 소리를 적절하게 걸러내지 못하는 게 문제이다. 그래서 학교 수업에 멍해지거나 바깥의 다른 소리나 친구들의 이야기에 가만히 앉아 있기 힘들 수 있다. 이를 최소화시키기 위한 활동으로 특정 단어 듣고 박수치기, 문장 듣고 말하기, 이야기 듣고 틀리게 말한 곳 찾기, 시 듣고 그림으로 표현하기 등을 수행한다.

5) 자폐스펙트럼 장애

(1) 평가

① 평가에 포함되어야 하는 내용들

자폐스펙트럼 장애의 진단 및 감별 진단을 위해서는 다음의 내용을 포함해서 살펴야 한다.

| 표 4-6 | 개월별 자폐스펙트럼 장애 진단 및 감별

개월 수	행동 특성
24개월 이내	• 자신의 즐거움을 타인과 공유하기 • 주의끌기(보여 주기) • 다른 사람의 신체를 도구로 사용하기 • 다른 아이들에 대한 흥미 • 인사/사회적 상호성 • 목소리에 주의를 기울이기 • 가리키기(pointing)와 제스처의 이해
36개월 이내	• 다른 사람의 신체를 사용하기 • 목소리에 주의를 기울이기 • 가리키기
36~61개월	• 사회적 상호작용을 조절하는 비언어적 행동

자폐스펙트럼 장애를 진단 및 감별진단을 하기 위해 구조화된 상황에서 관찰하는 것도 필요하다. DSM-5 진단기준인 사회적 의사소통과 사회적 상호교류, 상동적 행동양상은 어떤 모습인지를 살펴본다. 기타 환경의 변화에 대한 적응 방식, 외부 자극에 대한 혼돈스러움, 민감하거나 관심이 있는 영역, 치료에 이용될 수 있는 강점이나 독립된 능력 점검 등을 알아본다.

② 면담법

자폐성장애진단면담(Autism Diagnostic Interview)이 있다. 자폐스펙트럼 장애의 주요 특성들을 평가하는 반구조화 면담법이다. 사회성 및 의사소통장애 진단면담(Diagnostic Interview for Social and Communication Disorder)을 함께 사용하기도 한다.

③ 관찰법

행동관찰척도나 아동기자폐평정척도를 통해 면담, 부모나 교사의 보고, 임상적 관찰을

기본으로 전문가가 평가한다. 부모가 하는 진단용 체크리스트에는 이화자폐아동행동발달평가도구(CLAC-II), 자폐성장애유아선별 부모용 간편체크리스트가 사용된다.

④ **교육적 평가**

언어적 평가에서 어려움을 보여서 발달학적 기능과 이상을 평가하기 위해 고안된 도구 중 하나로 심리교육진단검사(Psychoeducationl Profile)가 있다. 모방, 눈-손 협응, 언어 및 비언어적 인지와 같은 기본적인 발달기술을 특정하기 위한 구조적인 과제들로 구성되어 있다. 진단적 추론은 물론 평가 내용을 중심으로 치료 프로그램을 구성하는데 도움을 준다.

(2) 자폐스펙트럼 장애의 연령별 특성

① **영유아기**

발달에서 신체 발달에서 큰 차이는 잘 보이지 않은데 비해 언어 발달에서 말이 늦고 제스처 등의 비언어적 행동을 잘 하지 않은 모습을 보인다. 특이 행동으로 상동증 행동이나 이상한 자세들이 나오고 사물을 부적절하게 사용하며 이상한 놀이를 하기도 한다. 특정 물건에 대한 지나친 애착을 보이고 물건이 돌아가는 것에 대한 이상한 시각적 관심을 보이기도 한다. 사회적 상호작용에서 모방을 잘 하지 않으려 하고 눈을 맞추지 않고 관계 맺으려는 시도가 적다. 안기는 것을 좋아하지 않고 혼자 놀려한다.

② **학령전기**

두드러지게 눈맞춤을 꺼리는 모습을 보이고는 장기기억으로의 전이과정인 작업기억(working memory)에서 결함이 있는 것으로 나타났다. 여기에는 주의, 전략사용, 실행기능 등 많은 과정에서의 결함을 포함하고 있다. 주의에서 감각 기억 단계에서 특정 자극에 주의를 기울이고 이를 선택하는 능력이 부족하다.

효과적인 인지전략을 사용하는 데 제한이 많아 전략을 자발적으로 선택하거나 모니터하지 못하고 일반 아동들보다 늦게 상위인지를 발달시키는 모습을 보인다(김태련, 2003).

학업성취에 있어서도 관찰이나 모방을 통해 배우는 모방학습이나 우연의 학습 능력이 많이 떨어진다. 따라서 일반 아동들이 교사의 가르침이 없어도 스스로 아는 내용에 대해서도 이들에게는 교사가 직접적이고 세부적인 교수로 가르쳐야만 한다.

하나를 배우면 아무데로 적용하려는 과도한 일반화와 혹은 배운 내용을 다른 상황에 적용하는 것을 어려워하는 일반화 부족의 모습을 보인다.

언어면에서는 언어발달지체와 비정상적인 패턴을 보이는데 조음문제를 많이 보인다. 하지만 대부분 발달 속도가 느릴 뿐 정상적인 언어발달을 보이고 있다.

학습 동기가 높지 않아 처음부터 동기가 없는 아동도 있지만 계속적인 실패가 누적되면서 학습에 대한 흥미를 잃고 해도 안 된다는 생각에 하고자 하는 의욕을 잃는 모습을 보인다. 거기에 주변사람들이 도와주어 대신 해주는 경우가 증가하면서 빈번하게 '학습된 무기력(learned helplessness)'의 상태가 된다.

③ 학령기

사회적 기술 결함이 많다. 예를 들면 부적절한 얼굴 표정, 신체접촉, 상황과 대상에 맞지 않는 대화, 대화시 감정 이입이 안 되는 것, 사회적 인지가 떨어지는 것, 이러한 문제로 다른 사람의 관점을 봐야 할 상황에서 상대이해능력이 떨어진다. 사회적 인지가 부족한 것은 인지 결함이 원인이 되기 때문이다. 남의 관점으로 볼 수 있는 능력은 비록 점진적이나 정상 아동과 같은 순서로 발달한다. 친구들과 다르다는 것을 인식하고 빈약한 자아개념을 형성하게 되는 경우 사회성 발달에 더욱 부정적 영향을 미치게 된다.

④ 청소년기

행동문제는 일반 아동에 비해 3~4배 더 많이 보인다. 이는 신경학적인 원인으로 인해 ADHD와 같은 질병이 동반하여 나타날 수 있는 가능성이 많기 때문이다. 또한 행동문제로 사회적 고립이 되면 적절한 사회기술 학습의 기회가 박탈되며 이로 인해 다시 행동문제가 발생된다. 이러한 행동문제는 연령이 증가하고 지적장애의 정도가 심할수록 더욱 증가하는 양상을 보인다.

반면 정신장애 진단은 내려지는 경우가 많지 않은데 우선 이들의 의사소통 결함으로 정확한 진단을 내리기에 어려움이 많기 때문이다.

과거에는 행동문제나 사회적 기술 문제가 단순히 지적장애 증상의 일부로 보아왔으나 현재는 지적장애의 고유한 부분일 수도 있고 아닐 수도 있다는 주장이 나오고 있다.

(3) 자폐스펙트럼의 치료

자폐스펙트럼 장애 아동을 돕는 대표적인 방법은 직접교수법이다. 가르쳐야 하는 내용을 교사가 직접적으로 알려주는 방식이다. 정서중심의 놀이치료보다는 행동수정방법으로 응용행동분석(ABA)이 가장 효과적인 프로그램으로 알려져 있다. 학업과 관련해서 자폐스펙트럼 아동을 위한 특별한 교육과정은 존재하지 않지만 이들의 장애 특성에 따라 강점을 강화하고 약점을 보완하는 개별화된 지원을 통해 도움을 줄 수 있다. 또한 이들의 취약한 사회성을 돕기 위해 사회적 관계의 모든 측면을 돕는 내용 즉 일상생활 기술, 자조기술, 기능적 의사소통 기술, 사회적 상호작용기술 등을 배우도록 돕는다. 여기서는 자폐스펙트럼 장애 아동을 돕는 ABA와 사회성 그룹치료에 대해 간략하게 설명해보고자 한다.

① ABA(Applied Behavior Analysis)

행동주의의 한 방법으로 ABA에서는 행동의 원인을 '그 사람을 둘러싼 환경'에서 찾고자 한다. 행동에 앞서 촉발된 원인의 환경을 이해하고 그런 환경을 변화시킴으로써 이어지는 행동과 결과를 바꾸고자 한다. ABA에서는 마음이나 인지, 의식을 무시하거나 부정하기보다는 마음이라고 부르는 것을 행동으로 파악한다. 감정과 생각을 나타내는 관찰가능하고 조작가능한 환경 요인을 분석한다. 이렇게 분석한 결과를 토대로 기분이나 감정을 이해하려 한다.

ABA를 기반으로 하는 프로그램은 우선 각 아동에 겪는 문제를 해결하기 위한 구체적인 행동을 정리한다. 그런 다음 현재 목표 행동 달성도, 전체적인 발달 상태, 장애정도, 좋아하는 활동, 학습 상황, 교수 환경 등의 다양한 정보를 수집한다. 이러한 내용을 바탕으로 아동의 문제 행동을 줄여가는 프로그램의 기초선(baseline)을 만든다.

아동에게 바람직한 행동을 증가시키기 위해서는 보상하는 개념을 강화(reinforcement)라 한다. 좋아하는 물건이나 활동을 강화제(reinforcer)라고 하고, 반대로 바람직하지 않은 행동을 줄이기 위해서 사용하는 개념은 약화 또는 벌(punishment)이라고 부른다. 이 때 사용하는 활동이나 물건을 혐오제(punisher)라고 한다. 행동주의 기법에서는 이 2가지를 활용한 4가지 원리가 있다.

| 표 4-7 | 행동기법 4가지 원리

바람직한 행동 증가시키기 위한 강화	행동 다음에 강화제 제시하기
	행동 다음에 혐오제 소거하기
바람직하지 않은 행동 줄이기 위한 벌	행동 다음에 혐오제 제시하기
	행동 다음에 강화제 소거하기

ABA는 행동에 앞서 선행사건과 행동 후에 나타나는 결과를 연결해서 생각하는 'ABC 분석'을 따른다. A(Antecedent)는 선행사건으로 행동을 촉발시키는 원인이 되며 아이들의 문제행동의 원인은 아이마다 다르다는 입장에서 각 아이의 환경요인을 제대로 분석하는 것을 강조한다. B(Behavior)는 행동으로 행동이 어떤 모습으로 나타나는지(예를 들어 회피하는지 관심을 끄는 행동을 하는지 공격적으로 행동하는지 등)를 살핀다.

C(Consequence)는 결과로 행동으로 얻게 되는 것이다. ABC 분석은 선행사건을 재정비하여 원하는 행동을 불러일으키도록 돕고, 원하는 행동이 나왔을 때는 그 행동의 결과를 잘 유지해가도록 돕는 방식이다.

② 사회성 그룹 치료

㉠ 사회성이란?

사회성은 주어진 사회적 상황에서 사회적으로 수용되고 가치를 부여받고 있는 적절한 방법으로 타인과 효과적으로 상호작용하는 능력을 말한다. 또한 개인적 차원에서 유익할 뿐만 아니라 상호 유익하고 특별히 상대를 배려하고 유익한 방법이다(Combs & Slaby, 1977).

사회성(sociality)의 사전적 의미를 살펴보면 '사회생활을 하려고 하는 인간의 근본 성질'로 정의된다. 사회적 능력은 사회적 기술과 적응행동이 포함된 용어이다. 적응행동이 자기 충족과 독립적 기능에 초점을 두는 반면 사회적 기술은 대인관계 기능과 사회적 수용에 초점을 두는 경향이다. 또한 사회적 능력은 특질로, 사회적 기술은 행동으로 볼 수 있다. 사회적 능력은 사회적 과제가 유능하게 수행되었는지의 여부에 대한 판단에 근거한 평가이고, 사회적 기술은 유능한 수행이 요구되는 특정 사회적 상황에서 나타난 행위이다.

효율적인 사회적 행동은 쉬운 일이 아니며 사회적 행동에 대한 훈련과 경험이 없는 아동들에게 사회적 행동을 자연스럽고 효율적으로 행하는 것이 결코 쉬운 일이 아니다. 특히 정서적으로나 행동적인 결함을 가진 아동은 더욱 그러하다. 정상적인 아동일지라도 상황에 따라 언제 어디서 누구에게 특정한 기법과 자세로 행동해야 할 것인지에 대한 분명한 태도를 갖는 것은 쉬운 일이 아니다.

성공적인 사회적 상호작용은 언어적 이해뿐만 아니라 다른 사람의 비언어적 행동을 지각하여 바르게 이해하는 능력에 달려 있고 또한 이러한 행동에 적절히 반응하는 감수성에 달려 있다.

사회성이 발달되었다는 의미는 주어진 상황에서 적재적소에 적합한 사회적 기법을 활용할 수 있는 능력을 갖추고 있다는 의미를 지닌다. 일반적으로 사회성을 지닌 사람의 특징으로서는 다음과 같은 점들을 지적할 수 있다.

- 사회적으로 적절한 행동을 정확히 지각하고 어떤 기법을 활용할 것인가를 알고 있는 사람
- 사회적 상황을 정확히 지각하고 어떤 기법을 활용할 것인가를 알고 있는 사람
- 다른 사람들로부터 얻은 정보를 정확히 해석하고 의미를 이해하는 사람

- 사회적 기법에 걸맞는 정확한 언어와 비언어적 반응을 하는 사람
- 사회적 피드백에 민감한 사람
- 사회적 관계를 증진시키기 위해 적절하게 피드백을 통합할 수 있는 능력을 가진 사람

아동의 경우 지적으로나 정서적으로 한계가 있기 때문에 이러한 사회적 기법을 적절한 상황에 적합하게 적용할 수 있는 능력에도 한계가 있기 마련이다. 특히 스트레스를 주는 상황에서나 평소 경험하지 못하고 예견치 못한 상황에서는 더욱 적절하게 대처할 수 있는 능력에 한계를 가질 수 밖에 없다.

일반적으로 아동들에게 사회성을 개발시키는 훈련을 하는 핵심은 아동들로 하여금 대안적 행동(alternative behavior)을 습득하게 하는 데 있다. 그리고 아동으로 하여금 새로운 상황이나 새로운 대상자들에게 적용할 수 있는 대안적 행동을 스스로 익히고 활동할 수 있는 동기를 유발시켜주는 일이 매우 중요하다.

사회적 능력의 위계에서 상위의 능력은 하위의 능력에 의해 영향을 받게 된다. 두 개의 큰 능력 수준이 담겨 있는데 그 첫째가 '사회/의사소통적 기술'로서 가장 중요한 핵심적 요소이다. 여기에는 언어, 인지, 정서, 운동능력이 포함된다. 이러한 각각의 하위능력들이 통합되어 나타난 사회/의사소통적 기술은 사회적 맥락 내에 존재하는 사회적 과제 즉 대인간 문제를 해결하는데 사용된다. 둘째는 '사회적 전략'으로 사회/의사소통기술들이 통합, 조직, 계열화되어 후속적으로 나타나는 능력이다. 사회적 전략은 또래관계에서의 사회적 능력에 지대한 영향을 미치게 한다.

㉡ 사회성 내용

ⓐ 자기 이해 : 자신의 신체상이나 자신의 강점, 약점 등을 아는 것

ⓑ 타인 이해 및 공감

- 사회적 관계에서의 타자의 입장 이해하기
- 사회적 눈치(social cues) 기르기
- 언어적, 비언어적으로 또래와 같이 느끼기

ⓒ 사회적 인지 : 사회적 장면에 대한 이해(원인, 결과, 추측, 문제해결 방법 등)

ⓓ 사회적 기술 : 한 개인이 주어진 상황에서 다른 사람과 긍정적이고 효과적인 상호작용을 통하여 균형과 조화를 유지하는데 요구되는 구체적인 행동 기능

㉢ 사회성 문제

사회적 기술의 부족으로 인해 반사회적 행동을 표출하는 아동들은 그들의 또래 뿐만 아니라 성인과의 사회적 관계를 형성하는데도 실패하게 된다. 또한 사회적 기술의

결함이나 부족은 또래들로부터 거부되고 고립되는 결과를 가져온다. 사회적 기술 결함과 관련되어 나타나는 다른 행동들은 사회적 위축, 사회적 공격성, 우울증, 정신분열증, 신경증 등을 유발한다는 것이다.

사회적 기술 결함이나 부족에 따른 다양한 문제행동은 아동의 적절한 사회적 관계 형성을 방해할 뿐만 아니라 학업성취에도 매우 불리하게 작용하게 된다. 특히 본격적인 사회화가 발달하는 초등학교 아동의 경우 연령에 적합한 사회적 기술을 획득하는 것은 매우 중요한 과제가 될 것이다. 이 시기에 획득해야 하는 사회적 기술 가운데는 다른 사람과 협력하는데 필요한 기능, 자기 의견을 다른 사람에게 적절하게 표현하고 전달하는 데 필요한 기능, 자기의 감정이나 행동을 상황에 적절하게 나타내는데 필요한 기능 등은 매우 중요한 과제이다.

㉣ 사회성 결함의 원인

ⓐ 외적 요인

- 아동 학대 • 방임 • 성 학대 • 고독감 • 의존성
- 공격적이고 반사회적 행동 • 학습능력 부족과 학업실패 • 비행

ⓑ 내적 요인

- 기능결함
  - 또래와 적절하게 상호작용하는데 필요한 사회적 기술을 가지지 않아 상호작용하는 방법을 알지 못하거나 성공적으로 상호작용하는데 필요한 행동을 통합할 수 없는 것
- 수행결함
  - 효과적인 사회적 상호작용을 위한 사회적 기술을 가지고 있지만 이러한 기능을 적절한 수준에서 수행하지 못하는 것
- 자기통제 결함
  - 충동적이거나 공격적인 사회적 행동을 억제하는 적당한 행동 통제가 부족한 것
  - 이들의 일차적인 곤란은 사회적 상황에 대한 그들의 충동적 반응이 효과적인 사회적 상호작용과 또래수용을 방해한다는 것
    (자기통제 기술 결함, 자기통제 수행 결함)

㉤ 사회성 평가

ⓐ **행동적 분류 :** 사회적 기술의 부족한 양상에 의한 분류

- 사회적 지식이 부족한 아동
  - **하위 1단계 :** 또래 상호작용에 대한 적절한 목적을 인식하지 못하는 아동들

– 하위 2단계 : 사회적으로 적절한 목적에 도달하는데 필요한 행동전략의 지식이 부족한 아동들
– 하위 3단계 : 어떤 상황에서 어떤 행동전략이 적절한 것인지에 대한 지식이 부족한 아동
• 연습이나 피드백의 부족으로 문제가 된 아동
• 문제행동으로 인해 사회적 기술의 획득이나 수행을 방해받는 아동

ⓑ 사회측정적 분류 : 또래 지명법, 평정 척도법, 또래 행동 기술법

ⓒ 행동적 분류와 사회측정적 분류의 통합

ⓑ 사회성 그룹 활동 내용

ⓐ 사회성 기술 개발 실천 훈련 단계

• 상황을 명확히 진단한다.
• 사회적 상황과 단서를 인식한다.
• 적절한 언어 및 효과적인 비언어적 행동을 한다.
• 사회적 피드백을 수용하고 통합한다.
• 감정 및 행동을 잘 절제하고 조정한다.
• 충분히 이해할 수 있는 사회적 행동을 한다.

ⓑ 사회성 기술 훈련의 예(Dowd & Tierney, 2005)

사회적 기법은 영원히 불변하는 것이 아니다. 사회적 상황과 시대적으로 특별한 환경과 상황적 요구에 따라 다양하게 대처해야 하는 일련의 사회 행동이다. 이러한 기법들은 개인적 차원에서 개인에게 유익한 결과를 가져와야 하지만 반드시 사회적으로 수용될 수 있는 규범내에서 또는 다른 사람들에게 반응하는 상황에서의 행동과 관련이 된다.

사회성에 문제가 있는 아이들은 일반적으로 대인관계에서 긍정적인 관계를 맺는데 어려움을 가지고 있다. 긍정적이고 긴밀한 관계는 행동이나 가치 그리고 취미 등이 서로 유사하여 진정으로 만남이 즐겁고 유익하다고 상호 느낄 때 가능하다. 관계성과 관련된 태도와 행동은 정직성, 민감하고 예민한 감수성, 타인에 대한 관심, 유머감각, 신뢰감, 그리고 남의 말을 들으려는 의지와 자세 등이다.

친구들이 좋아하는 행동과 싫어하는 행동을 통해 친사회적 행동과 반사회적 행동을 구분해서 행동하도록 돕는다.

〈친구들이 좋아하는 행동〉

- 조용하고 즐거운 음성
- 도움을 청하거나 도움을 주는 행동
- 농담, 긍정적 피드백, 공정한 태도
- 무엇을 할 것인지 어떻게 할 것인지를 친절하게 설명하는 태도
- 이유를 명확히 설명하는 태도, 열중적인 모습
- 정중한 태도, 미소, 올바른 지적

〈친구들이 싫어하는 행동〉

- 아동의 잘못만을 지적하거나 탓하는 행동
- 화내는 태도, 부정적 피드백
- 이해의 부족이나 이해하지 않으려는 태도
- 불친절, 불유쾌한 행동, 나쁜 태도
- 불쾌한 신체적 접촉, 모독하는 태도
- 모욕하고 못된 말, 말할 기회를 주지 않는 태도
- 소리 지르는 행동, 변명하거나 비난하는 행동
- 물건을 던지거나 부수는 행동

기타 관계성 개발을 위한 기법들에는 감사의 표현하기, 칭찬이나 경의 표현하기, 칭찬 수용하기, 비판 수용하기, 다른 사람과 대화하기 등이 포함된다. 관계 개발 프로그램의 예를 살펴보면 다음과 같다.

| 표 4-8 | 관계 개발 프로그램

관계 개발 프로그램
• **단계** 1 : 아동의 사회성 욕구진단 – 욕구진단 검사, 관찰, 참여기법, 면접법 등 • **단계** 2 : 사회성 치유 프로그램 • **단계** 3 : 사회성 자율 프로그램

자폐스펙트럼 아동의 경우 사회성 그룹 활동에서 구체적인 사회적 상황을 추론하는 인지 활동과 직접 친구를 사귀면서 구체적 사회적 기술을 배우는 경험을 통해 사회성 능력을 기른다. 사회경험의 확대를 위해 경험할 기회를 부여하고 반복해서 설명해준다. 놀이에서는 신체 놀이, 어른과의 놀이 등을 시도하면서 신체 접촉의 경험을 증가해간다. 다른

사람들과 지낼 때 필요한 기본적 예절로 인사하기, 식사예절, 차례지키기, 교통 법규 지키기, 기다리는 법 등을 배운다. 외출 경험 연습이나 짧게 여행 가 보는 것도 계획해서 시도하는 연습도 한다.

3 치료 사례

1) 의뢰

초등학교 2학년 남자아이 정후는 학교에서 돌아다니고 친구들과 장난을 치다가 싸움이 되는 등 가만히 있지 못하며 수업 분위기를 흐트러뜨린다고 담임선생님이 ADHD가 아닌지 의심된다고 검사 받기를 권유하여 상담을 시작하였다.

2) 평가

(1) 평가 과정(Assessment Process)

ADHD가 의심되어 오는 경우 다음과 같은 과정을 밟게 된다.

| 그림 4-12 | ADHD 평가 과정

문제점 발견: 읽기, 쓰기, 셈하기, 주의집중력, 문제행동, 정서 문제 (교사, 학부모, 기타)

↓

평가 의뢰: 교사 또는 학부모의 상담센터 평가 의뢰

↓

초기 상담: 현재 문제 양상을 중심으로 평가 착수(부모 평가 포함)

↓

평가 팀 구성: 심리평가 및 정보수집(임상심리전문가의 심리검사 실시와 행동관찰) 필요시 학습 평가, 놀이 평가, 작업 평가, 언어 평가 실시

↓

평가 결과 회의 및 치료 계획 구성: 임상심리학자 및 평가에 참여한 전문가 외에 다양한 팀이 함께 의논하여 문제 양상 및 치료 방향 결정

↓ ↓ ↓

학습 문제 | 주의력 문제 | 정서 및 행동 문제

↓ ↓ ↓

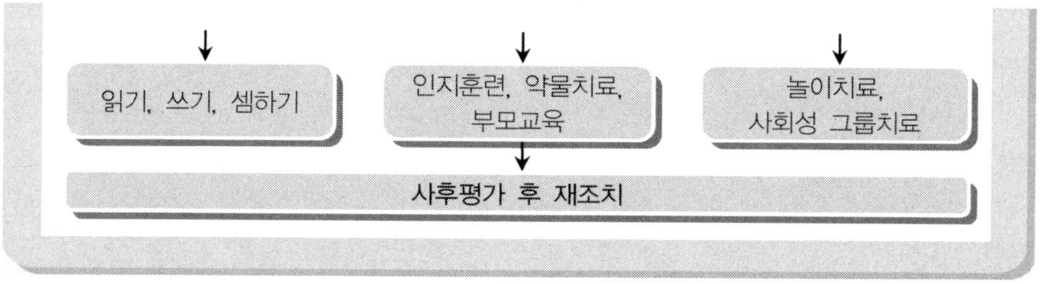

(2) 평가 척도의 예

① 부모용

주의력 평가에는 부모에게 묻는 부모용 평가질문지가 있다. 정후의 어머님께서 다음과 같이 표기하셨다.

| 표 4-9 | Conners의 ADHD 평가 질문지

관찰된 행동	정도			
	전혀없음 (0점)	약간 (1점)	상당히 (2점)	아주심함 (3점)
1. 차분하지 못하고 너무 활동적이다			∨	
2. 쉽게 흥분하고 충동적이다.				∨
3. 다른 아이들에게 방해가 된다.			∨	
4. 한번 시작한 일을 끝내지 못한다. - 주의시간이 짧다.				∨
5. 늘 안절부절 한다.			∨	
6. 주의력이 없고 쉽게 분산된다.			∨	
7. 요구하는 것이 있으면 금방 들어주어야 한다.				∨
8. 자주 또 쉽게 울어버린다.		∨		
9. 금방 기분이 확 변한다.			∨	
10. 화를 터뜨리거나 감정이 격하기 쉽고 행동을 예측하기 어렵다.			∨	

보통 15점 이상이면 ADHD 양상이 있는 것으로 보는데 정후는 총 20점으로 상당히 ADHD 양상이 높은 것으로 나타났다.

② 아동용

아동의 경우 심리검사에서 함께 실시되는 MFFT(Matching Familiar Figure test),

주의력 장애 진단시스템 검사로 ADS(ADHD Dignostic System), CAT(Comprehensive Attention Test)가 있다. 정후는 MFFT 검사와 CAT 검사가 실시되었다. MFFT(같은 그림 짝짓기)는 제시된 그림판과 똑같은 그림을 6장의 비슷한 그림 중에서 골라내는 검사로 충동성을 객관적으로 측정할 수 있다. 또한 반응시간과 반응의 정확도로 시각적 주의력을 측정한다. 정후는 시각적 주의력을 측정하는 MFFT에서 반응시간 5%, 반응의 정확도는 100명 90위를 보여 매우 충동적이면서 오류율도 높은 모습을 보였다.

3) 치료

정후의 ADHD의 치료는 약물치료, 주의력 훈련, 부모상담으로 진행되었다.

(1) 약물치료

ADHD 진단을 받은 경우 인지학습치료사로서 아동이 약물을 어떤 것을 사용하는지 얼마나 사용했는지 지금은 복용중인지 등의 내용을 충분히 알아야 한다. 사실 ADHD의 아동에게 약물치료가 항상 필수적이진 않다. 약물치료를 처방하는 경우는 아이에게 나타난 증상이 심각하거나, 과잉행동이나 주의력 결핍으로 생기는 문제가 확인되거나 학교에서의 행동 불안이 많아 수업에 집중하기 힘들거나, 학습장애가 동반되는 경우이다. 약물치료는 ADHD를 완치시키는 것이 아니라 증상을 약화시키는 것뿐이다. 따라서 약물치료만으로 원하는 효과를 전부 얻을 수 없으므로 다양한 중재방법들을 함께 적용해야 한다.

부모님에 따라 약에 대한 반응도 다르다. 정후의 어머님도 약을 무척 선호하셔서 약으로만 무조건 해결하려는 태도가 많으셨다. 이처럼 약을 무조건적으로 선호하며 빨리 약을 복용해서 공부에 더 집중하게 하려는 부모도 계시고, 반면 약을 너무 혐오해서 약을 먹는 게 아이를 더 망치는 것으로 오해하며 극구 사양해서 더 문제를 악화시키는 경우도 있다. 이러한 부모들의 요구가 왜 생겼는지를 이해하면서 아이에게 가장 좋은 방법으로 도울 수 있도록 부모를 잘 이해시켜야 한다.

(2) 인지학습치료

충동성이 높은 정후에게 다음과 같은 치료 프로그램이 진행되었다.

① **인지-행동 치료** Program

인지-행동 치료(cognitive behavior therapy)는 아동에게 생각하기 훈련을 통해 다르게 생각하는 법을 배워 자신의 행동을 스스로 수정할 수 있도록 돕는다. 방법에는 크게 3가지가 있다.

㉠ 자기 지시 훈련(self-instructional training)

자기 지시 훈련은 스스로의 행동을 언어적으로 조절하면서 과제를 수행하는 방법이다. Think-Aloud 기법이라고도 하는데 혼잣말(self-talking)을 통한 언어적 통제를 통하여 문제해결 스타일을 체계적으로 바꾸고 문제 상황에 대해 주의깊게 반응하며 자기 격려를 사용하여 자신의 수행을 조절하도록 도와준다. 자기 지시 훈련은 다음의 단계로 진행된다. 이 방법은 비고스키의 사적 언어 과정으로 교사의 시범 언어를 관찰한 후 큰 소리로 말하기의 과정을 거쳐 내면 언어로 수행되는 것이다.

| 표 4-10 | 자기 지시 훈련 방법

교수 단계	교수 방법
1 단계	교사 시범 단계(인지적 모델링 단계) • 학생은 교사가 다음의 내용을 큰 소리로 말하면서 과제를 수행하는 모습을 관찰한다. – 활동에 대한 질문 – 어떻게 과제를 수행할 것인가에 대한 교수 – 수행에 대한 스스로의 평가
2 단계	교사 지시 단계 • 교사가 언어로 지시하면 교사와 함께 과제를 수행한다.
3 단계	큰 소리로 말하기 단계 • 교사의 지시 없이 혼자 큰 소리로 말하면서 과제를 수행한다.
4 단계	작은 목소리로 말하기 단계 • 과제 수행 방법을 조용히 속삭이듯 말하면서 수행한다.
5 단계	내적 언어 단계 • 소리 내지 않고 마음속으로 말하면서 과제를 수행한다.
6 단계	자기 평가 단계 • 자신의 수행 결과를 점검하고 스스로 평가한다.

정후에게 이러한 자기 지시 훈련을 통해 '어떻게 생각하는가'를 배워 인지적 충동성을 억제하는 방법을 습득하는 것이 학습과 수행에 도움이 되었다.

㉡ 문제 해결 기술 훈련(problem solving skill)

학업 뿐만 아니라 여러 가지 대인관계에서 발생하는 문제들을 효율적으로 대처할 수 있도록 있는 방법을 가르치는 것이다. 문제 해결에 대한 인지적 과정을 실제 행동에 적용시키는 것으로 문제상황을 다룰 때 적용할 수 있는 다양한 안을 구상하고 그 중 가장 효과적인 방법을 선택하는 과정이다. 다음의 4단계로 질문에 답하는 생각하기 전략을 통해 다양한 학업과 사회적 장면의 문제들을 해결해가도록 돕는다.

| 표 4-11 | 문제 해결 단계

단계	교수 내용	
1 단계	문제 정의하기	"문제가 무엇이지?"
2 단계	계획하기	"이 문제를 어떻게 풀 수 있을까?"
3 단계	전략 사용하기	"계획대로 잘 진행하나?"
4 단계	자기 평가하기	"잘 했나?"

이러한 문제 해결의 4 단계 과정을 앞의 자기 지시 훈련대로 소리 내어 말하기를 실시하면서 수행토록 연습한다. 이러한 연습은 정후의 생각없이 행동하거나 부주의해서 실수하는 학습이나 사회적 문제들을 줄이고 친구들 간의 갈등을 해결해 가는 데 도움이 되었다.

㉢ 기타 충동성 다스리는 방법들

정후는 과도한 불안이나 흥분 상태 때문에 행동상 문제를 보일 때가 종종 있다. 인지 과제에서의 실수를 줄이고 다른 사람에게 공격적 행동이 순간적으로 나와 피해를 주는 일을 줄이기 위한 연습으로 심호흡이나 근육 이완 등의 이완훈련을 실시하였다. 하지만 이러한 활동은 과제를 더 잘 수행하고 적절한 기능을 보이도록 도울 수는 있지만 일대일 또는 소그룹 치료실의 상황으로 그치는 경우가 많았다. 따라서 급격한 감정 반응이 올라오는 것을 느낄 때 그 자리를 피하는 방법을 훈련했다. 혹은 마음속으로 'Stop'을 외치고 행동을 멈추게 한 다음 위의 4단계의 문제 해결 과정을 실시하면 충동적 반응을 좀 더 효과적으로 다스릴 수 있다.

② **집중력 훈련** Program

집중력 훈련에서 집중력 자체를 훈련시키는 것이 아니라 '무엇에' 대한 집중력을 훈련시키는 것이다. 정후에게 주의집중력을 키워주고 신중한 문제해결 방식을 익히게 하기 위해 재미있게 할 수 있는 놀이와 게임 형식의 과제를 사용하면서 체계적이고 순서에 따라 꼼꼼하게 해야 한다는 것을 자연스럽게 배우도록 하였다. 주요 내용은 한 가지 과제에 주의를 기울이기 위해 다른 방해자극을 무시하기, 행동하기 전에 생각하고 계획하기, 차례대로 과제를 해결해 나가기, 세부 사항까지 꼼꼼하게 체크하면서 빠뜨리지 않기 등이었다.

집중력 훈련은 크게 정보처리의 2가지 방식인 시각적 집중력 훈련, 청각적 집중력 훈련의 과정으로 이루어진다.

집중력 향상에서 다루어지는 내용은 다음과 같다.

㉠ **선택적 주의집중(selective attention) 기르기** : 주변의 방해 자극을 무시하면서 해야 할 과제에 선택적으로 집중하기

㉡ **지속적 주의집중(sustained attention) 기르기** : 주의집중 시간 늘리기

㉢ **계획적인 문제해결하기** : 깊이 생각하지 않고 충동적으로 문제해결하는 방식을 교정

㉣ **순차적인 문제해결하기** : 정해진 순서대로 빠뜨리지 않고 정보를 처리하기

㉤ **정확성 기르기** : 세부사항까지 꼼꼼하게 처리하기

이러한 내용을 가르칠 때 정후의 흥미를 끌 수 있도록 재미있게 하며, 정후에게 적절한 보상과 격려를 제공해서 동기 유지를 잘하도록 도왔다. 또한 포기하지 않고 끝까지 하도록 격려하며, 아동의 연령과 능력에 따라 과제 난이도를 아동이 70~80% 정도 수행할 수 있는 내용으로 구성하였다. 또한 아동이 과제를 직접 만들어 보는 기회를 주는 것도 활동에 적극적이며 흥미를 유지하는데 도움이 되었다.

요즘에는 컴퓨터 게임의 보조 치료법도 있다. 어린이가 컴퓨터 게임을 즐기는 동안 뇌의 전두엽 기능이 좋아져 문제해결 능력이나 판단 능력이 높아지는 원리다. 한 예로 서울대학교 소아정신과 신민섭 교수팀은 하버드대 의대의 뇌과학 이론을 우리나라 어린이가 좋아하는 형태의 게임으로 만들었다. 내용은 아이가 주어진 시간 내에 양과 염소 구별하기, 잃어버린 물건 찾기 등 흥미로운 게임을 하면서 시각주의력, 청각주의력, 행동조절능력 등을 키우게 하고 있다. 약물이 환자의 뇌신경을 변화시킨다면 컴퓨터 게임은 약을 도와 주의력을 강화하고 행동을 조절하도록 훈련하는 역할을 돕는다.

③ **사회성 그룹 Program**

정후는 충동성, 부주의, 과잉행동 등 ADHD 양상으로 말미암아 다른 사람을 배려하지 못하고 참을성과 인내력을 보이기 힘들어 가까운 부모나 선생님에게 꾸중이나 처벌을 많이 받는다. 게다가 또래들도 이들의 행동을 견디기 힘들어 거부하는 경우가 많아 또래로부터 거절감을 많이 경험한다. 이러한 문제는 약물로만 치료효과를 기대하기 어려운 부분이므로 일대일이나 그룹으로 직접 사회적 기술과 사회인지 내용을 배워 학교 적응이나 사회 적응 능력을 길러 주도록 해야 한다. 사회성 그룹이라는 집단 경험을 통해 치료자 뿐 아니라 또래간의 모델링을 통해 실제 경험을 할 수 있게 되며 서로간의 지지를 통해 긍정적인 경험을 하고 이를 일반화시켜 또래 관계의 성공경험을 증가시키도록 돕는다.

사회성 그룹을 통해 정후가 다음과 같은 기술을 습득하도록 도왔다.

㉠ 친구 사귀기 기술

ⓛ 대화 기술
ⓒ 예의 바르게 주장하기
ⓔ 분노 등의 나쁜 감정 다스리기
ⓜ 갈등 및 문제 해결 능력 배우기
ⓗ 결과를 기분 좋게 받아들이기
ⓢ 스트레스 해소 방법

구체적 방법으로 다양한 게임 활동이나 신체 활동, 미술 치료 기법, 집단 상담 기법 등이 활용되며, 역할극, 치료자에 의한 모델링, 아동간의 피드백 주기, 토론하기, 비디오 녹화와 평가하기 등이 있다.

(3) 부모상담

상담 후 만나는 부모상담에서 주로 핵심적으로 다루어야 할 것은 ADHD가 정후에게 주는 영향이 무엇이 있는지, ADHD인 정후를 어떻게 도와줘야 하는지를 알려주는 것이다. 돕는 방법에는 다음과 같은 방법들이 있다.

① ADHD 아동과 부모는 오랫동안 누적된 갈등으로 관계가 나빠져 있는 경우가 많다. 따라서 부모상담에서는 부모-자녀 관계를 다시 회복하는 것을 최우선으로 한다.
② 아이에게 문제가 있는 것이 아니라 ADHD가 문제를 만든다는 것을 이해한다.
③ 부모의 능력(competence)을 증가시킨다.
④ 순종하지 않음(noncompliance)과 무능력(incompetence)을 구별하는 것을 배운다.
⑤ 가정의 규칙을 명료화하는 것이 필요하다.
⑥ 규칙을 지키기 어려운 행동 문제를 돕기 위해 1주일에 하나 정도의 규칙을 반복적으로 연습하는 것이 좋다.
⑦ 과제나 할 일은 가급적이면 시각적으로 제시한다. 진행정도를 그래프나 칭찬 스티커판 등으로 표기하면 변화를 시각적으로 보게 한다.
⑧ 방이나 집은 정리하기 쉽게 함을 만들어 정해진 자리에 바로 정리하도록 알려준다.
⑨ 공부하는 공간도 깔끔한 것이 좋기에 물건이 쌓여있는 책상보다 상에다 간단한 필기도구만 두고 해야 할 과제를 하도록 한다.
⑩ 준비물을 까먹고 가지 않도록 신발장 앞에 준비물 함을 따로 마련한다.
⑪ 가급적 한 번에 한 가지씩만 처리하도록 지도한다.
⑫ 생각지 못한 일이 닥쳤을 때 일반아동보다 당황하기 쉽다. 일의 순위를 알려주고 천천히 반복해서 지시한다.
⑬ ADHD 아동이 갖고 있는 장점들도 많다. 그런 면을 발견해서 칭찬하고 격려한다.

그리고 아이의 작은 변화나 발전에도 감탄하고 만족해한다.

⑭ 알림장쓰기나 숙제 등을 잘 할 수 있도록 선생님의 확인증, 부모의 점검이 있도록 긴밀한 연락을 한다.

| 그림 4-13 | 집중력 훈련 활동 – 시각적 주의집중(1)

집중력 훈련 활동의 예

1. 시각적 주의집중 활동

1. 다른 곳 찾기

같아 보이는 세 대의 자동차가 있습니다. 하지만 각각의 자동차는 다른 두 대의 자동차와 다른 곳이 네 군데씩 있습니다. 그것을 찾아서 각각의 자동차에 표시해 보세요.

가. 1과 2, 3이 다른 곳 (네 군데)　　나. 2와 1, 3이 다른 곳 (네 군데)

다. 3과 1, 2가 다른 곳 (네 군데)

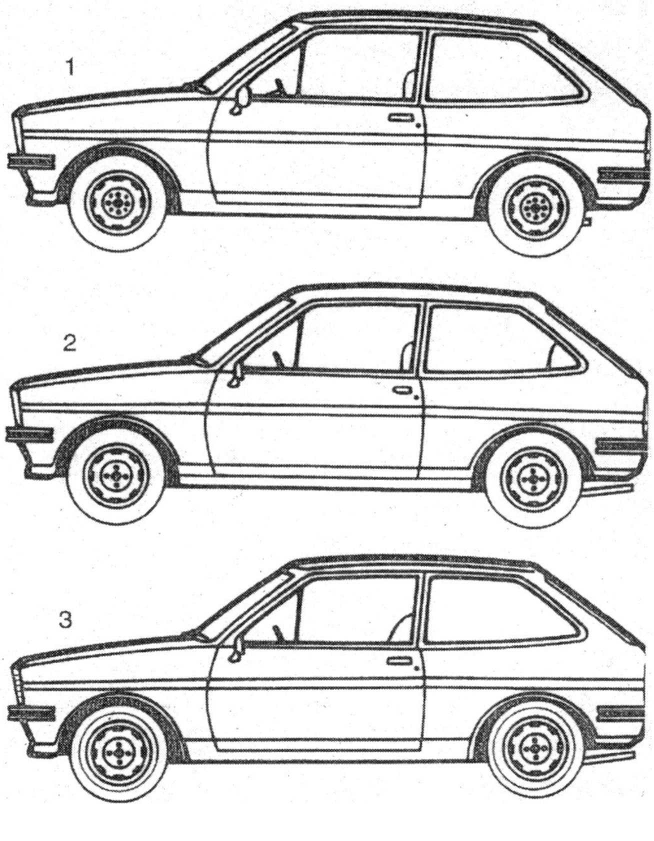

| 그림 4-14 | 집중력 훈련 – 시각적 주의집중(2)

2. 숨은 그림 찾기

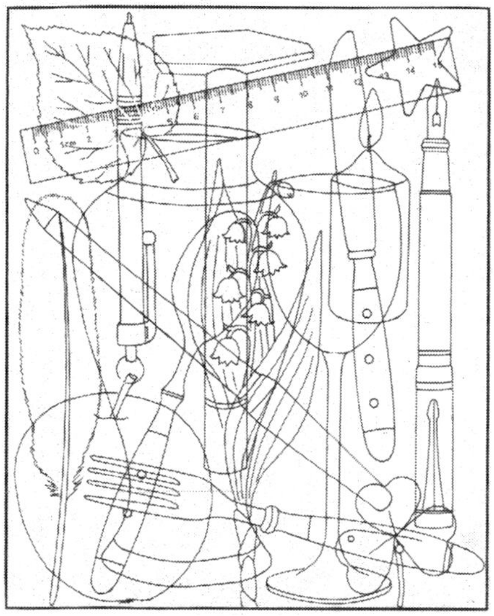

| 그림 4-15 | 주의집중 훈련 – 청각적 주의집중(1)

2. 청각적 주의집중 활동

1. 이야기 듣고 지시대로 그리기 : 사물이든 이야기든 어떤 지시대로 아이들이 따라 그리게 하는 활동

| 그림 4-16 | 주의집중 훈련 – 청각적 주의집중(2)

2. 이야기 듣고 단어 개수 세기

다음 이야기를 듣고 이야기 속에 나오는 '쥐'라는 단어가 모두 몇 번 나오는지 세어보세요.

고양이들에게 큰 걱정거리가 생겼습니다. 꾀 많은 쥐가 날마다 고양이 한 마리씩을 물어가기 때문입니다. 고양이들은 한데 모여 회의를 하였습니다 나이가 가장 많은 첫 번째 고양이가 먼저 입을 열었어요. "이제 우리는 어떻게 해야 되지?" 그러자 두 번째 고양이가 한숨을 쉬며 말했습니다. "우리 가족의 수가 점점 줄어들고 있어요." 세 번째 고양이도 걱정스러운 듯 말했어요. "쥐에게 잡혀 먹히지 않고 살아남을 수 있는 방법이 없을까요?" 그 때 나이가 가장 어린 고양이가 손을 번쩍 들고 말했어요. "전 그 방법을 알고 있어요! 우리가 쥐의 목에 방울을 다는 거예요! 우리 고양이는 귀가 밝으니까, 멀리서 쥐가 오는 소리가 들리면 얼른 숨을 수 있잖아요." 꼬마 고양이의 말에 모두 박수를 치며 환영하였습니다. 첫 번째 고양이가 꼬마 고양이에게 말했어요. "그거 정말 좋은 생각이구나! 그럼, 네가 쥐의 목에 방울을 달겠니?" 그러자 꼬마 고양이는 한걸음 물러서며 말했어요. "전 너무 어려서 방울을 달기도 전에 쥐에게 잡혀 먹힐 거예요." "전 쥐 생각만 해도 벌벌 떨려요." "전 아직 죽고 싶지 않아요!" 다른 고양이들도 모두 고개를 저었습니다. 그리고 모두들 뿔뿔이 흩어져 버렸습니다. 그래서 고양이는 아직도 쥐에게 쫓겨 다니고 있답니다.

제 5 장

놀이치료

1. 놀이의 의미
2. 놀이의 치료적 가치
3. 놀이치료 유형
4. 놀이치료사
5. 놀이치료 과정
6. 놀이치료 대상 아동
7. 사례

제5장

놀이치료

1 놀이의 의미

"놀이"는 과연 무엇일까? "놀이"와 "일"과는 어디서부터 명확한 경계가 있는가? 이러한 의문을 갖고 이에 대한 답을 내리는데는 여러 의견들이 있다. "놀이"에 대한 초기의 이론들은 19세기 초반에서 20세기 전반에 나타났는데 당시에는 "놀이"의 생물유전학적 중요성을 강조했다. 즉, 그들은 "놀이"를 최적의 신체발달을 촉진시키거나 인류의 진화론적 역사를 반영하는 본능적 기제로 묘사했다.

아동의 놀이에 대해 최초로 정의를 내린 학자는 19세기 영국의 철학자인 허버트 스펜서(Herbert Spencer)이다. 그는 '잉여 에너지론'을 주장했는데 "아동은 생존에 필요한 에너지보다 더 많은 에너지를 가지고 있으며 놀이를 통해 이 남는 에너지를 방출한다"고 하였다.

한편 패트릭스는 놀이의 목적을 에너지의 재생이라고 보았다(Patrick, 1916). 미국 심리학자 헐(Stanley Hall)은 놀이를 반복이론을 통해 설명하면서 인류의 진화적 역사를 다시 사는 것이라고 했다.

독일의 철학자인 칼그루스는 놀이가 성인생활의 과업에 스스로를 준비시키는 신체의 자연스러운 방식이라는 '시연이론'을 내세워 "놀이는 아동들에게 미래를 살아가는 데 필요한 사회적 기술을 연습해 보고 발달시키는 기회를 제공한다"(Groos, 1901)고 함으로써 아동 놀이의 교육적 가치를 부각시켰다.

놀이에 관한 정신분석의 이론은 놀이가 아동의 불안을 감소시킨다는 점에서 기본적으로 정서적인 것에 가치를 둔다(Freud, 1974). 놀이는 아동에게 힘과 통제의 환상을 줌으로써 대상에 대한 불안을 감소시킨다. 병원의사 놀이를 하는 동안 아동은 병원에 대한 공포를 완화시킬 수 있고 체구가 작은 인형에게 벌을 주면서 아동은 자신이 부모에게 벌을 받는 불안을 극복할 수 있다는 것이다.

에릭슨은 "놀이는 아동의 자아존중감을 고양시키는 신체적 사회적 기술의 발달을 가져오기 때문에 자아 구축 기능을 가진다"고 주장하였다(Erikson, 1950). 그는 발달단계에 따라 아동의 놀이를 구분하였다.

인지이론가들은 놀이를 지적 성장을 촉진하는 수단으로 생각하였다. 피아제(J. Piaget)는 놀이를 새로 학습한 행동의 통합이라고 보았다. 아동은 새로운 행동을 배우고 난 후 그것에 숙달될 때까지 배운 것을 반복해서 연습한다. 그의 이론에서 놀이와 학습이 동의어는 아니지만 놀이는 학습을 촉진시킨다고 본다.

아동의 놀이에 대한 각성조절이론도 있다. 각성조절이론은 인간이 유지하고자 하는 중추 신경체계 각성의 적정 수준이 있다고 전제한다(Berlyne, 1969). 이상적 환경은 최적 상태의 각성을 유지할 수 있는 그런 환경이다. 이는 자극이 적지도 많지도 않은 상태인데 새로운 자극이 주어지면 사람은 불확실성을 느끼며 중추 신경체계의 각성 수준이 높아진다. 이 때 환경의 불확실성을 줄이고 각성 수준을 감소시키기 위해 환경 탐색이 일어난다. 반면 환경적 자극이 결핍되면 사람은 지루해지고 각성 수준을 유지하기 위해 자극을 추구하게 되는데 이 때 놀이가 나타난다는 것이다.

비고츠키(Vygotsky, 1962)는 사회적 맥락의 중요성을 말해주는 근접발달영역(zone of proximal development)의 개념을 제시했는데 이를 놀이와 관련지어 본다면 아동이 혼자 놀 때의 놀이 수준과 사회적 상황에서 나타나는 잠재적 능력 간의 거리가 바로 근접발달의 영역이라고 할 수 있다. 예를 들면, 아동이 블록 코너에서 혼자 있을 때는 블록을 단순히 쌓고 무너뜨리는 단순한 놀이를 할 지 모르지만 교사가 격려하고 넌지시 방향 제시를 한다면 요새나 성을 만드는 상상 놀이를 펼칠 수 있다. 이러한 사회적 맥락의 고려는 아동의 잠재력을 촉진시킬 수 있다.

이렇게 다양한 놀이의 이론들을 통하여 놀이가 과연 무엇인지를 생각해 본다면 다음의 호이징가의 정의로 종합할 수 있다(Huizinga, 1955).

"놀이는 어느 정도 고정된 시간과 공간의 한계 안에서 수행되는 일종의 자발적인 활동, 또는 작업으로서 그 놀이 안에는 참여자가 자유롭게 받아들이기는 하지만 따라야 하는 절대적 규칙이 있고, 놀이 그 자체의 내재적 목적이 있으며, 모종의 긴장감과 즐거움, 그리고 '일상적인 삶' 과는 '다른 활동'이라는 참여자의 자각이 수반되는 것이다"

2 놀이의 치료적 가치

아동심리치료 상황에서 놀이가 갖는 치료적 가치를 살펴보면 다음과 같다(김광웅, 1999).

1) 치료관계의 형성 촉진

어떠한 상담이나 심리치료든 우선적 과제는 치료사와 내담자 간의 치료관계 형성이다. 아동은 처음에는 대가 부모의 손에 이끌려서 마지못해 치료실에 오게되고 자신이 왜 그곳에 오게 되었는지에 대한 인식이 없다. 또한 처음 만나는 낯선 사람인 치료사에 대해 심리적 거리와 저항을 느끼게 되므로 치료의 기초가 되는 래포(rapport)형성이 어렵다. 이 때 놀이는 낯선 환경과 낯선 치료자에 대해 경계심을 완화시키는 최선의 방편이 된다. 놀이는 아동에게 흥미로우며 즐겁고 자연스러운 활동이기 때문에 아동으로 하여금 놀이에 이끌려 무의식적으로 심리치료에 동의하고 참여하게 만드는 계기를 제공한다.

2) 의사소통의 수단

어른은 언어라는 매개체로 의사소통하지만 언어에 대한 이해 및 구사능력이 충분히 발달되지 못한 아동은 놀이와 활동으로 의사소통한다. 즉 놀이는 바로 아동의 자기 표현의 수단이자 언어이다. 피아제(Piaget, 1951)는 "상상놀이는 아동이 언어로 표현하고 전달하기 어려운 자신의 주관적인 감정을 전달하는 데 필수불가결하며 생생하고 역동적인 수단을 제공한다."고 하였다. 놀이는 의식 및 무의식적인 환상과 소망을 포함하는 정신활동이다.

3) 성취경험과 자아존중감의 고양

심리치료의 주된 목표 가운데 하나는 내담자의 손상된 자아 개념을 긍정적인 방향으로 증진시키는 것이다. 치료사가 언어를 통해 아동의 손상된 자아를 어루만져주고 자아존중감을 심어줄 수도 있겠지만 그보다는 놀이활동 자체가 바로 이러한 역할을 수행한다. 놀이는 자기 동기화된 활동으로서 아동의 내적 욕구를 충족시켜 성취감을 맛보게 하고 자기 효능감을 키워주기 때문이다. 아동은 놀이 속에서 스스로 상황을 통제하고 자신이 설정한 목표를 자신이 원하는 방법으로 성취할 수 있다. 아동은 이러한 성취경험을 통해 손상된 자아를 치유할 뿐만 아니라 자아존중감을 고양시키게 된다. 아동은 놀이를 통해 그 자신의 세계를 창조하고 그 속에서 자신을 기쁘게 하는 새로운 방식으로 그의 세계에 있는 것들을 재정비한다.

4) 감정해소 및 정신정화

감정해소(catharsis)는 심리치료의 핵심적 요소로서 개인이 표출하고 싶은 생각이나 비밀과 관련된 감정을 해소하는 과정을 의미한다. 이 말은 본래 예술을 통해 감정을 순화시키거나 해소하는 현상을 의미하는 고대 그리스어에서 유래했다. 이를 브로이어(Breuer)와 프로이트(Freud)가 심리치료의 개념으로 도입하여 사용하게 되었다. 아동은 놀이를 통해 현실 생활 속에서는 표출할 수 없었던 분노, 슬픔, 불만 등의 부정적인 감정을 쉽게 표현하고 완화시킨다.

카타르시스와 유사한 것으로 정신정화작용(abreaction)이 있는데 이것은 과거의 특정 외상적 사건과 관련된 감정의 방출이라는 점에서 카타르시스와는 구별된다. 정신정화는 카타르시스보다 깊이 자리 잡은 감정으로서 보다 구체적이고 격양된 정서적 과정을 통해서 방출하는 경우를 의미하는 용어이다. 아동은 수동적으로 경험한 외상적 사건이나 강한 스트레스 사건을 놀이 속에서 무의식적으로 표현하고 이를 정서적으로 극복하려는 시도를 한다. 성폭력이나 큰 사고를 경험한 아동은 놀이를 통해 아픈 경험을 재현하고 이를 극복하고 스스로 통제력을 갖게 되는 것이 바로 이러한 예이다.

5) 가능성의 인식과 자아성장

심리치료의 목표 중 또 하나는 내담자가 현실에 대한 지나친 집착과 편견으로부터 자유로워지도록 돕는 것이다. 즉 내담자가 자신과 세계의 다양한 가능성을 인식하고 자신의 삶을 융통성 있게 창의적으로 조성해가도록 돕는 것을 말한다. 놀이는 아동에게 융통성과 상상적 가능성을 확대시켜 준다. 아동은 상상과 환상을 통해 현실에서 충족시키지 못한 욕구를 놀이 속에서 실현할 수 있고 자신 및 현실의 한계를 넘어서 여러 가지 가능성을 시험해 볼 수 있다.

6) 삶의 즐거움과 희망 제공

심리치료의 궁극적 목표는 내담자에게 삶의 용기를 북돋아 주는 것이다. 나아가 어린 아동에게 삶의 희망과 용기를 심어주는 것은 무엇보다 더 중요하다. 놀이의 중요한 특징 중 하나는 즐거움과 긍정적 정서를 경험하게 하는 것이다. 놀이의 목적은 즐거움이며 아이들은 단지 재미있기 때문에 놀이를 한다. 놀이는 즐거운 대안을 제시함으로써 심리내적인 갈등으로부터 위안을 제공한다. 생활에서 경험하는 스트레스와 긴장이 클수록 놀이가 제공하는 피난처에 대한 요구는 더 클 수 있다. 아동이 놀이 속에서 경험하는 즐거움과 재미는 그들이 현실에서 겪는 불안과 냉혹함, 지루함 등을 해소시켜 주고 삶의 희망과 용기를 충전시켜 주는 것이다.

3 놀이치료 유형

1) 아동중심 놀이치료

아동중심 놀이치료는 인간 중심 또는 내담자 중심 상담이론에 근거를 두고 있다. 이 이론의 치료자는 진단과 치료적 입장보다는 아동의 자기 발견을 위한 촉진자와 동행자적인 입장을 취하는 경향이 있다. 아동중심 놀이치료 접근에 영향을 미친 사람은 Carl Rogers(1951)와 이를 놀이치료에 적용한 그의 제자이자 동료였던 Virginia Axline(1947)이다. 아동중심 놀이치료의 접근은 내담자 중심 접근과 같이 아동과 "함께 함"의 과정을 중요하게 여긴다.

2) 정신역동적 놀이치료

정신역동적 놀이치료 기법은 주로 아동의 무의식을 무엇으로 볼 것인가, 그리고 해석을 할 것인가, 해석을 한다면 어떻게 할 것인가와 깊이 연관되어 있다. 정신분석가가 아동의 심리적 문제를 도울 수 있는 구체적 치료기법들은 1920년대까지만 해도 존재하지 않았는데 Freud가 성인의 정신분석치료에서 얻은 통찰을 아동치료에 적용할 수 있는 길을 열게 되었다.

Hug-Helmuth(1920, 1921)는 아동상담 기법으로 놀이치료를 처음으로 사용한 임상가였다. 아동상담의 주요 개척자 중의 한사람인 그는 아동의 무의식적, 성적 판타지에 집중되었던 기존의 통찰 중심의 상담기법을 발달적 관점과 조화시켰다. 그녀는 아동을 아동의 발달과제에 필요한 정신능력을 "강화시켜야" 하는 욕구를 가진 존재로 보았다.

또 다른 개척자라고 할 수 있는 Anna Freud(1946)와 Melanie Klein(1932)은 아

동에게 사용할 수 있는 정신분석적 치료기법을 발전시켰다. Klein은 투사과정에 대한 직접적 해석 작업을 중요하게 보고 아동이 자신에게 있는 감정을 다른 사람에게 전이하여 원치 않는 감정을 다른 사람에게 있다고 지각하는 것이 아동기의 공통적인 무의식적 판타지라고 하였다.

3) 대상관계놀이치료

대상관계이론은 정신역동이론의 부분이기도 하지만 여기서는 특히 대상관계이론과 애착발달이론을 접목하여 아동치료에 적절하게 사용한 이론적 접근을 제시하고자 한다. 이 상담은 Helen Benedict가 Glickauf-Hughes와 Wells(1997)가 성인치료에 적용한 대상관계 유형과 애착이론을 통합하여 아동치료에 응용한 것으로 주로 대상관계 아동상담이라고 부른다. 대상관계를 중심으로 한 아동상담은 기본적으로 부모-자녀관계의 발달과정을 모형으로 한 관계치료이다. 치료의 초기단계는 항상 아동과 치료자 사이의 안전기지관계를 형성해야 하는 것이다. 대상관계 아동상담의 기본 핵심기법은 초기 개입과 더불어 아동의 반응성과 발달적 민감성이다.

4) 발달놀이치료

발달놀이치료는 아동과의 신체적 접촉과 감각적 자극을 통해 아동의 발달을 촉진해 주는 치료방법이다. 이 방법의 기본 원리는 아동의 초기 경험에서 가장 중요한 모-자관계의 기본적인 양상을 재발견함으로써 아동은 건정한 성장과 발달에 필수요소인 안정된 애착관계를 맺도록 도와주는 것이다. 여기에서 애착은 접촉에 의해서 이루어지고 이 접촉으로 하여 아동은 자신의 신체를 자각하고 핵심적인 자아(self)를 발달시킬 수 있는 조건을 형성한다. 발달놀이치료에서 접촉은 기본적이면서도 핵심적인 치료적 요소인데, 이 접촉은 한 명의 특별한 성인과의 지속적인 신체 접촉을 통한 대화의 과정이다. 신체적으로 느껴지는 자극을 통해 아동은 감각을 형성하고 그것을 토대로 자아를 형성하는 것이다. 이 방법은 Austin Des Lauiers에 의해 고안되었는데 그는 정신병 아동과 자폐아들을 대상으로 연구하면서 그들의 놀이 능력이나 현실 검증력 등을 감안해 기존에 무조건적 수용과 반영을 중심으로 하던 Axline과는 달리 신체적 접촉과 적극적 개입을 강조하였다. 이 방법은 공동연구자였던 Viola Brody에 의해 '발달놀이치료'라 명명되었고 이는 이후 1960년대에 Jirnberg에 의해 '치료놀이(Theraplay)' 라는 독톡한 형태로 발전되게 되었다.

발달놀이치료가 다른 방법과 구별되는 특징적인 점은 성인인 치료자가 주도권을 가지면서 '재미'있게 활동하고 과거나 미래에 초점을 두지 않고 지금, 현재를 중요시 여기기 때문에 가상놀이나 상상놀이 등은 하지 않고 현재 그 자리에 있는 성인인 치료자가 아동에게 무조건적인 사랑을 줌으로 해서 아동은 자신을 특별하고 소중한 존재로 생각하게 만드는 것이다. 이 때 놀잇감은 필요 없으며 모든 것은 성인인 치료자가 통제한다. 즉, 능력있는 접촉 제공자인 성인 치료자가 통제한다. 즉, 능력있는 접촉 제공자인 성인치료자의 무조건적인 사랑은 아동과 친밀하고 신뢰로운 관계를 다시 맺음으로 해서 아동이 생의 초기에 이루지 못했던 모-자 애착관계를 다시 형성하도록 돕는 접근방법인 것이다.

5) 모래놀이치료

모래놀이치료는 특정 크기의 모래상자에 모래, 물, 그리고 실물과 닮은 수많은 작은 소품들을 이용하여 자신의 사고와 느낌을 구체적으로 표현하게 함으로써 무의식과 의식을 연결지어서 치료가 이루어지게 하는 놀이치료 방법이다. 이 방법은 언어로 표현하기보다 감각과 직관을 주로 사용하기에 아동의 무의식적인 영역을 잘 나타낼 수 있다.

아동의 심리치료로서 모래상자를 이용한 방법은 1929년에 영국의 소아과 의사인 Lowenfeld에 의해서 시작되었다. Lowenfeld는 아동의 사고나 감정이 성인과 다르기 때문에 전통적인 정신 기법을 그대로 놀이에 적용시켜서는 아동의 마음을 다루기 어려우며 아동의 마음과 그대로 접하기 어렵다고 하였다. 성인과는 달리 아동의 마음은 사고, 감정, 감각, 관념, 기억들이 모두 뒤엉켜 있으며 단계적이 아니라 유동적이고 정신의 여러 층에서 동시에 일어나기 때문이다. 따라서 아동에게는 자신의 생각과 감정을 쉽게 표현할 수 있는 매체가 필요하다고 보았다. 새로운 매체는 동시에 이루어지는 아동의 사고를 표현하면서도 사고의 전체를 표현할 수 있어야 하며, 시각 뿐만 아니라 촉감과 같은 감각요소를 함께 지닌 도구이다(유미숙, 1997). 이러한 인식 하에 Lowenfeld는 모래와 작은 모형들을 이용한 새로운 도구들을 개발하게 되었다.

모래놀이치료 과정에서 치료자는 아동이 자유롭게 표현할 수 있도록 허용적인 분위기를 조성하고 아동이 선택하고 무시하는 놀이감들을 주의 깊게 관찰해야 한다. 놀이감을 놓은 위치와 순서 등을 기록하고 스케치 하며 사진을 찍기도 한다. 만드는 동안 이야기하거나 설명하는 이야기 또한 상세하게 기록하여 작품의 이해에 도움이 될 수 있도록 하는데 이 과정은 내담자로 하여금 자신의 세계가 수용되어지고 보살펴진다는 느낌을 가질 뿐 아니라 내담자가 자신의 사고, 감정을 지각하는데 도움을 줄 수 있다.

6) 부모놀이치료

부모놀이치료(filial therapy)는 놀이치료 과정에 부모를 직접적으로 참여시켜 아동과 문제행동을 감소시키는 방법이다. 부모놀이치료는 자녀가 보다 나은 성장을 할 수 있도록 부모가 아이를 더 잘 이해하고 아이와 부모 사이의 상호작용을 좀 더 잘할 수 있도록 도움을 주는 회기로 구성되어 있다. 놀이치료자가 부모에게 아동에게 실시하는 기술을 가르쳐 주면 부모는 아이하고 30분 동안 이 때 전수받은 놀이를 진행해본다. 이때 부모가 전수받는 전문 지식과 기술은 '반영적 청취 기술', '공감적 이해', '허용적 태도', '받아들이기', '이해하는 대화 기술' 등이다.

4 놀이치료사

놀이치료사는 아동이 겪는 정서적인 어려움을 놀이를 통해 어떻게 표현되고 있는지를 심리학적으로 이해할 수 있도록 훈련받은 '전문 아동상담인'을 말한다.

전문적인 놀이치료사는 심리학, 아동학, 가족학, 정신역동학, 정신병리 및 진단에 관한 이론적 지식과 기법을 배우고 많은 임상훈련을 받아야 한다.

다음은 오코너(O'connor, 2001)가 제시한 놀이치료자의 역할이다.

| 표 5-1 | 놀이치료사의 역할

놀이치료사의 역할

- 놀이치료자는 아동과 따뜻하고 친근한 치료적 관계를 빨리 맺어야 한다.
- 아동을 있는 그대로 수용해야 한다.
- 아동의 감정표현이 자유롭도록 허용적인 느낌을 전달해야 한다.
- 반응적이고 공감적이어야 한다.
- 아동에게만 집중해야 한다.
- 아동의 단서에 반응해야 한다.
- 자발적이고 융통성 있는 행복한 치료시간을 유지해야 한다.
- 시간, 장소, 놀이치료자 등에 대해 분명히 구조화해야 한다.
- 즐겁고 낙천적이고 긍정적인 건강한 치료시간으로 유지해야 한다.
- 아동이 놀이치료자를 좋아하는지에 상관없이 치료를 유지해야 한다.
- 지나친 분노와 과잉행동은 끊어주고 보호해 주어야 한다.
- 신체적 상처를 돌보아 주어야 한다.

5 놀이치료 과정

놀이치료 과정은 이론적 배경에 따라 차이가 있을 수 있다. 여기서는 일반적으로 이루어지는 놀이치료 과정으로 '접수면담 → 평가 → 치료'의 3단계로 설명한다.

1) 접수면담

가정에서 자녀에게 문제가 있다고 인식할 경우 부모는 인터넷, 전화, 지인들의 소개 등으로 상담기관을 찾게 된다. 이 첫 접촉에서 부모들이 가장 궁금해 하는 것은 자녀의 문제가 상담을 받을 정도로 심각한 것인지 하는 점이다. 또한 기관에서 제공하는 서비스를 통해 자녀의 문제가 도움을 받고 개선될 수 있을지에 대해서도 많은 궁금증을 갖는다.

그러므로 첫 전화 접촉은 앞으로 놀이치료를 받기 위해 기관에 직접 내원하기 전 약속을 하는 단계이므로 기관에서 전화를 받는 사람은 부모와의 짧은 시간의 전화통화에서 부모의 어려움에 대해 이해하고 공감하고 있음을 전달하여야 한다. 이는 치료 동기를 갖도록 하는 주요 요소이다. 전화 상담자는 아동의 연령, 이름, 연락처 등을 파악하고 상담기관의 위치, 상담 비용 등을 안내한 다음 접수면접 날짜와 시간을 정한다.

접수면담을 통해서는 아동 및 가족의 정보를 수집하고, 평가를 통해 아동의 문제를 진단하고 치료적 개입을 어떻게 해야 하는지 계획한다. 접수면접을 하는 사람은 후에 실제 아동의 치료를 담당하게 될 사람과 다를 수 있다. 대부분 기관을 대표하는 경험이 많은 전문가가 한다.

2) 평가

접수면접을 통해 아동 및 가족에 대한 정보를 수집한 후 이러한 정보를 확인하여 보다 객관적인 평가 자료를 얻기 위해 놀이평가, 심리검사 등을 실시할 수 있다.

(1) 아동을 대상으로 한 평가

① 놀이평가

아동에게 다양한 놀잇감을 제공하고 자유놀이를 관찰하는 비구조화된 놀이평가를 통해 모자 분리시 대처반응, 애착, 주의 집중력, 운동 통제 능력, 정서적 독립 수준 등을 알 수 있다.

② **심리평가**

아동의 현재 전반적 발달상태를 객관적으로 평가하기 위해 임상심리전문가가 일반적으로 KEDI – WISC, BGT, HTP, KFD, SCT, Rorscharch Test를 실시하게 되며, 아동의 주호소 문제에 따라 주의력 장애 진단, 학습진단 검사 등이 추가되기도 한다.

㉠ BGT : 시지각 발달 검사로 만 5세 아동부터 성인까지 실시된다. 피검사자는 9개의 도형을 그려내면 된다. 이 검사를 통해 인지적 조직화 능력을 파악하여 아동의 뇌손상 여부를 진단하는 기초자료로 쓰인다. 선의 굵기, 도형의 위치, 도형의 크기, 오류의 내용, 아동의 특이한 행동 등을 통해 정서적 요인을 추론하기도 한다.

㉡ KEDI-WISC : 아동의 지능을 임상적으로 평가하기 위해 가장 널리 사용하는 개인용 지능검사이다. 언어성 검사와 동작 검사로 구분이 되어 구성되어 있다. 전체 지능 수준 및 각 소검사 항목의 점수 분포를 통해 아동의 잠재 능력, 아동의 언어, 사회, 인지, 정서 영역별 적응 및 발달 수준, 학습수준, 동기 수준, 병리 등을 평가할 수 있다.

㉢ HTP(House-Tree-Person Test) : 모든 연령의 사람들이 쉽게 그릴 수 있는 집, 나무, 사람 을 통하여 무의식을 상징을 분석하고 개인 성격의 단면과 환경과의 상호작용을 파악할 수 있다. 특히 아동의 경우 정서상태, 갈등의 내용, 성격 특성, 욕구, 가족관계 등을 파악할 수 있는 주요한 자료가 된다.

㉣ KFD(Kinetic Family Drawing) : 가족이 무엇인가 하고 있는 모습을 그리게 함으로써 가족의 상호작용, 가족 내의 자신의 위치 등을 알아볼 수 있다. 자신이 가족에 대해 어떻게 느끼는지 알 수 있다.

㉤ SCT(Sentence Completion Test) : 일정한 내용의 제시문을 주고 나머지 문장을 채우도록 하는 검사이다. 아동용과 성인용이 있으며 개인의 욕구, 주변 인물에 대한 태도 및 관계, 전반적인 심리상태를 파악할 수 있다.

㉥ Rorscharch Test : 10개의 잉크반점 카드로 구성되어 있는 검사이다. 아동, 성인에게 모두 실시할 수 있다. 내적 충동의 특성, 동기와 욕구, 통제 능력, 문제의 접근 방식 등을 성격 특성을 파악할 수 있다.

(2) 부모를 대상으로 한 평가

① **성격검사 – 다면적 인성검사**(Minnesota Multiphasic Inventory : MMPI)
: 550개의 문항으로 구성되어 있고 '그렇다', '아니다'라고 응답하면 된다. 개인 인

성 특징의 비정상적 혹은 징후 등을 파악할 수 있으며 이러한 부모의 특징들이 아동에게 미치는 정서적 영향, 의사소통의 유형 등을 평가하여 부모상담에 활용할 수 있다.

② **양육 태도 검사 – 부모양육스트레스 검사**(Parenting Stress Index : PSI)
: 부모의 고통, 부모–자녀 간의 역기능적 상호작용, 아동의 까다로운 기질의 총 36문항으로 구성되어 있다. 응답 방식은 5점 척도로 점수가 높을수록 부모가 양육 스트레스를 많이 느끼고 있음을 알 수 있다.

3) 치료 목표

치료 목표는 3단계의 과정을 통해 구체화시킬 수 있다. 첫 번째 단계에서는 접수면접 과정과 놀이평가, 심리평가의 단계를 거치면서 모은 자료를 토대로 아동의 문제 행동에 대해 부모와 치료자가 의사소통이 가능한 수준에서 구체화하는 작업을 한다. 아동이 최적의 수준에서 기능할 때의 수준을 예측한다. 두 번째 단계에서는 이전에 모은 자료를 토대로 아동의 기질적인 부분, 아동의 고유한 성격 특성에 대해 명확히 하며 아동의 특성을 좀 더 이해하고 치료의 한계에 대해서도 생각해 볼 수 있는 시간이다. 세 번째 단계에서는 아동이 문제 행동을 일으킨 원인에 관한 가설을 발전시킨다. 아동의 현재 기능 패턴을 유지하는 요소들로서 가족, 학교, 또래들과의 경험 속에서 문제의 원인이 되는 요소들을 명확히 하고 이를 약화시키거나 제거하도록 하는 치료 계획을 세운다. 이러한 세 단계를 거쳐 치료자는 치료 목표를 구체화하는 작업을 부모와 함께 해 나간다(유미숙 외, 2003).

4) 치료 과정

(1) 치료 초기

상담 초기 치료자는 아동, 부모와 치료적 동맹관계를 맺고 발전시켜 나가는 시기이다. 아동의 경우 부모에 의해 타의로 오는 경우가 많으므로 치료실에 대한 안내와 안전하고 편안한 곳을 느끼도록 하는 것이 필요하다. 아동 자신이 놀이치료 시간의 주인이며 치료자는 아동의 어려움을 해결하도록 돕는 전문가라는 것을 알게 해 준다. 아동과 부모가 치료실에 도착했을 때 아동 자신이 환영 받는 느낌을 가질 수 있도록 한다.

(2) 치료 중기

이 시기에는 아동이 놀이실에 적응되어 놀이가 다양하게 확장된다. 그러면서 그 동안에 쌓여 있던 문제의 핵심이 드러나기 시작한다. 치료사는 아동의 감정들을 민감하게 반영해 주어야 한다. 놀이실에서 아동의 행동이 좋아지는 것 같기도 했다가 나빠지기도 하는 등 불안정해 보이기도 하지만 서서히 안정적으로 좋아지게 된다. 이때 아동의 행동이 불안정해져서 부모 역시 불안해 지고 이러한 점이 치료사에 대한 신뢰를 떨어뜨리기도 한다. 이런 때에는 부모상담이 필요하다. 부모상담 시간을 통해 아동의 정서 변화를 부모가 인내를 가지고 기다릴 수 있도록 지도하고 가정에서 대처 방법을 알려주어야 한다.

(3) 치료 종결

주 호소 문제들이 사라지면서 아동의 행동은 훨씬 안정된다. 반면 주호소 문제에 가려져 있던 사소한 문제들이 드러나기도 한다. 그러나 치료 초기에 설정했던 상담 목표가 달성되고 행동의 변화가 안정적으로 유지된다면 종결을 준비해야 한다. 종결 전에는 일시적으로 저항, 불안, 퇴행 같은 변화가 일어날 수 있으므로 충분히 검토해야 한다. 종료를 준비하기 위한 지침은 다음과 같다(Haworth, 1994).

| 표 5-2 | 종료 준비를 위한 지침들

- 치료사에게 덜 의존적인가?
- 다른 아이가 방을 사용하거나 자기 치료사를 만나고 있는 것에 대해 관심을 덜 가지는가?
- 아동이 한 사람 안에 선과 악이 모두 존재한다는 것을 수용하고 이해하는가?
- 시간, 자각, 관심, 수용 이라는 용어에 대한 아동의 태도에 변화가 있는가?
- 놀이실을 정리하는 것에 대한 아동의 반응에 변화가 있는가? 초기에 어지럽힌 것을 정리하는데 지나치게 마음을 쓴 것에 비해 현재는 신경을 덜 쓰는가?
- 아동이 자신과 자신의 성(sex)을 수용하는가?
- 통찰과 자기 평가의 증거가 있는가?
- 언어화 능력이나 양에 변화가 있는가?
- 놀잇감에 대한 공격성이 줄어들었는가?
- 아동이 제한을 선뜻 받아들이는가?
- 아동의 예술적 표현 형태에 변화가 있는가?
- 유아적인 놀이가 줄어들었는가?
- 환상과 상상적인 놀이가 줄고 창의적, 건설적인 놀이가 증가되었는가?
- 공포의 강도나 횟수가 감소되었는가?

– Haworth(1994)가 제시한 치료 종료를 준비하기 위한 지침 –

6 놀이치료 대상 아동

아동의 행동이 정상인지 아닌지에 대한 문제를 접근해 가는 과정은 쉽지 않다. 왜냐하면 아동은 발달되고 있는 과정 속에 있게 때문이다. 그러므로 아동의 발달과정을 충분히 이해해서 정상적인지 아닌지를 판단해야 한다.

일반적으로 아동이 보이는 문제행동은 크게 외현적인 행동과 내면적인 문제 행동 그리고 발달상의 문제로 나눌 수 있다. 외현적인 문제는 공격적이거나 산만한 행동, 과잉행동을 보이는 경우이다. 반면 내면적인 문제행동은 내성적이고 수줍음을 많이 타며 위축된 행동을 보이는 경우이다. 그리고 마지막으로 자신의 연령에 비해 발달이 늦는 경우가 있다. 이러한 어려움을 보이는 경우의 아동은 모두 놀이치료의 대상이 된다.

부모들이 주로 호소하는 문제행동들은 다음과 같다.

| 표 5-3 | 부모들의 주 호소 문제 행동들

- 엄마에게 반항하고 말을 안 듣는다.
- 엄마에게서 안 떨어진다.
- 밤마다 깨어서 운다.
- 자위행위를 한다.
- 사고로 부모를 잃은 후 심한 충격을 받았다.
- 집 외의 공간에서는 말을 안 한다.
- 편식이 심하다(밥을 잘 안 먹는다).
- 틱증상을 보인다.
- 밤마다 오줌을 싼다(대변을 못 가린다).
- 우울해 한다.
- 또래들과 어울리지 못하고 혼자서 논다.
- 친구들에게 따돌림을 당한다.
- 주의가 산만하고 충동적이다.
- 물건을 훔치고 거짓말을 한다.
- 지능이 떨어지는 것 같다.
- 자폐성향이 있는 것 같다.
- 강박적인 것 같다.
- 학습에 어려움을 보이며 학교에 가지 않으려고 한다.

7 사례

1) 대상아동과 가정 배경

소호는 만 8세 된 남자아이이다. 소호 엄마는 소호가 태어나기 전부터 직업을 가지고 있었다. 소호가 태어나자 지방에 계신 친할머니께 소호를 맡겨서 키웠다. 친할머니는 혼자 사셨는데 말수는 많지 않으신 분이셨고 소호를 애지중지 키우셨다. 소호 엄마는 일주일에 한 번 혹은 이주일에 한 번 소호를 만나러 갔고 소호와 헤어져야 할 때 소호는 소리를 내지 않고 눈물만 뚝뚝 흘렸다고 했다. 그러는 사이에 소호 여동생이 태어났고, 소호 엄마는 소호 여동생을 데리고 키우느라 소호를 데리고 오는 시기가 점점 늦어져서 소호가 초등학교 입학할 무렵에 소호를 데리고 왔다. 소호는 친할머니와 헤어져 엄마와 동생, 아빠가 계신 곳에서 살게 되었고 초등학교 입학을 하였다. 그런데 1학년 한 해 동안 학교에서 한마디도 하지 않았다고 담임선생님이 이야기 하였다. 그래도 집에서는 아버지와 동생과는 그리 대화가 많지 않지만 엄마와 대화하는 데는 무리가 없어서 '그저 조금 지나면 좋아지겠지'하고 기다렸다. 그런데 이제 1학년을 마치고 2학년이 되는데도 여전히 학교에서는 아무 말도 하지 않자 엄마가 상담실을 찾게 되었다.

2) 상담과정

(1) 상담 첫 날

상담 첫 날 모와 분리되는데 어려움은 없었다. 부끄러운 듯한 표정으로 놀이실에 입실하였다. 상담가가 치료실 환경에 대해 설명해주자 주의 깊게 들었고 조용히 일어서서 피

| 그림 5-1 | 모래놀이의 모래와 피겨들

겨들을 둘러보다가 이글루를 가지고 와서 모래상자에 놓았다. 그리고 그 이글루 위에 빨간 열매가 달린 나무를 가지고 꽂았다. 그리고는 모래를 두 손 가득 담듯 퍼올려 허공에서 밑을 향해 뿌리는 동작을 여러 번 반복하였다.

| 그림 5-2 | 놀이치료 장면–상담 첫 날(1)

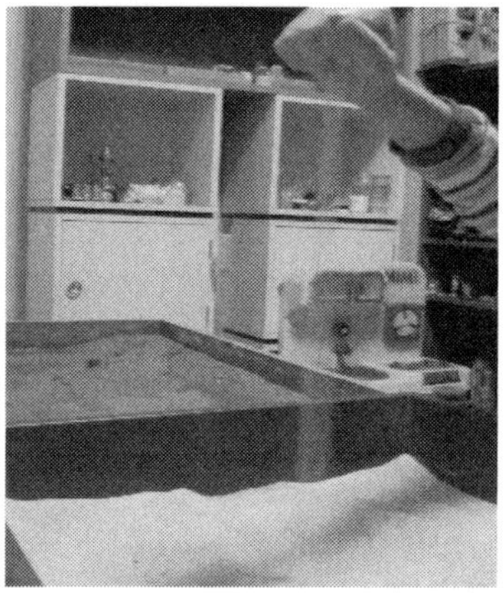

(2) 상담 초기

놀이실에 들어와서는 주로 모래를 한참 만지거나 모래 상자에 여러 가지 피겨들을 가지고 와서 놓는 놀이들을 많이 하였다. 모래 상자 중심에 둥그런 모양으로 모래를 파서 파란 밑면이 드러나게 했다가 다시 모래로 덮어 버리고, 또 다시 파내는 행동을 많이 했

| 그림 5-3 | 놀이치료 장면 – 상담 초기(2)

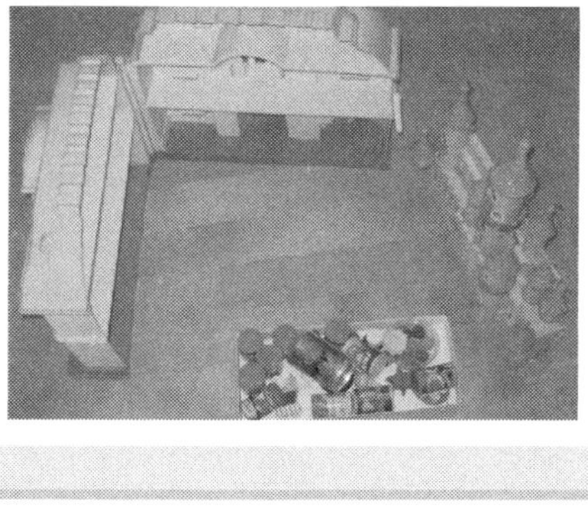

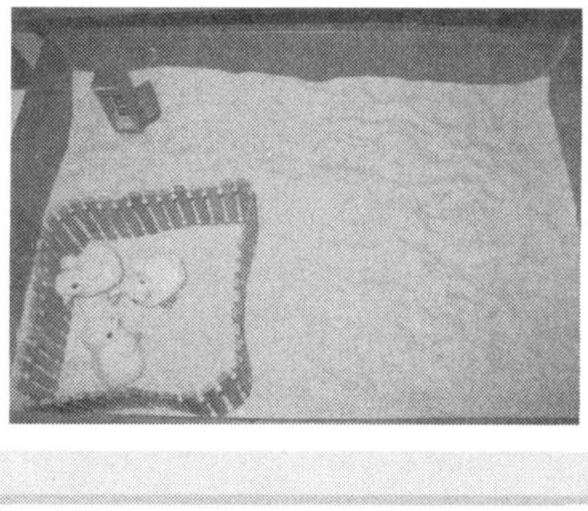

다. 또한 커다란 집을 모래 상자 안에 놓고 집 지붕 위로 또 문을 열어서 집 안 가득 모래를 담았다. 이야기를 하지는 않았지만 주로 웃는 얼굴이었고, 간혹 놀잇감을 가지고 오다가 상담사와 눈이 마주치면 웃거나 상담사에게 자신이 가지고 오던 놀잇감을 주면서 대신 놓아달라는 의미로 고개를 끄덕이곤 하였다. 그리고 놀이시간이 끝났다고 알리면 상담사 손목에 있는 시계를 보곤 했다.

(3) 상담 중기

놀이실 바닥에서 자동차 도로를 만든 후 자동차를 굴리면서 오래 놀다가 모래 상자로 와서는 꾸미기 시작함. 그리곤 다시 play dough를 가지고 모양찍기를 했다. 소리를 내서 조그맣게 "나나나나~"하는 노래도 불렀다. 그 손을 이끌고 피겨장에서 이것저것 만지다가 음식들 앞에 서서는 "냠냠냠냠" 소리를 내기 시작했다.

상담 중기를 지나면서 소호는 의성어를 소리내기 시작하다가 자연스럽게 상담가에게 "선생님 가게 놀이해요", "선생님이 주인하세요" 등의 이야기를 하기 시작하였다. 상담가의 수용적인 태도를 통해 소호는 안정감을 느끼면서 자신의 욕구들을 표현하기 시작한 것이다.

| 그림 5-4 | 놀이치료 장면-상담 중기(3)

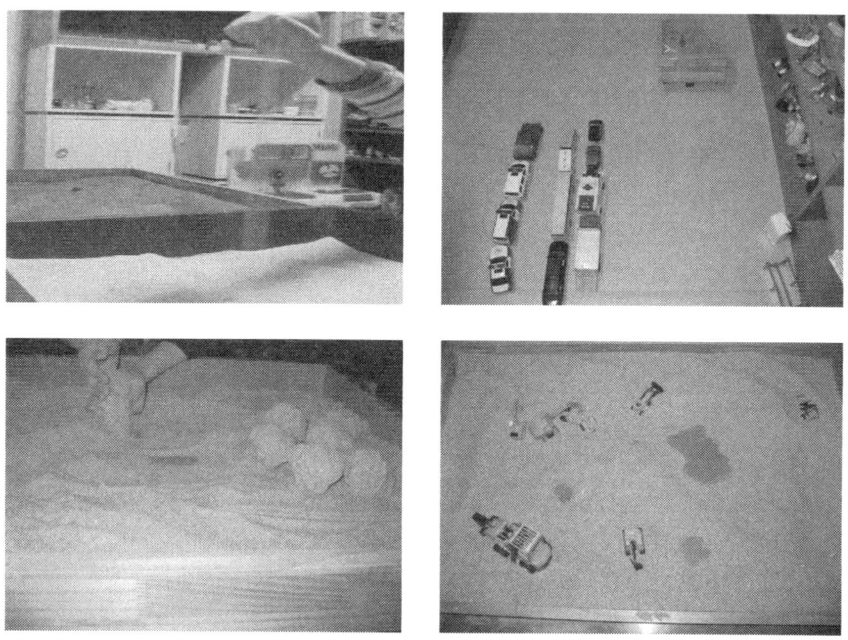

(4) 상담 후기

상담 후기에 소호는 주로 게임을 하였다. 게임을 통하여 소호는 규칙, 순서를 지키고 결과를 인정하고 받아들이는 상황을 경험하였다.

놀이치료와 부모상담을 6개월 정도 병행하면서 소호는 이제 가족 외의 다른 사람들과도 이야기를 나누게 되었다.

| 그림 5-5 | 놀이치료 장면 – 상담 후기(4)

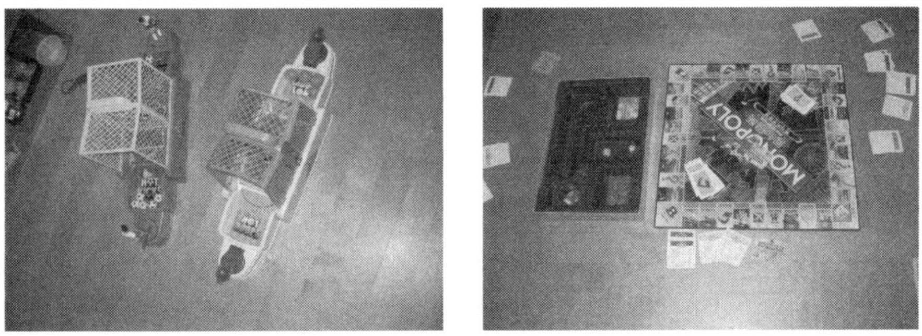

제 6 장

언어치료

1. 언어는 무엇인가?
2. 아동의 언어 발달
3. 언어치료
4. 언어장애의 하위 유형들
5. 언어 평가 도구
6. 사례

제6장

언어치료

1 언어는 무엇인가?

언어와 관련된 용어에 의사소통, 말, 언어가 있다. 의사소통(communication)은 화자와 청자라는 두 사람간의 상호작용을 통해 메시지가 교환되는 것을 말한다. 메시지(message)에는 각 사람의 정보, 생각이 담겨 있고 이를 주고 받는 것이다. 의사소통의 방법은 크게 언어적 의사소통, 비언어적 의사소통이 있다. 언어적 의사소통은 음성 언어의 사용을 통해 표현하는 바를 전달하는 것이고 비언어적 의사소통은 흔히 말하는 제스쳐나 손짓, 몸짓 등의 신체 언어(body language)를 통해 자신의 의사를 전달하는 것이다.

언어(language)는 사람의 생각을 부호화해서 의사소통의 신호를 특정 체계에 의해 표상화한 것이다. 여기에는 구문(문장을 구성하는 법칙), 문법(grammar) 등을 포함하고 있고 이러한 규칙이나 상징코드를 이해하고 사용하는 것을 말한다. 언어는 구어와 문어로 나뉘는데 주로 언어장애와 관련해서는 구어적 문제가 관련이 높다. 문어의 문제는 단어 재인이나 독해의 어려움이 있는 경우 읽기 장애 등의 학습장애의 문제로 연결된다. 구어는 표현언어(expressive language)와 수용언어(receptive language)로 나뉜다. 아이의 언어 발달에서 다른 사람의 말을 듣고 물건을 가리키거나 찾는 등의 행동이 먼저 보이는데 이를 수용언어의 시작으로 본다. 수용언어가 발달하면서 말하기 즉 표현

언어가 급증한다. 언어는 '의사소통을 위한 도구'로 정의를 할 수 있지만 언어는 사회를 구성하는 바탕이며, 사회 구성원 간의 의사소통을 위한 필수 수단이다. 물론, 의사소통 방법에는 몸짓이나 표정, 수화와 같은 비언어적인 방법도 있지만, 언어가 차지하는 비중은 우리가 생각하는 것 이상 많은 부분을 차지하고 있다. 언어는 인간만이 지닌 고유한 능력으로 목 울리기, 발성놀이, 옹알이 단계인 언어 이전단계를 지나 대개 12개월이 되면 첫 단어가 출현하고, 두 돌 무렵에는 두 낱말 조합이 많아지며, 세 돌 무렵이면 세 낱말 조합이 늘어난다. 그리고 5~6세에 이르면 사용하는 낱말의 수도 수천개가 되고 문장의 다양성도 거의 어른 수준이 된다.

이러한 언어(language)는 추상적 규칙체계로 두뇌에 존재하는 낱말과 문법적인 지식을 의미하는 반면, 말(speech)이란 외형적인 표현으로 호흡기관, 발성기관 및 조음기관을 통해서 표출되는 소리를 의미한다. 말소리를 내기 위해서는 입술, 혀, 얼굴근육 등이 적절히 움직여서 제대로 모양을 갖추어야 하고 동시에 허파에서 적절한 압력의 공기가 산출되어야 한다. 유성음을 만들 때는 허파에서 산출된 공기가 성문(glottis)을 통과할 때 성대(vocal cord)가 적절한 근육압력으로 닫혀있다가 진동해야 한다. 말(speech)은 구두언어(spoken language)를 전달하는 도구로서 청각-발음적 부호를 말한다. 목소리, 구강운동 기술, 호흡, 소리 산출, 혀의 사용, 입술과 이의 배치, 조음 능력 등의 기능이 요구되며 이들 기능에 문제가 생길 때 발음 문제, 유창성의 어려움, 쉰 목소리나 거친 소리 등의 목소리 장애가 나타난다.

이렇듯 말소리를 내고 자신의 생각과 의지를 언어로 표출해내는 것은 일상적인 것이고 쉬운 것 같지만 매우 복잡하고 여러 단계를 거쳐야만 할 수 있는 인간만의 고유 영역이다.

2 아동의 언어 발달(0~6세)

아동의 언어 발달은 인지발달, 타인과의 관계 촉진, 정보교환의 수단, 자아의식의 성립, 문어 획득에 기여한다. 언어와 사고는 밀접한 관련이 있기에 언어 발달에 지체를 보이면 인지 전반의 어려움이 발생한다. 또한 언어 발달은 아동의 사회적 관계 형성에 중요한 역할을 하며 관계에서 발생하는 갈등이나 감정을 언어로 해결하려는 모습으로 타인과의 관계 양상이 달라진다. 언어는 다른 사람의 말을 듣고 타인의 뜻이나 세상의 다양한 정보를 습득하게 된다. 또한 아동의 언어 발달이 증가하면서 '나'라는 표현을 사용하면서 자신이 원하는 바나 사고, 감정 등을 드러내게 되고 이런 과정에서 자의식이 좀 더 견고

하게 자리 잡게 된다. 마지막으로 아동의 언어 발달을 통해 문어를 습득하게 되면 글이라는 형태로 자신의 생각을 전달하기도 하고 책 등의 다른 사람의 글을 통해 타인의 세계를 간접적으로 접하게 된다.

다음은 아동의 언어 발달을 연령별 수용언어와 표현언어로 나누어 설명한 표이다.

| 표 6-1 | 연령별 수용언어와 표현언어

연령 (개월)	수용언어	표현언어
0~3	• 사람 목소리에 조용해진다. • 말하는 사람의 눈과 입을 본다. • 소리 나는 곳을 눈으로 찾는다.	• 배가 고프거나 불편할 때 운다. • 편안할 때 목구멍 소리, 목구멍을 꾸르륵 울리는 소리를 낸다.
3~6	• 엄마 목소리에 조용해진다. • 친절한 목소리와 화난 목소리를 구분한다. • 자신의 이름에 반응한다. • 구어/말을 경청한다.	• 다양한 모음소리를 낸다. • 소리내어 웃는다. • 차례를 주고 받는다. • 다른 사람 말에 목소리로 반응한다. • 싫음과 흥분을 표현한다.
6~9	• 사진을 잠깐 동안 쳐다본다. • 가족이나 애완동물의 이름을 부르면 이름 불린 사람/동물을 찾는다. • 몸짓으로 간단한 요구에 반응한다. • 일상용품 단어들을 인식한다. • 말을 하면 가만히 듣는다.	• 사람에게 옹알이를 한다. • 옹알이 중 다양한 자음소리를 낸다. • 성인의 억양으로 옹알이를 한다. • '마마', '바바' 등의 음절을 반복해서 따라하며 옹알이를 한다. • 주위를 끌기 위해서 울음보다는 말소리를 사용한다.
9~12	• '아니', '안돼'를 이해한다. • 친숙한 단어를 선별적으로 듣는다. • 책보기를 좋아한다. • 간단한 지시를 이해한다.	• '바'와 같은 단일 자음 음절을 옹알이한다. • 특정 언어(바이바이 해봐 등)에 적절한 몸짓으로 반응한다. • 욕구를 표현하기 위해서 행동과 음성을 사용한다.
12~18	• 간단한 언어 요구에 반응한다(하나의 신체 부위를 식별한다). • 많은 명사를 이해한다. • 요구하면 다른 방에 있는 물건을 가지고 온다.	• 다양한 의사소통 기능을 위해서 몸짓과 음성을 함께 사용한다. • '마마', '빠빠' 등의 어절을 목적을 가지고 사용한다. • 단일 단어를 사용한다. • 감탄사를 사용한다. • '아니'를 의미있게 사용한다. • 10~15단어를 사용한다(18개월).
18~24	• 3~6개의 신체 부위를 식별한다. • 소리와 동물을 짝짓는다. • 인칭 대명사와 행위 동사와 몇 개의 형용사를 이해한다. • 동요를 즐긴다.	• 약 65% 정도는 알아들을 수 있는 말을 한다. • 자곤(jargon)(성인의 말과 유사하지만 의미 없이 횡설수설하는 소리)을 사용하기도 한다. • 자곤과 말을 사용해서 경험을 이야기한다. • 두 단어 문장을 말한다.

연령 (개월)	수용언어	표현언어
18~24		• 가사로 노래 부르기를 시도한다. • 3~4 단어 문장을 모방한다.
24~36	• 이름을 말하면 일상의 물건을 그림에서 찾는다. • 무엇과 어디의 질문을 이해한다. • 부정문을 이해한다. • 간단한 이야기 책 듣기를 좋아하고 반복해서 읽을 것을 요구한다.	• 알고 있는 단어로 두 단어 문장을 만든다. • 이름을 성과 함께 말한다. • 무엇과 어디의 질문을 한다. • 부정문을 사용한다. • 자신을 이해하지 못하면 좌절감을 보인다. • 두 세 차례 지속해서 주고받는 대화를 한다.
36~48	• 시간 개념이 포함된 문장을 이해하기 시작한다(내일 동물원에 갈거야 등). • 크다, 더 크다 등의 크기 비교를 이해한다. • 만일에 왜냐하면 등의 표현에 의한 관계를 이해한다. • 일련의 2~4개의 관련된 지시를 수행한다. • '....척 하자'라고 말하면 이해한다.	• 주어–행위–목적(엄마가 책을 보았어요 등) 주어–행위–장소(아빠가 의자에 앉았어요 등)의 형태로 세 단어 이상의 문장을 말한다. • 과거의 경험을 말한다. • 복수 명사를 사용한다. • 과거 시제를 사용한다. • 자신을 '나'라고 표현한다. • 한 가지 이상의 동요를 반복하고 노래를 부를 수 있다. • 낯선 사람에게 알아들 수 있는 말을 하되 아직 발음상의 실수를 보인다.
48~60	• 세 개 관련된 지시를 적절한 순서로 수행한다. • 예쁘다, 더 예쁘다, 제일 예쁘다 등의 비교를 이해한다. • 긴 이야기를 듣는다. 그러나 아직 잘못 이해하기도 한다. • 말로 지시하면 놀이 활동에 적용한다. • 이야기해 준 사건의 순서를 이해한다(가게에 갔다 와서 케이크를 만들고 내일 먹을거야 등).	• 언제, 어떻게 왜 질문을 한다. • 문장을 함께 사용한다(가게에 갔어요. 그리고 과자를 샀어요 등). • 왜냐하면, 그래서 등을 사용해서 원인에 대한 이야기를 한다. • 이야기의 내용을 이야기한다. 그러나 아직 내용을 혼동한다.
60~72	• 전학문적 기술을 보인다. • 추상적인 개념을 이해하기 시작한다.	• 성인의 문법과 유사한 문법을 사용한다. • 대화 중 적절한 차례를 유지한다. • 정보를 주고받는다. • 가족, 친구 또는 낯선 사람과 의사소통을 잘한다. • 그림책의 이야기를 정확하게 다시 이야기한다. • 과거와 현재의 사건을 논리적인 순서로 설명한다.

출처 : 이소현(2003), 유아특수교육(pp85–87), 서울: 학지사

3 언어치료

1) 언어치료 개념

언어치료는 선천적 혹은 후천적인 여러 가지 문제로 인해 언어 발달이 원활하지 않아 의사소통이 어려운 사람들의 발달 상태 및 언어 능력을 평가하여 언어의 발달을 유도하고 원활하게 의사소통이 이루어지도록 돕는 치료법이다. 최근 DSM-5에서는 언어장애라는 표현보다 의사소통장애(Communication Disorder)로 명명하였다. 의사소통장애는 말이나 언어의 사용에 결함이 있는 것으로 아동의 연령을 고려하여 각 발달에 따른 언어 표현, 언어 이해, 발음 등 언어 능력을 평가하고 진단한 후 적합한 치료방법이 적용된다.

2) 언어장애 개념

우리가 알고 있는 "언어"라는 단어는 뇌조직이 관장하는 부분과 주변 기관이 담당하는 부분으로 나누어진다. 이때 뇌조직이 관장하는 부분을 "언어(language)"라 하고, 주변 기관이 담당하는 부분을 "말(speech)"이라고 한다. 따라서 흔히 사용되는 용어인 "언어장애"도 "언어장애(language disorder)"와 "말장애(speech disorder)"로 구분된다.

즉, 중추신경인 뇌의 손상 또는 뇌의 불완전 발달에 의한 장애를 "언어장애"라 하고, 입술, 혀, 입천장, 콧길, 후두, 호흡기관 등의 주변기관의 손상 또는 잘못으로 인한 장애를 "말장애"라고 한다. 물론, 원인에 따라서 언어장애와 말장애가 같이 나타날 수도 있다. 이러한 언어장애와 말장애를 연구하고 임상방법을 개발하는 학문을 언어병리학(speech-language pathology) 또는 언어치료학이라고 한다.

3) 언어치료의 목적

언어치료의 목적은 이러한 언어 평가와 진단을 통해서 언어 문제를 조기에 발견하여 그에 따른 적절한 치료 교육이 실시되는 것이다. 언어 발달 지체로 발생할 수 있는 의사소통의 문제 뿐만 아니라 기타 연관된 문제들-인지 발달, 또래관계, 학교적응 등-을 최소화하여 자신의 연령에 맞는 기능을 되찾을 수 있도록 치료실 밖의 일상생활에서도 언어 발달을 촉진하도록 돕는데 목적이 있다.

4) 언어장애의 원인

언어장애의 원인이 되는 요인에는 신체발달의 지체, 청각장애, 지적능력의 지체, 사물의 영구성에 대한 결여, 시간이 경과된 후의 모방성의 문제, 도구 사용 능력의 결여, 조음기관의 문제, 신체적 정서적 건강의 문제, 부적절한 환경 등이 있다.

5) 언어치료의 기본 원리

언어치료의 기본 원리는 4가지로 설명할 수 있다. 첫째, 언어치료는 자연스러운 언어 습득 과정과 정상 언어 발달에 기초한다. 둘째, 치료자는 아동중심으로 접근하되 아동이 적극적으로 언어 습득 과정에 참여자가 되도록 돕는다. 셋째, 언어치료실은 아동이 언어적, 비언어적 자극들을 습득할 수 있는 다양한 경험을 자극하는 환경이 되도록 조성한다. 넷째, 아동의 부모님 또한 치료에 적극적으로 참여하여 가정 및 일상생활에서 적용하여 일반화할 수 있도록 언어 습득의 방법을 배운다.

6) 언어치료 방법

언어치료 방법은 놀이 중심의 언어치료 방법과 언어 문제 해결 중심의 언어치료 방법이 있다. 놀이 중심의 언어치료는 언어치료에 대한 저항감이 많은 아이들에게 눈높이에 맞는 놀이를 하면서 친근하면서도 편안하게 언어의 필요성이나 욕구를 간접적으로 키우는 방법이다. 언어학적 접근법으로 언어모델인 치료사의 언어 사용을 모방하면서 언어에 감추인 기본적인 패턴이나 규칙을 발견하게 돕는다. 이러한 방법은 시간은 다소 오래 걸려도 말에 대한 거부감을 줄이기에 말하기를 강요받았던 아이들에게 효과적이다. 놀이 중심의 언어치료에서는 딱딱한 책상보다 바닥에서 놀이하듯 아이와 자연스런 상호작용을 이끌 수 있는 여러 가지 놀잇감의 준비가 요구된다.

이에 비해 언어 문제 해결 중심의 언어치료 방법은 아동의 언어 문제를 직접적으로 다루면서 해결해가도록 가르치는 직접 교수법이다. 말의 모방이나 연습을 반복적으로 수행하도록 유도하면서 말의 변화를 아동이 빠르게 체득하게 한다. 이 방법은 직접적인 언어 지도로 아동이 치료사의 발성을 모방하도록 고의적으로 훈련을 시키는 방법이기에 아동의 언어 문제를 다루기에 앞서 아이가 심리적 준비가 얼마나 되었느냐가 가장 중요한 관건이 된다. 섣부르게 준비되지 않은 아이들은 언어치료에 대한 반감을 갖고 치료실을 거부하기도 하기에 주의가 요구된다. 하지만 빠른 변화로 자신의 언어 능력의 향상을 즐거워하는 아동에게는 매우 좋은 방법이 된다.

7) 언어치료 형태

언어치료 형태는 일대일 혹은 그룹으로 진행된다. 일대일은 40분 정도 주 2회~3회로 진행된다. 그룹의 경우 50분 정도 주 1~2회에서 실시되는데 그룹의 수는 아이들이 충분히 서로 말을 할 수 있는 기회가 주어져야 하므로 2~3명 정도가 적합하다. 그룹으로 진행되는 경우 화용론적 접근법에 의한 의사소통 능력을 기르는데 목적이 있다. 실생활의 의사소통 장면에 대한 모델로 대화를 시작하고 유지하기, 화자의 견해를 이해하기, 상황의 전후관계를 알아맞히기 등의 내용이 포함된다.

8) 언어치료사

언어치료사는 학교의 언어치료학과를 졸업하거나 언어병리학회 등 학회에서 인증하는 자격을 이수하였을 때 언어치료사로 활동이 가능하다. 2012년부터 국가공인 언어치료사 시험이 시작되었고 앞으로 점차 국가공인의 자격증 시험에 의해 언어치료사 자격이 부여되는 방향으로 확대되어 갈 것이다. 언어치료사 담당의 기타 영역에는 삼킴장애, 방언교정, 이중언어 사용자의 언어교정 등이 있다.

언어는 세상과 소통하는 중요한 수단이다. 언어치료사는 의사소통 장애인을 대상으로 그들의 원활한 의사소통을 돕기 위한 평가, 치료, 교육, 임상 연구 등의 제반 업무를 담당하는 전문가이다. 언어치료사 또한 클라이언트의 삶의 질을 높이는 공통된 목표를 갖고 있는 재활치료 팀의 중요한 일원으로 큰 역할을 하고 있다. 클라이언트의 독립된 일상생활을 이루기 위해서 팀원들간의 유기적인 협력이 필요하다.

4 언어장애의 하위 유형들

언어장애는 호흡, 발성, 조음 등의 기관에 생리적인 잘못이 생길 때에 발생할 수 있으며, 뇌손상으로 인하여 규칙, 낱말 등의 파괴 또는 출로(出路) 폐쇄로 인하여 발생하기도 한다. 또한 말의 인식통로인 귀를 통한 청각계통의 손상이 언어장애를 일으킬 수도 있다. 언어장애를 일반적으로 분류하면 다음과 같다.

1) 의사소통장애

(1) 언어장애(Language Disorder)

① 정의

DSM-5에서는 단순언어장애(specific language impairment)로 분류되었던 표현 언어장애와 혼재된 수용-표현 언어장애를 통합하여 언어장애로 규정하였다. 언어발달장애의 대표적인 예로서 아동이 언어발달과정에 어려움을 겪을 때 발생하는 것으로 아동이 언어 이외의 발달에는 큰 문제가 없으나 또래나이의 아동에 비해 언어 및 의사소통 능력이 심각하게 떨어져 가족이나 친구와 의사소통이 잘되지 못하는 경우를 단순언어장애라고 말한다. 이러한 문제가 신경학적 이상이나 구강구조 기능의 이상, 사회적 사회 작용 능력의 장애에 의한 것이 아니다.

표현 언어장애는 말의 표현과 관련된 어려움으로 말의 양이 제한되거나 제한된 어휘 범위, 새로운 단어를 배우는 어려움, 단어 찾기나 어휘를 잘못 쓰기, 짧은 문장, 단순한 문법구조, 제한된 문법구조, 제한된 문장, 문장의 중요 부분 생략, 느린 언어 발달 속도를 보인다. 이에 비해 비언어적 기능과 언어 이해는 정상 범위에 있다. 따라서 이들은 다른 사람의 언어를 이해하는 능력은 비교적 잘 유지되어 있는 반면 자신의 의사를 표현하는 능력에서 장애를 나타낸다. 전체적으로 언어 발달 지표를 따라가지 못하거나 행동상으로 다른 사람들과의 관계 형성이나 대화를 하려고 하는 시도는 정상적인 양상을 보인다.

수용 언어장애는 주로 듣고 반응하는데 어려움이 있는 것으로 질문에 부적절한 반응, 들은 정보 기억하기, 구두 지시 따르기, 대화의 중단 인식하기, 이야기 순서 기억하기, 유머나 은유적 표현 이해, 중문이나 복합문 이해 등에서 어려움을 보인다.

② 특징

이러한 언어장애 아동의 특징은 언어발달이 또래아동에 비해 뒤처지거나 정상아동과 다른 특성을 보인다. 첫 낱말의 시작이나 낱말조합의 시작이 늦다. 다른 사람의 말을 빨리 이해하지 못하고 사용하는 낱말의 수를 늘려나가는데 어려움을 겪는다. 특히, 명사의 경우 또래아동과 비슷한 능력을 보이나 동사의 경우 의미와 소리를 빠르게 연결하는데 어려움을 보인다. 기본적인 통사범주들을 사용(예, 명사, 동사를 사용하며, 복문도 사용)하지만 정상아동에 비해 통사적 실수의 빈도가 잦고 그 유형도 다른 경우가 있다.

3세 단순언어장애아동들은 주요한 논항(목적어 등)을 빠트리거나 주동사 자체를 생략하는 일이 또래아동보다 더 빈번하다. 학령기에 이르면 자발적 발화에서 논항들을 빠트리는 실수는 매우 적다. 그러나 구문구조의 실수가 정상아동에 비해 더 빈번하다. 또한 사동 및 피동변형 구문에서 어려움을 겪는 등의 문법 변형 능력이 제한적이다. 조음음운

능력에서 또래아동에 비해 발성양이 적고 발성유형도 다양하지 못하며 청각적 정보처리 능력이 떨어진다. 기본적인 대화차례는 지킬 수 있으나 대화에서 주제운용능력이 제한되고, 이야기하는 능력이 떨어진다. 또한 전반적 학습능력이나 읽기능력, 나아가 사회성에서도 제한된 모습을 보이는 경우가 있다.

③ **평가**

언어장애 아동을 진단하는 방법은 특성 심리측정검사방법들을 이용하여 언어장애 아동을 진단할 수 있으며 자발적 발화자료를 수집 • 분석하여 각 아동의 강점과 약점을 평가한다. 평가는 표준화된『그림어휘력검사』가 있으며, 유도된 발화를 통해 촉진적인 치료접근법을 구상할 수 있다.

(2) 발화음 장애(Speech Sound Disorder)

① **정의**

호흡기관, 발성기관 또는 조음기관의 손상 등으로 인하여 말소리의 산출이 잘못된 말장애와 주변기관은 정상적이나 뇌손상으로 인하여 말소리를 만들지 못하는 장애를 조음장애 또는 음운장애(articulation and/or phonological disorders)라고 한다. 이를 DSM-5에서는 발화음 장애로 부른다. 발화음 장애는 말소리를 산출할 때 어려움을 지니는 장애로 일반적으로 첨가, 생략, 왜곡, 대치 등 단어 산출상의 오류를 의미한다. 예를 들어 아버지를 발음할 때 '아버버지'라고 말하는 것은 첨가의 오류 형태를 보이는 것이고, '아지'라고 발음하는 것은 생략의 오류, '아봐지'라고 발음하는 것은 왜곡의 오류, '알러지'라고 발음하는 것은 대치의 오류를 보이는 것이다. 발화음 장애는 정확한 음을 소리내지 못하는 장애이고, 음운장애는 소리에 대한 내적 표상이 빈약해서 나타나는 장애로 특정 말소리를 산출할 수는 있지만 상황에 따라 말소리를 식별하고 만들어서 정확하게 발음하지 못하는 경우이다.

② **원인**

발화음 장애를 원인에 따라 분류하면 기능적 발화음 장애와 기질적 발화음 장애로 나눌 수 있다. 기능적 발화음 장애는 어떠한 구조적, 청각적, 신경학적 결함이 없고, 느리기는 하지만 점차 자발적인 개선이 이루어지며 아동이 말을 시작하는 시기가 늦은 것이 특징이다. 기능적 발화음 장애아동들의 경우, 학령기에 이르면서 읽기, 쓰기, 철자법 등에서 문제를 보이는 경우가 많다고 보고되고 있으며, 읽기능력과 함께 음운인식능력에도 어려움을 나타내기도 한다.

기질적 발화음 장애의 경우 말소리 기관의 심각한 구조적 이상이나 신경학적 손상으로 문제가 초래될 수 있다. 구조적 이상은 선천적, 후천적으로 나타날 수 있으며 구순구개열이 선천적 이상 중 가장 흔한 장애이다. 또한 입술, 혀, 경구개, 연구개, 비인두의 기관 이상의 원인이 있으며, 유전질환에 의한 발화음 장애를 볼 수 있다. 단설증은 소대가 너무 짧아서 혀끝을 올리지 못하기 때문에 /ㄹ/,/ㅅ/음에 문제를 보일 수 있다. 부정교합의 경우 아랫니 윗니가 심하게 떨어져 있기 때문에 나타나는 현상으로 /ㅅ/ 계열, /ㅈ/ 계열, /ㄹ/음 등에서 왜곡된 발음이 나타난다. 청각장애는 정확한 음의 지각이나 식별이 어렵기 때문에 조음 문제를 동반해서 보이기도 한다.

③ **치료**

조음장애아동의 언어치료 과정은 귀 훈련 즉 감각-지각 훈련을 통해 잘못된 발음을 찾아 식별하거나 변별하는 활동을 하거나 말의 산출 훈련으로 정확하게 음을 내거나 음을 습득한다. 올바른 발음을 유지시키도록 단어, 구, 문장에서 정확히 발음하게 하고 대화에서 성공적으로 발음하도록 도와 점차 일상생활로 옮겨가도록 확장시켜 간다.

④ **음성장애**

그 외 음성장애(voice disorder)가 있다. 음성장애는 성대, 호흡기관 및 말소리의 구조적 또는 기능적 이상으로 인해 소리 높낮이(pitch), 크기(loudness) 또는 음성의 질의 변화를 보이는 말장애의 한 유형이다. 보통 목소리의 문제로 성대를 통한 정상적인 음성산출이 어려운 것을 말한다. 음성장애의 원인은 성대에는 특별한 병변이 없으나 성대를 혹사(남용)하였거나 또는 성대를 잘못 사용(오용)하여 음성장애가 발생하고, 발성기관의 구조적 손상과 종양 등 기질적 질병이 원인이 되기도 한다.

음성장애의 주요 증상으로는 쉰 목소리(hoarseness), 성대 피로(vocal fatigue), 기식화된 소리(breathness), 발성 폭의 축소(reduced phonational range), 무성증(aphonia), 높낮이 일탈 또는 부적절하게 높은 소리(pitch break or inappropriately high pitch), 쥐어짜는 소리(strained voice), 떨림(tremor)이 나타난다.

(3) 아동기-발생 유창성장애(Childhood-Onset Fluency Disorder, Stuttering)

① **정의**

유창한 말이란 말하는 사람이 편안히, 불필요한 노력없이, 계속적으로 일정한 속도를 유지하는 것을 말한다. 부적절한 속도나 부적절한 리듬으로 말하는 것에 어려움이 생겨 말의 흐름이 자연스럽지 않은 장애를 유창성장애라고 한다. 유창성장애는 말이 너무 빠르거나 문장의 잘못된 곳에서 쉬거나 부적절한 형태의 강세를 사용하거나 흐름이 부드럽지 못하여 음절이나 단어를 반복하는 등의 문제를 보인다.

보통 말더듬(stuttering)이라고 부르는 문제가 유창성장애에 속하며, 말더듬은 민족, 문화, 지역에 관계없이 발견되며 남녀노소, 지능, 직업과도 무관하게 나타난다. 이렇듯 말더듬은 매우 흔한 일이어서 전 인구의 1% 이상은 이 문제를 겪는다고 알려져 있다.

말더듬이 유창성장애의 대표적인 현상이지만 유창성장애가 말더듬이라고 말할 수는 없다. 유창성장애란 말의 흐름이 자연스럽지 않은 장애를 뜻한다. 유창성장애에는 말더듬 이외에 말빠름증(cluttering)이 있지만 말더듬에 비해 발생률이 극히 낮다.

② **말더듬 특징**

말더듬이는 소리나 음절의 비정상적인 멈춤(소리가 없음), 반복(어..., 어...엄마 등), 오래 끌기(어~~엄마)에 의하여 말의 흐름이 끊어지는 양상(말더듬의 1차적 행동특성)을 보인다. 동시에 이러한 말 더듬는 행동을 피하기 위한 노력으로 눈 깜빡이기, 입벌리기, 입술 다물기, 쉬운 단어로 대체하기, 삽입음 넣기 등의 양상(말더듬의 2차적인 행동특성)도 보인다. 말을 할 때 이상한 얼굴 표정이나 신체의 움직임이 동반되기도 한다.

말더듬은 어린 시절에 발생하며, 발생하더라도 자연적으로 사라지는 사례가 많다. 그러나 성인기까지 지속되어서 의사소통 및 사회생활에 어려움을 끼친다면 적절한 해결책을 모색해야 한다. 말더듬의 주요 양상은 소리나 음절의 반복, 모음의 연장, 소리의 막힘 등으로 인하여 말의 흐름이 순조롭지 못한 현상을 보인다. 이러한 일차적인 증상이 더 심해지면 말더듬에서 빠져 나오려는 탈출행동(escape behavior)과 말을 기피하는 회피행동(avoidance behavior)이 생기고 심리적으로 위축되어 자기 자신을 비하하는 열등의식까지 갖게 된다. 특히 말더듬이 인식될수록 심리적 부담감이 증가해서 말더듬 치료가 더욱 어려워진다.

③ **말빠름 특징**

말빠름증은 말의 속도가 너무 빨라서 생기는 유창성장애로 종종 사고장애와 언어장애를 동반하기도 한다. 말의 리듬이 불규칙하고 발음이 엉키는 듯하고 강세나 높낮이가 없이 단조로운 어조로 말하는 것이 특징이다. 말의 속도가 너무 빠르고 음을 추가하거나 잘못 발음함으로써 말을 이해하기 힘든 경우가 많다. 아동은 자신의 지나친 구어속도나 왜곡된 발화를 깨닫지 못한다. 말더듬과의 차이는 말빠름증을 보이는 아동은 스스로의 문제를 인식하면 오히려 그 문제를 적절하게 해결해서 극복하는 모습을 보이는 경우가 많다는 점이다.

④ **치료**

유창성장애는 개인의 심리적 문제 및 경험과도 밀접하게 관련되므로 진단과 치료에도 다양한 전문가들의 협력이 필요하다. 유창성장애의 언어치료에는 공포 낱말이나 불안 상황에 대처하는 방법을 가르쳐 적응능력을 기르는 쉽게 더듬기법이라고 하는 '유창성 수정법'과 공포와 회피 행동을 목표로 삼지 않고 말의 유창성을 증가시키는 것을 중점으로 유창한 구어로의 접근적 접근법을 시도하는 '유창성 완성법'이 있다.

(4) 사회적(화용론적) 의사소통장애(Social(pragmatic) Communication Disorder)

① **정의**

사회적 의사소통장애는 DSM-5에서 새롭게 하위 유형으로 구분된 장애로 지적장애나 자폐 아동 등에서 보이는 화용론적 언어 사용의 어려움을 갖는 모습을 말한다. 화용론적 언어는 사회적 상황에서 언어를 사용하는 것을 의미하는 것으로 사회적 상황에서의 언어 사용과 관련된 규칙을 이해하는 것을 말한다. 사회적 또는 상황적 단서를 이해하기, 다른 사람에게 영향을 미치기 위하여 언어를 사용하기, 담화에 참여하기, 다른 사람에게 말하는 기회를 넘겨 주기, 대응쌍을 이해하기 등의 의사소통 기술의 내용이 포함된다.

② **특징**

지적장애 아동은 몸짓과 의도(intention)의 발달은 정상 아동과 유사한 발달 패턴을 보인다. 하지만 대화할 때 소극적인 역할을 맡거나 또래에 비해 명료화 기술이 떨어지고 대화를 시작하고 유지하기가 어렵고 의사소통이 끊어지는 것을 회복하기 어려운 경우가 많다.

자폐적 특성을 보이는 아동들은 대화를 시작하고 유지하는 데 어려움을 겪기 때문에 대화의 단위가 짧고, 제한된 범위의 의사소통 기능을 보이며, 언어 형태나 내용이 상황맥락에 맞지 않아 부적절한 화제를 시작하거나 고착되는 모습이 있다(헤어질 때 '안녕'하고 인사하는 것이 아니라 '이용해주셔서 대단히 감사합니다.'라는 말을 하는 모습 등). 또한 몸짓을 사용하지 않고 의사소통 중 상호작용을 위한 눈맞춤을 사용하지 못하고 즉각 반향어와 지연 반향어를 사용하고 틀에 박힌 말과 특이한 억양패턴과 운율 이상을 보인다. 질문을 과도하게 사용하기도 하고 반복을 많이 하며, 화자-청자의 역할에 어려움을 보인다. 이러한 화용론적 언어 문제를 보이는 아동의 언어치료 그룹을 통해 사회적 상호작용을 촉진시키면서 언어지도를 한다.

2) 신경 말 · 언어 장애(neurogenic language · speech disorders)

(1) 실어증 원인

신경계 손상으로 생길 수 있는 가장 대표적인 증세인 실어증(aphasia)이 있다. 실어증은 언어습득 시기가 지난 후에 뇌손상으로 인하여 후천적으로 발생하는 언어장애를 말한다. 좀 더 구체적으로 말하면 첫째, 실어증은 언어장애이다. 둘째, 실어증은 다중양식(언어를 구사하는 방법-듣기, 읽기, 말하기, 쓰기)적 언어기능의 저하이다. 실어증이 생기면 모든 양식에서 어려움이 생긴다. 셋째, 실어증은 언어수행의 장애이다. 넷째, 실어증에서 나타나는 문제가 다른 장애(인지기능장애, 감각 · 지각력 감소, 운동장애 등) 때문에 발생하는 것인지를 알아야 한다. 다섯째, 실어증은 뇌졸중과 같은 질환으로 발생하는 징후(sign) 혹은 후유증이다. 실어증의 원인으로는 뇌졸중, 뇌종양, 두부 손상, 뇌염 등이 있다.

(2) 실어증 분류

실어증을 분류하면, 먼저 브로카 실어증(Broca's aphasia)이 있다. 브로카 실어증은 비유창성 실어증(nonfluent aphasia), 근육 운동실어증(motor aphasia), 표현언어 실어증(expressive aphasia), 또는 전위 실어증(anterior aphasia)이라고도 한다. 이 실어증의 특징은 청각적인 언어 이해력은 비교적 좋으나 말이 유창하지 못하며, 조사를 빠트리고 어미 활용변화가 없는 낱말로 이루어진 문장을 사용한다(예, "학교에서 놀았어"를 "학교 놀아"). 또한 문법의 규칙을 잘 지키지 않는 문장을 쓰며 글을 쓰는 능력이 손상되는 경우가 많다.

베르니케 실어증(Wernicke's aphasia)은 유창성 실어증(fluent aphasia), 감각신경 실어증(sensory aphasia), 수용언어실어증(receptive aphasia), 또는 후위 실어증(posterior aphasia)이라고도 한다. 특징으로는 억양과 발음의 측면에서 보면 말이 유창하고 조음장애가 거의 없다. 그리고 문법의 규칙을 잘 지키는 편이나 의미없는 말소리의 연속체를 마음대로 사용하기 때문에 말의 뜻을 이해하기 어렵고, 말소리를 통한 말은 이해하지 못하는 경우가 많다. 하지만 제스쳐 등의 행동을 사용하여 상호 의사소통을 잘하는 편이며 기계적으로 글씨를 쓸 수 있는 경우가 많다.

(3) 실어증 평가

실어증 평가는 미네소타실어증검사, 웨스턴실어증검사, 보스톤실어증검사가 널리 쓰이고 있으며, 실어증심화검사로서 보스톤이름대기검사(한국판)가 있다.

3) 청각장애

(1) 청각장애 원인

청각기관의 문제로 발생한 청력손실은 의사소통에 큰 영향을 미친다. 청각장애는 소리를 듣는 능력이 저하된 장애로 출생 후 신생아부터 노인에 이르기까지 전 연령에서 나타날 수 있는 문제이다. 청력손실의 원인이 바깥귀나 가운데귀에 있다면 의학적인 처치에 의해 전부 혹은 일부의 청력회복이 가능하나 속귀의 손상이 원인이라면 의학적 치료로 청력기능을 회복하기에는 거의 불가능하다.

(2) 치료

청력손실로 의사소통장애를 갖는 경우 청각재활 훈련을 받아야 한다. 대개 두 가지 분야로 실시되는데 첫 번째는 보청기나 인공와우 이식 등의 기계적인 방법으로 보완하여 주는 기기의 처방 및 착용지도이고, 두 번째는 재활교육으로 인지훈련, 청능훈련, 의사소통훈련, 독화훈련, 수화훈련, 심리훈련 등이 있다. 따라서 청각장애의 문제를 해결하기 위해서는 이비인후과 의사, 청능치료사, 청각사, 언어치료사의 협력이 필요하다.

5 언어 평가 도구

1) SELSI(Sequenced Language Scale for Infant)

영유아의 언어장애의 조기 선별을 목적으로 하는 검사 도구이다. 선별검사는 진단이 아닌 문제의 가능성의 유무로서 문제가 있다고 의심될 때는 언어치료 전문가의 평가를 다시 의뢰해서 정확하게 문제가 있는지를 판별받아야 한다. 이 검사는 부모가 체크리스트로 연령별 수행정도를 보고 기록하는 것으로 자의적 판단에 의한 오류 가능성이 높은 게 단점이다.

2) PRES(Preschool Receptive & Expressive Scale)

표현 및 수용언어 검사라고도 불리는 검사로 만 2~6세 아동의 언어 발달 지연을 판별하는 도구이다. 아동이 검사자의 질문에 직접 말하거나 행동으로 수행하고, 성공여부에 따라 언어 수행 수준이 연령으로 표기된다. 수용 언어 연령과 표현 언어 연령을 비교해서 볼 수 있다. 부모와의 면담 항목도 따로 포함되어 있다.

3) REVT(Receptive & Expressive Vocabulary Test)

대표적 어휘력 검사로도 수용 어휘 검사와 표현 어휘 검사로 구분되어 있다. 어휘 발달 연령과 생활 연령을 비교 가능하다. 만 2세 6개월~성인까지 사용할 수 있도록 구성되어 있다.

| 그림 6-1 | 표현 및 수용언어 검사 도구와 어휘력 검사 도구

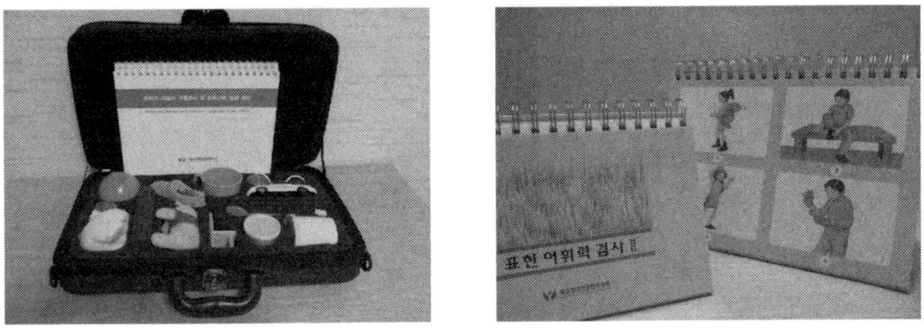

4) U-TAP(Urimal Test of Articulation and Phonology)

만 2~12세의 우리말 자음과 모음의 발음 문제를 보이는 아동에게 실시하는 조음 검사이다. 우리말 자음 19개와 모음 10개를 검사해서 음소의 종류, 위치별 오류 유형을 평가한다. 그림낱말 검사와 그림 문장검사로 구성되어 있다. 오류 패턴을 정확히 판단하기 위해 오디오 녹음을 한다.

5) P-FA II(Paradise-Fluency Assessment II)

표준화된 유창성 검사도구이다. 취학 전, 초등생, 중학생 이상 등 연령별대로 나누어 검사를 실시한다. 유창성의 문제를 보이는 다양한 상황을 검사 동안 재연한다. 단어나 문장의 구어 평가, 짧은 책 읽기, 장면그림 설명하기, 순서정해서 이야기 만들기, 자유 놀이 시간의 의사소통 태도 평가 등을 통해 유창성 문제 여부를 판단한다. 유창성이 나오는 상황을 정확히 알아내기 위해 비디오 녹음을 병행한다.

| 그림 6-2 | 유창성 검사 도구

6 사례

1) 초기 상태

30개월의 수철이는 간단한 호명반응만 있을 뿐 질문에 반응없이 묵묵부답이었다. 질문을 거의 이해하지 못하고 모방행동도 보이지 않았다. 웃지도 않고 눈맞춤도 서투른 수철이는 언어 표현도 매우 제한적인 단어로 상호작용을 하였다. 관찰만으로도 언어 지체가 심각한 모습이었다.

2) 언어평가

PRES를 통해 얻은 결과는 6-7개월 수준으로 심한 언어 발달 지체를 보였다. 아이의 지체가 심해 청각이나 조음장애의 문제가 동반되었거나 혹은 뇌 신경 질환의 가능성이 의심되었으나 이러한 문제는 없는 것으로 나타났다. 오히려 말이 없는 부모의 적절한 언어 자극적 환경 조성이 부족한 것이 가장 큰 원인이었다.

3) 언어치료

(1) 언어 모방 훈련

짧은 단어를 천천히 분명하게 들려주면서 한 글자씩 끊어서 다음 말을 유도하는 훈련을 실시하였다. 다음으로 소리 내지 않고 입모양으로만 유도해서 모방하게 하였다. 마지막으로는 '이게 뭐지?'라는 질문을 하고 3초 정도 기다려서 스스로 답을 하도록 유도하였다.

(2) 노래를 이용한 신체이름 익히기

노래를 즐거워하고 동요에 대한 반응이 좋은 수철이에게 동요를 이용해서 단어 익히기를 연습시켰다. '손은 어디 있나?~요기' 등으로 노래에 맞춰 듣고 반응하기를 유도하였다.

(3) 언어 자극

넓은 공간에서 뛰어놀며 발성을 하게 하였다. 목소리를 크게 트이면서 말하기에 자신감을 얻게 한다. 수철이와의 대화에서 부정적이고 명령적인 표현을 하지 않도록 주의하였다.

(4) 부모 언어 지도

수철이가 집에서 언어적 모방이 적극적으로 나올 수 있도록 부모가 지도할 방법을 알려주고 연습하게 부모를 격려하였다. 이외에 유산소 운동이 뇌에서 언어를 주관하는 대뇌를 발달시키기 때문에 언어발달에 도움이 되기 때문에 가정에서 '수영하기'를 병행하였다.

4) 언어치료 결과

주 2회의 치료과정을 통해 20회 정도 진행되었을 당시 입 모양을 따라하는 모방이 나타났으며 엄마의 말을 따라 하기 시작하는 등 언어 모방에 대한 욕구가 증가하고 시도가 많아졌다. 또한 엄마의 지시에 적절하게 반응하고 행동하는 모습이 많아졌다. 부모도 수철이의 반응에 점차 흥미가 생기면서 상호작용이 늘고 가정에서 수행하는 연습에 열심히 참여하여 주어 빠른 진전을 보이고 있다. 현재 단어 수준의 표현에서 한 낱말 사용이 활발해지면 문장 표현 프로그램을 통해 두 낱말, 세 낱말로의 확장을 도모하고자 한다.

| 그림 6-3 | 언어치료실 모습

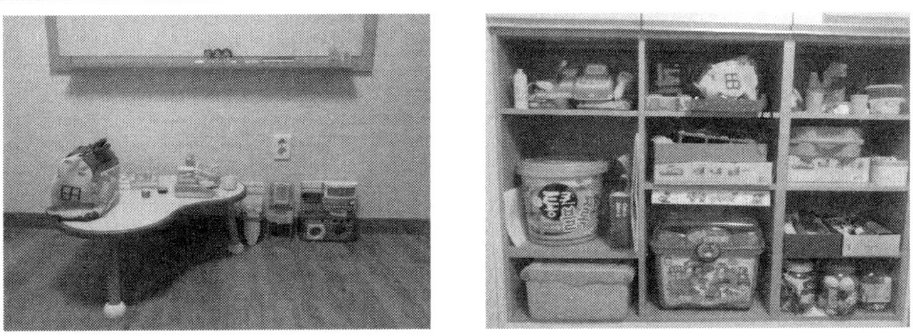

제 7 장

감각통합치료

1. 감각통합의 의미
2. 감각통합의 발달과정
3. 감각통합장애
4. 감각통합평가
5. 감각통합치료
6. 사례

제7장

감각통합치료

1 감각통합의 의미

감각통합은 주변의 환경과 자신의 신체로부터 주어지는 자극에 적응하는 데 필요한 감각을 뇌에서 받아들여 등록하고 조직화하여, 그 환경 속에서 효과적으로 신체를 사용하게 하는 신경학적 과정이다. 감각통합이론은 미국의 교육심리학자이며 작업치료사인 A Jean Ayres에 의하여 처음 정의되었다. Ayres는 학습장애아동과의 프로그램에서 학습상황이 전정계 활동, 즉 뱅글뱅글 돌거나 뜀뛰기를 한 다음 더 개선이 되는 것을 보고 자신의 신경학적 지식을 동원하여 감각계에 관심을 갖게 되었다. 이후 실행(Praxis)기능과 감각의 등록, 조절에 대한 부분까지 연구가 이루어지면서 자폐아동, 중증장애아, 뇌성마비, 정신과 질환 아동 등 대상이 다양해 졌다.

감각통합은 태아가 자궁에서 어머니의 신체 움직임을 뇌가 느낄 때부터 시작된다. 수많은 양의 감각통합은 기고, 서기 위해 일어나며 발달한다. 아기가 자라면서 걸음마를 하는 것은 어른의 강제적인 요구가 아니라 스스로가 걸음을 걸을 만하다고 판단될 정도의 발달이 되었을 때, 걸어야 하는 환경이 자연스럽게 조성이 되고, 걸어야 하겠다는 내적인 동기가 발생될 때, 전정계와 고유계의 균형자극이 경험하고, 이에 넘어지지 않도록 몸의 항중력 근육을 수축시켜서 걸음마라는 적응반응을 하게 된다. 이러한 적응반응은 감각통합의 과정에서 성립되는 것이며, 감각통합치료의 목적은 이와 같은 적응반응을 이끌어 내는 것이다. 이와 같은 적응반응을 자연스럽게 이끌어낼 수 있도록, 특히 전정감각, 고유수용성감각, 촉각을 조절해 가면서 아동에게 적용해간다.

2 감각통합의 발달과정

감각통합 기능은 자연스러운 순서로 발달하고 모든 아동은 동일한 기초적 순서를 따른다. 어떤 아동은 더 빠르게 발달하고 어떤 아동은 더 느리게 발달하지만, 모든 발달은 비교적 동일한 길을 따른다. 감각통합발달의 정상적 순서에서 크게 뒤쳐진 아동은 생활하면서 또는 다른 사람과 함께 하는데 문제를 가진다.

아동의 발달은 모든 아동에게서 볼 수 있는 기본원리가 있다. 가장 기본적인 원리는 조직화하는 것이다. 신생아는 보고, 듣고, 신체로부터 감각을 느끼지만, 이 감각들을 조직화하기는 어렵기 때문에 주변의 많은 것들의 의미를 알지 못한다. 아동은 감각을 경험함에 따라, 점차 신경계 내에서 감각들을 조직화하는 것을 배우고 그것들이 의미하는 것이 무엇인지 발견해 나간다. 의미를 모르던 감각은 점차적으로 경험에 따라 뇌의 조직화를 배우고, 특정한 감각에 집중하거나 무시하는 것을 배우면서 도전하고 통합하는 감각을 재미있어 하는 내적동기(inner drive)가 생기고 조직화된 감각으로 발전한다.

우리는 일상생활의 매 순간 다양한 감각채널을 통해 많은 정보를 얻는다. 그 정보는 내 몸에서 전해오는 감각이기도 하고 외부환경에서 오는 감각이기도 하다. 감각은 이렇게 내 몸에서 오는 감각인 근위감각(the near senses)과 내 몸의 밖, 즉 외부환경에서 오는 감각인 원위감각(the far senses)으로 구분할 수 있다. 원위감각은 내 몸을 중심으로 보았을 때 외부에서 오는 감각 즉 시각, 청각, 미각, 후각, 촉각 즉 오감이라고 할 수 있다. 내 몸으로부터의 감각인 근위감각은 일상에서 직접적으로 인식되거나 조절할 수 있는 감각이 아닌 신경학적 측면에서의 감각, 즉 고유수용성감각, 촉각, 전정감각을 말한다. Ayres는 이 세가지 감각계가 발달의 기초가 되는 중요한 감각이라고 강조하였다.

감각통합의 과정은 4가지 단계로 표시한다. 첫 번째 단계에서는 촉각으로부터 얻어지는 빨기, 먹기, 엄마와 유아의 유대를 형성하게 하는 것이다. 또한 전정감각과 고유수용성감각의 통합이 조직화된 안구운동, 자세, 신체적 균형, 근긴장도, 그리고 중력에 대한 안정감을 획득한다. 두 번째 단계에서는 촉각, 전정 및 고유수용감각의 통합을 통하여 신체지각, 신체 양측의 협응, 운동계획, 활동수준, 주의력, 정서적 안정감으로 통합된다.

세 번째 단계에서는 청각과 시각이 통합과정에 포함된다. 청각과 전정감각의 통합은 신체를 지각하고 언어를 이해하고 말할 수 있도록 도우며, 시각은 촉각, 전정감각, 고유수용감각과 통합되어 아동이 정확하고 자세한 시지각을 갖도록 함으로써 손과 눈이 협응된 움직임을 갖도록 한다. 이 단계에서 아동은 비로소 목적을 갖는 일, 예를 들어 숟가락을 사용해 밥을 먹는 일이나 그림을 그리거나 물건을 붙이거나 떼는 일을 할 수 있게 된다. 네 번째 단계에서는 전체 두뇌의 기능을 형성하기 위하여 모든 것이 함께 기능하게 된다. 이것은 앞서 일어난 세 단계의 감각통합을 거쳐야만 가능한 일이며 이때는 조직하고 집중하는 능력, 자기주장, 자기 통제 및 자신에 대한 만족이 생기게 된다. 또한 신체 양쪽과 두뇌의 자연스러운 분화가 일어나게 된다(그림 7-1).

| 그림 7-1 | 감각통합의 과정

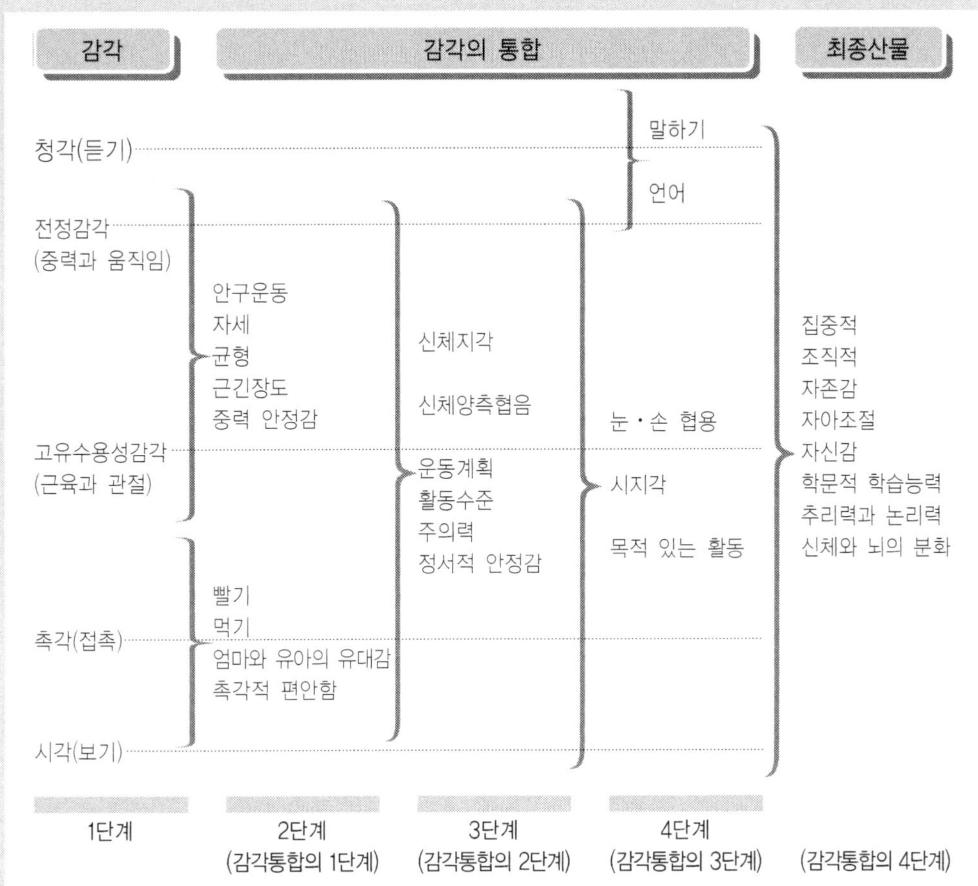

출처 : 진 에어즈, 김경미 외 역. 감각통합과 아동. 군자출판사. 2006.

감각통합의 기능은 갑자기 도약하는 것이 아니라 모든 것이 함께 발달되는 것이다. 다만 발달의 비율이나 속도는 조금씩 다르며 이 기능의 어느 것도 1세 때에는 다 발달하지 않는다. 아동은 약 7세에 이르렀을 때 표준화된 검사에서 거의 성인 수준의 감각통합 발달을 보인다. 2개월 경에는 통합의 1단계가 가장 많이 일어나며, 2단계는 아주조금, 3단계는 거의 일어나지 않는다. 1세 경에는 1단계와 2단계가 가장 중요하며, 3단계가 점차 중요하게 비중을 차지하게 된다. 3세 경에는 여전히 1,2,3단계가 작용하고 있으며 4단계가 시작된다. 6세에는 1단계가 완성되고, 2단계의 대부분이 완성되며, 3단계가 활발히 작용하면서 점차 4단계가 중요하게 된다.

3 감각통합장애

감각통합장애는 뇌가 통상적이고 효율적인 방식으로 기능을 하지 못한다는 것을 의미한다. 결국 뇌는 자신에 관한 또는 자신을 둘러싼 세상에 대한 효과적이고 상세한 정보를 제공하는 감각자극의 흐름을 처리하거나 조직화하지 못한다. 뇌가 감각입력을 능숙하게 처리하지 못하는 경우, 행동을 효과적으로 할 수 없을 수도 있다, 효과적인 감각통합이 없다면 무언가를 학습하는 것이 어렵고, 종종 자신에 대해 불쾌감을 느끼게 되며, 일상적인 요구와 스트레스에 대해 쉽게 대처할 수 없게 된다. 심각한 뇌의 외상으로 인해 발생하는 상해나 질병 역시 불충분한 감각처리를 유발한다. 그렇지만 감각통합장애을 지닌 대부분의 아동들은 뇌의 구조적인 손상을 지니고 있지 않다. 그렇기 때문에 감각통합에 장애가 있는 아동들은 종종 균형이 잡히지 않은 방식으로 발달하게 된다.

감각통합장애는 조절과 실행의 행동적 양상으로 나타날 수 있어, 기능장애에는 크게 감각조절장애와 실행장애로 분류한다.

1) 감각조절장애

조절은 환경에 적응하고 조화를 이루는 것을 의미한다. 중추신경계 관점에서 보면 현재의 상황에 맞추어 다양한 감각의 입력에 대해 신경단위의 활동을 강하게 하거나 약하게 하는 것이다. 즉 신경조절은 환경의 변화에 적응하기 위해 흥분입력과 억제입력의 균형을 유지하는 것을 의미한다. 조절된 행동 반응을 보이는 능력은 비록 정교하게 다듬어지진 않았을 지라도 생후 초기부터 존재한다. 예를 들어 피곤해진 아이는 울다가 엄지손가락을 빨면서 차츰 진정될 수 있을 것이다. 체성감각계를 통해 전달된 구강내의 심부압박(deep pressure)과 촉각은 각성의 조절을 담당하는 중추신경계의 세포에게 충분한 억제입력을 제공하였을 것이다. 이렇듯 감각입력의 조절은 일상생활을 하는데 있어서 중요하다. 관련된 감각에 집중하고 그렇지 않은 것을 걸러내서 적정수준의 각성을 유지하면서 과제에 대한 집중을 하는 것이 조절이다. 조절이 부적절할 때 우리는 혼란스럽고 무시해도 될 모든 자극에 집중하게 된다.

(1) 감각방어

감각방어는 다른 사람이 해롭다고 생각하지 않는 감각에 대해 놀라거나 대항하는 듯한 반응을 보인다. 초기에는 촉각방어만 Ayres를 통해 언급되었었지만 현재 방어는 모든 감각체계에서 일어날 수 있다고 생각된다. 즉, 감각방어는 하나 또는 그 이상의 감각영역에서 해롭지 않은 감각자극에 대해 과도한 보호반응을 나타내는 것으로 일반적으로 피하거나 공포, 불안을 느끼기도 하고 과잉행동 또는 특정한 감각에 집착하는 것으로 나타난다. 감각방어는 아동기에 주변을 탐색하고 다른 사람과 상호작용을 하는데 어려움을 갖게 하므로 신체, 정서, 사회성 발달의 지연을 가져올 수 있다.

감각방어의 유형에는 촉각방어, 구강방어, 중력불안, 자세불안, 고유수용성 감각방어, 청각방어, 시각방어 등이 있다.

촉각방어는 접촉이나 촉각경험에 대하여 과민 반응을 나타내는 것이다. 촉각방어를 가진 사람들은 다른 사람과의 접촉을 피하거나 백화점, 음식점 등 사람이 많은 장소를 싫어한다. 머리를 감거나 자를 때 거부가 심하거나 특정한 옷을 싫어하는 등의 반응을 보인다.

구강방어는 음식의 특정 재질과 입으로 하는 활동을 할 때 과민반응을 나타내는 것이다. 각 개인마다 좋아하는 음식과 싫어하는 음식이 다르다. 부드럽고 물컹한 음식 종류를 피하는 사람도 있고 딱딱하고 거친 음식을 피하는 사람도 있는 것처럼 회피반응의 정도도 다양하다. 어떤 사람들은 입안에서 특정 감각을 느끼기 위해 물건을 씹거나 빠는 행동을 하기도 한다. 영아기부터 먹는 것에 대해 다양한 문제를 가질 수 있다.

중력불안은 머리의 위치 변화와 움직임에 대해서 부적절한 공포반응을 나타내는 것이다. 바닥에서 발이 떨어질 때와 머리가 뒤나 앞으로 기울어질 때 주로 공포를 느낀다. 따라서 회전목마, 자전거, 계단을 오르내릴 때 공포를 느낄 것이다.

자세조절의 어려움으로 인해 특정 움직임에 대해서 공포를 느끼거나 회피하는 반응을 나타내는 것이 자세불안이다. 평평하지 않은 지면 등 다양한 지면 위를 걷거나 몸의 균형에 변화를 가져오는 활동을 할 때 두려움을 느끼게 된다.

고유수용성 감각방어는 관절이 눌려지거나 당겨졌을 때 관절에 주어지는 자극에 대해서 저항을 나타내는 것이다. 서있을 때, 물건을 당기고 밀 때, 뛰어 오를 때, 관절에 무게가

가해지는 활동들을 피하기도 하며 무거운 물건을 들어 올리는 것을 싫어하는 아동들이 있다. 고유수용성 감각방어는 드물지만 다른 유형보다 심각한 문제들을 나타낼 수 있다.

특정소리에 과민 반응을 나타내는 것이 청각방어이다. 청각방어가 있는 경우에는 진공청소기, 화재경보, 알람소리 등 주변환경에서 발생되는 소리를 받아들이는데 문제가 있다.

시각방어는 불빛에 민감한 반응을 나타내거나 시각자극에 대해 과민 반응을 나타내는 것이다. 시선 접촉을 피하거나 시각자극에 의해 쉽게 주의가 산만해지기도 한다.

그 외에 후각, 미각, 온도, 진동 등의 감각영역에서 감각방어를 가질 수 있다.

(2) 중력불안

중력불안은 공간 내에서 직선적 움직임과 중력의 당김을 감지하는 전정감각의 과잉반응 형태로, 머리의 위치변화와 움직임의 대하여 부적절한 공포반응을 나타내는 것이다. 이 문제를 갖고 있는 아동은 움직이는 활동에 대하여 머리자세나 움직임 특히, 공간에서 뒤쪽이나 위로 움직일 때의 변화에 민감하다. 중력불안은 조절과 함께 구별의 문제도 갖게 된다.

(3) 움직임에 대한 회피반응

움직임에 대한 회피반응은 해롭지 않은 움직임에 현기증, 창백함, 구토, 식은땀과 같은 회피반응을 나타내는 것으로 자율신경에 반응에 의해 나타나며 중력불안과 유사하다. 전정감각과 고유수용성감각의 사용에 손상을 입어서 나타난다.

(4) 감각에 대한 과소반응

감각조절에 반응이 없는 상태 즉 자극에 대하여 알아차리지 못하거나 기대보다 낮은 반응을 보이는 것이다.

2) 실행장애

실행이란 새로운 움직임을 계획하는 능력인데, 다시 말하면 습관화되지 않는 운동 행동을 개념화하고, 계획하고, 실현하는 능력이다. 관념화 또는 개념화는 환경과 목적 있는 상호작용을 하기 위해 생각과 개념을 모으는 능력이다. 계획 또는 프로그램밍은 움직임의 연속으로 이루어지고 연속적인 순서는 실행의 핵심이 된다. 감각등록은 입력되는 감각을 기록하는 중추신경계의 과정이다. 이 과정을 통해 정보가 수집된다. 이것은 중추신경계가 적절한 반응을 만들어 낼 수 있도록 한다. 도식개념(schema concept)의 발달은 감각등록, 감각통합, 피드백에 의존하며 실행의 발달에 기초를 형성한다.

실행장애는 의학적 질병이나 발달장애로 설명되지 않으며 일상적인 환경에서 운동 경험의 충분한 기회가 제공되었음에도 불구하고 실행에 문제가 있는 경우를 말한다. 실행장애를 가진 아동들은 움직임이 어눌하기 때문에 운동을 회피하고 일상생활동작기술이 늦게 발달되고 의존적이며, 만들기나 글씨 쓰기 등 미세운동 기술이 부족하고 과제를 완성하기까지 오랜 시간이 걸리는 등의 놀이와 발달에 문제가 초래되어 이로 인해 자존감이 낮고, 쉽게 좌절하고 새로운 상황을 피하려고 하며, 갑자기 울거나 갑자기 즐거워지는 등 정서 및 행동발달에도 부정적인 영향을 미치게 된다.

감각통합 관점에서 실행장애 유형은 양측협응 및 순서실행장애(Bilateral Integration and Sequencing Disorder; BIS)와 체성실행장애(Somatodyspraxia; SD)의 두단계로 구분할 수 있다(그림 7-2). 실행장애 중 SD가 BIS보다 더 심각한 실행에 어려움을 보인다(Fisher&Bundy, 1991).

| 그림 7-2 | 실행장애의 범위

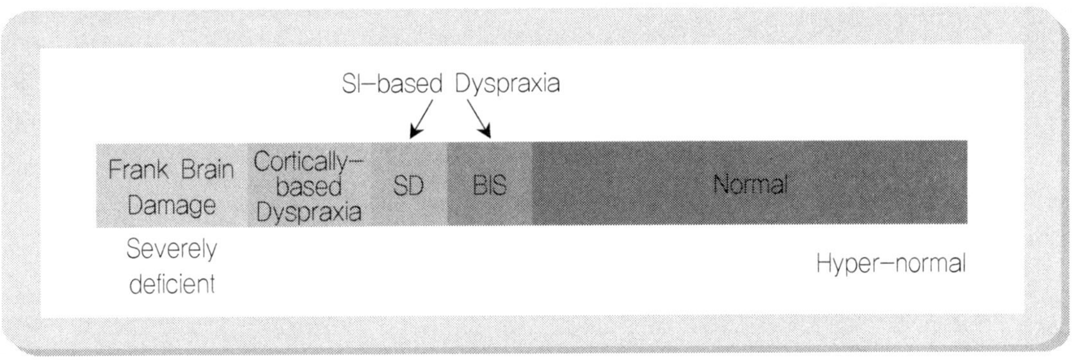

(1) 양측협응 및 순서실행장애(Bilateral Integration and Sequencing Disorder; BIS)

실행장애 중 경한 형태로, 신체 양측을 협응해서 사용하고 움직임을 순서화 하는데 어려움을 가진다. 그리고 전정-고유수용성 감각처리와 감각처리시 피드포워드(feedforward)에 어려움이 있다.

(2) 체성실행장애(Somatodyspraxia ; SD)

운동과제 중 피드백(feedback)과 피드포워드(feedforward) 과정이 필요한 과제에 어려움을 보인다. 체성감각 중, 특히 촉각처리능력에 어려움을 보이며, 전정-고유수용성 감각처리에도 어려움을 보인다.

4 감각통합평가

1) 평가 순서

(1) 1단계 – 면접, 정보수집

: 이 단계에서는 아동에 대한 폭 넓은 정보를 수집한다. 처음에 아동과 만난 순간부터 정보수집은 시작된다. 아동의 침착한 정도, 몸을 사용하는 방법, 정서적인 면, 대인적인 면 등을 관찰한다. 그리고 부모가 아동에 대해 가장 고민하고 있는 문제는 무엇인지, 그 문제를 깨달은 시기나 그 후의 경과, 상담력은 어떤지, 가정이나 학교, 유치원, 어린이집에서의 생활은 어떤지, 그리고 발육력이나 의료정보, 의학적 소견, 심리검사, 언어검사 등의 결과를 상세히 수집하는 것이 중요하다.

(2) 2단계 – 검사, 관찰, 설문

: 이 단계에서는 실제로 감각통합에 관련된 검사를 한다. 임상관찰이나 발달검사를 한다. 이 검사들을 할 경우, 아동의 감각통합장애 형태를 어느 정도 예측하여 검사를 선택해서 실시하는 것이 중요하다. 또한 검사를 할 때는, 검사도구에 의한 결과뿐 아니라 동시에 검사 중 아동의 행동을 관찰하는 것도 중요하다.

(3) 3단계 – 결과정리

: 이 단계에서는 검사결과를 표준치로 환산하고 정리한다.

(4) 4단계 – 결과를 통한 감별/기능장애 분류

: 이 단계에서는 지금까지의 정보, 결과를 정리하고, 감각통합장애의 특징을 밝혀간다.

2) 감각반응질문지

일상에서 일어나는 아동의 행동을 각 감각별(촉각, 시각, 청각, 미각, 운동감각, 전정감각) 등 양상으로 분류하여 아동의 감각통합장애 여부를 알아보기 위해 설문형식의 체크리스트를 참고자료로 활용한다. 면접은 아동을 잘 알거나 아동이 경험하는 문제점들에 대해 잘 아는 사람으로부터 유용한 정보를 얻어야 하고, 그 시기는 평가 초기가 가장 이상적이다.

평가도구로는 Short Sensory Profile, Sensory Profile, Evaluation of Sensory Processing(ESP), Sensory Rating Scale 등의 리커트 척도에 따라 부모가 아동의 모습에 대해 대답되어 있는 도구가 있다. 이 질문지는 신뢰도와 타당도가 검증되어 있다.

또 다른 방법으로는 Clinical History Interview와 같은 질문지 형태를 통하여 다양한 감각들에 대하여 회피반응을 보이는지 또는 찾는 반응을 보이는지 알아내는 방법이 있다. 인터뷰 동안은 가능한 비평을 하지 말아야 하며, 중요한 질문을 한다. 그리고 면담자는 쉽게 판단해서는 안 된다. 이러한 평가정보는 최종 평가결과 자료집이 되고 가족이 아동을 위해 중요하게 생각하는 우선목표를 결정짓게 한다.

3) 임상관찰

임상관찰은 구조화된 관찰 평가로서 반사와 감각통합기능과 관련된 신경계 통합 증후를 포함한 검사이다. 표준검사에서 미세한 신경증상의 평가나 행동조절, 주의집중능력의 장애 등이 충분히 파악되지 않으므로 임상관찰 평가가 주관적인 경향은 있으나 감각통합장애를 추측하는 데는 중요한 역할을 담당하고 있다. 또한 영유아 등 검사의 지시를 잘 따르지 않거나, 표준적인 데이터를 얻기 어려운 아동에 있어서도 임상관찰이 중요한 평가수단이라고 할 수 있다. 다만 발달에 따라 변화해 가기 때문에 연령을 고려할 필요가 있고 임상관찰 실시와 해석에는 전문가로서의 지식, 훈련이 필요하다.

4) 표준화된 평가도구

표준화된 검사는 감각통합평가에서 작업치료사에 의해 빈번히 사용된다. 취학 전 아동을 위한 밀러검사는 입체인지지각, 촉각지각, 전정기능 검사를 포함한다. BOT2 검사는 감각통합기능과 관계된 대・소 운동능력을 측정한다. 다른 검사로는 시각과 운동통합의 발달검사(Developmental Test of Visual & Motor Integration)로 시지각과 지각운동 능력기능에 관해 검사한다. SFA(School Function Assessment)와 같은 도구는 감각통합장애 아동의 참여에 영향을 주는 것이 무엇인가를 알 수 있게 해 준다.

5 감각통합치료

1) 중재를 위한 단계

감각통합치료는 감각통합평가의 결과와 기타 심리검사(지능, 발달, 사회성 등의 발달검사) 등을 통해 모아진 정보를 토대로 감각통합기능의 장애가 아동의 정서, 운동, 인지능력, 시지각이나 언어의 발달, 행동 조절이나 사회성의 발달에 영향을 주고 있다고 판단된 경우에 적용한다. 치료프로그램의 내용으로는 치료목표, 치료방법, 치료빈도, 치료기간 등이 결정된다(그림 7-3). 치료목표의 설정의 내용에는 다음과 같은 것이 있다.

| 그림 7-3 | 치료프로그램의 진행방법

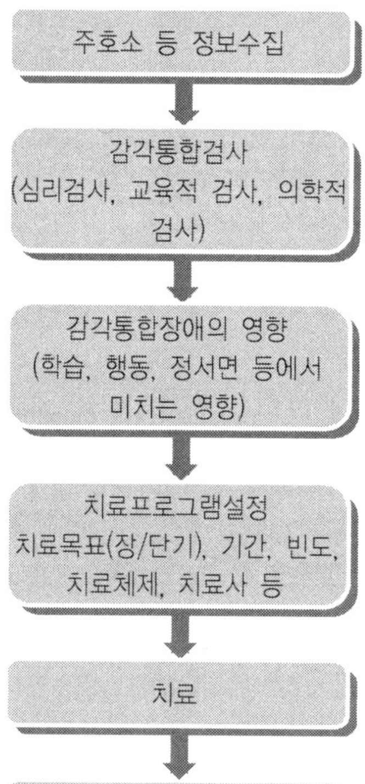

출처 : 김경미, 지석연, 노종수 공역, 감각통합 Q&A

| 표 7-1 | 감각통합치료 목표들

감각통합치료의 목표들

- 중력(자세)불안이나 촉각방어 반응의 경감에 의한 정서적 안정
- 근긴장, 자세나 눈의 움직임, 균형 등의 운동능력 향상
- 각성이나 활동수준, 주의집중이나 지속성의 개선
- 신체감각이나 신체의 양측협응성의 발달에 의한 운동계획능력의 향상
- 시지각 발달 촉진
- 언어발달 촉진
- 읽기, 쓰기, 계산 등의 교과학습능력 향상
- 정서나 사회성의 성숙 촉진

2) 치료를 위해 필요한 환경

감각통합치료에서는 발달상 기본적인 감각자극인 전정, 고유수용성, 촉각자극을 제공하는 치료도구가 사용된다. 치료실에서는 증가된 수준의 감각자극을 적절하고 안전하게 제공하는 것이 필요하며, 일상에서 쉽게 접할 수 있는 도구들을 다양한 방법으로 응용하여 사용하는 것도 중요하다. 아래에 주로 사용하는 감각자극별 도구들을 정리하였는데, 하나의 도구로 한 종류의 자극만을 제공하는 것이 아니라, 실제로 활동할 때는 동시에 다른 종류의 자극도 입력된다. 또한 같은 놀이기구에서도 타는 자세나 자극의 방향, 강도, 빠르기에 의해 치료적인 영향이 달라진다.

| 표 7-2 | 감각통합치료 도구들

감각통합치료의 도구들

▶ 촉각 자극을 위한 도구

- 다양한 촉각의 매트, 베개, 쿠션
- 다양한 솔, 브러시, 스펀지
- 진동기
- 여러 가지 촉감의 천
- 면도용 거품, 로션
- 볼풀
- 콩, 점토, 물

▶ 전정감각 자극을 제공하는 도구

- 스쿠터보드 (scooter board)
- 해먹(그물그네)
- 볼스터스윙(bolster swing)
- 플렉서 스윙(flexor swing)
- 플랫폼 스윙(platform swing)
- 공중그네
- 타이어 그네
- 원판 그네
- 큰공, Roll

▶ 고유수용성감각 자극을 위한 도구

- 사다리
- 평균대
- 정글짐
- 철봉
- 터널
- 경사로

3) 치료전략

치료에 있어서의 기본적인 생각은 될 수 없는 것을 몇 번이고 연습시켜 획득시키는 것이 아니라, 주로 전신을 사용하는 활동을 통해 발달상 기본적인 감각자극인 전정, 고유수용성, 촉각자극을 조절·제공하여 뇌의 기능을 높이고 앞에 기록한 것과 같은 개선을 획득하는 것을 목적으로 하고 있다. 따라서 훈련방법에서 가장 중요한 것은 어떠한 감각자극이 아동의 가장 좋은 상태를 끌어내는지를 "아동의 반응을 보면서" 결정해 가는 것이다. 그리고 그 감각자극을 어떤 놀이도구로 어떠한 활동 중에 제공할 것인지를 결정한다. 그래서 이런 활동을 아동의 변화에 맞추어 전개해 간다. 치료의 진행방법은 다음과 같은 것이 있다.

| 표 7-3 | 감각통합치료의 과정

감각통합치료의 과정

▶ 제1단계 : 감각입력 조절하기

외부에서 들어오는 여러 가지 감각자극을 뇌가 적절히 받아들이도록 전정, 고유수용성, 촉각자극을 통해 뇌의 기능을 조절한다. 뇌의 각성수준의 조절에 있어서도, 각성수준이 지나치게 높아서 흥분상태일 때는 이를 가라앉혀 침착하게 활동하게끔 하는 감각자극을 입력하고, 낮은 경우에는 활동적이게 만드는 감각자극을 입력한다. 이 단계에서는 아동이 흥미를 갖는 활동으로부터 시작한다.

▶ 제2단계 : 자세반응 향상하기

여러 가지 활동을 수행하기 위해서는 근육이 제대로 기능을 해서 자세를 유지하거나 신체의 균형을 취해야 한다. 그러기 위해서는 전정자극이나 고유수용성 자극을 제공하는 놀이기구를 사용하는 활동이 적합하다. 예를 들어 스윙 기구를 흔들리게 해서 몸을 가누반응이나 평형반응을 증진시켜 신체의 회전동작이나 균형능력의 발달을 촉진한다. 또한 중력에 대항하는 자세를 사용하여 앉은 자세, 네발기기 자세, 선자세와 발달의 순서에 맞추어 자세를 변화시켜 간다.

▶ 제3단계 : 운동계획능력 향상하기

운동계획 능력이란 몸을 목적에 맞게 잘 사용하는 능력을 말한다. 운동계획능력의 향상을 위해서는 촉각, 고유수용성감각, 전정감각, 시각 또는 청각이 통합하는 활동을 제공하면서 신체이미지, 환경 내의 위치관계, 동작의 순서, 리듬, 타이밍을 조직할 수 있는 능력을 향상시킬 수 있도록 해야 한다.

▶ 제4단계 : 신체의 좌우를 협응적으로 움직이는 능력 향상하기

손발을 좌우 반대쪽으로 교차하거나 좌우의 몸을 각각 사용하는 방법, 자신과 물건 혹은 물건과 물건의 공간관계를 필요로 하는 활동을 제공해가면서, 신체 양측을 통합하는 기능을 발달시켜 간다. 양 손, 양 발이 똑같이 움직이는 것을 요구하는 활동, 한쪽을 고정하고 반대쪽만 독립적으로 움직이는 활동, 놀이기구를 사용할 때 좌우가 다른 운동을 하면서 협응력을 요구하는 활동, 손과 발의 협응을 필요로 하는 모방운동, 행진이나 율동 등 시각·청각과 몸의 협응을 요구하는 활동으로 단계가 점차 어려워져 간다.

▶ 제5단계 : 시각에 의한 감각·인지능력 및 청각에 의한 대화능력 향상하기

이 단계는 지금까지의 치료가 기반이 된 감각통합의 최종적인 기능이다. 여러 가지 퍼즐이나 게임, 읽거나 쓰기를 하는 것이나, 기억이나 재생능력을 포함한 시지각·청지각의 과제, 의사소통을 필요로 하는 활동을 하게 된다.

기본적으로 감각통합치료는 치료사와 아동의 1:1로 이루어진다. 치료시간은 1시간 정도로 빈도는 주 1회 이상이 바람직하다. 치료기간은 최저 6개월 정도지만 아동의 변화나 재평가의 결과를 보면서 결정하게 된다. 변화에 따라 치료의 빈도를 줄여간다.

6 사례

1) 초기 면담

이모양은 현재 만 4세 나이로 산모연령 29세에 임신 40주, 3.4kg으로 태어났으며 임신 전, 후 산모의 건강상태는 양호하였다. 수면 시 36개월까지 많이 보채고 심한 날은 1시간 정도 우는 행동이 나타났고 가끔 낮에 아무 이유 없이 울 때도 있었다고 보고하였다. 현재 주 양육자는 엄마이며 어린이집을 다니고 있다.

2) 평가 의뢰 사유

흑백 CF가 나올 때 숨거나 귀를 막거나 얼굴을 손으로 가리는 행동을 보이고 그네, 어린이 바이킹을 타지 못하며, 이유 없이 감정조절이 어렵고 예민하게 행동을 하여 감각통합치료를 위해 의뢰되었다.

3) 평가절차

전반적인 발달 수준을 알아보기 위해 사회성숙도 검사를 시행하였고, 감각기능 평가는 부모 면담을 통한 감각력 면담을 실시하였다.

4) 평가결과

(1) 사회성숙도 검사 결과 사회연령 3.5세이며 사회지수 76을 보임
(2) 감각력에 의한 부모 인터뷰 : 아동은 감각조절의 어려움을 보이며 대부분의 감각영역에서 감각방어의 양상을 보인다. 또한 감각조절의 어려움으로 인한 자기조절(수면, 각성)과 감정조절의 어려움을 보인다(표 7-4).

| 표 7-4 | 감각증상목록

감각계	증상
촉각	• 식사시간에 얼굴에 무언가 묻으면 인식하지 못하는데, 손에 무언가 묻으면 바로 씻음 • 모자, 시계, 목걸이 등 액세서리 못함 • 물이 옷에 젖으면 싫어하면서 짜증내고, 몸에 무언가 묻는 것을 싫어함 • 진흙과 같은 질감을 만지기 싫어함
전정고유수용감각	• 그네를 타기 싫어하고 그네 타려는 시도를 하게 하면 짜증을 냄 • 몸을 잘 가누지 못하고 흐느적거림
청각	• 장난감에서 나는 기계음 소리에 귀를 막고 무서워하며 그 공간을 피함 • 주변소리에 쉽게 산만해지고 자다가도 소음에 쉽게 깸
시각	• 어두운 곳을 싫어함 • TV에서 흑백 CF 나오면 눈을 가림
각성수준	• 기분이 나빠지거나 요구를 거부당했을 때 우는 행동을 보임 • 자다가 깨면 짜증스러워 함 • 평소 각성상태가 높아 산만하고 다동적임
자기관리	• 옷은 도움을 받아 입으며 단추나 지퍼를 혼자 할 수 없음 • 신발벗기 가능함 • 밥 먹을 때 숟가락은 스스로 사용함
감정조절	• 감정기복이 심하여 이유 없이 울거나 짜증을 냄 • 동생과의 활동에서 양보하기는 하나 받아들이지 못하고 분을 삭임
어린이집	• 각성상태가 안정적일 때 착석 가능하며 학습 가능

5) 치료프로그램

아동은 감각조절 특히 감각방어로 인하여 일상생활에 많은 어려움을 겪고 있어 감각방

어에 대한 중재를 가장 우선적으로 제공하였다. 아동의 모에게 감각방어를 이해시키고 감각방어가 아동의 일상생활에 미치는 영향을 인식시킨 뒤 상담을 통하여 감각식이 활동을 제공하였다. 감각식이 활동은 심부압박, 고유수용성감각, 전정감감과 구강활동을 제공하고, 아동의 수행능력을 고려하여 진정시키는 활동, 조직화시키는 활동, 각성시키는 활동을 포함하였다(표 7-5).

치료실에서 아동 스스로 활동을 선택하고 참여할 수 있도록 하였으며, 아동의 선택을 지지하면서 자아존중감을 형성할 수 있도록 활동을 진행하였다. 치료프로그램 초기에는 고유수용성감각, 촉각 활동을 제공하여 안정된 각성을 유지하고 점차 전정감각 정보들을 경험하고 처리할 수 있는 환경을 제공하여 감각처리 및 통합능력을 향상시킬 수 있도록 활동을 제공하였으며, 자세조절, 신체 지각을 형성하고 양측 협응할 수 있는 활동들을 제공하였다(표 7-6).

| 표 7-5 | 감각식이 프로그램

시간	하루일과	감각식이활동
7:00	기상	꽉 안아 흔들어 깨우거나 담요를 이용하여 꾹꾹 눌러주기
8:00	아침식사	최대한 많이 씹을 수 있는 음식으로 제공
9:00 10:00 11:00 12:00	어린이집	어린이집 등교할 때 걸어서 등교하기 가방에 물건 넣고 매고 다니기
1:00	점심시간	최대한 많이 씹을 수 있는 음식으로 제공
2:00 3:00	치료	
4:00 5:00 6:00		집 주변 산책하기(오래 걷기) 놀이터 활동
7:00	저녁시간	엄마와 저녁준비 같이 도와주기(밀가루 반죽, 그릇 옮기기 등)
8:00		손수레 걷기로 거실 이동하기 윗몸 일으키기 하기 아빠와 놀기(이불 위 레슬링)
9:00		목욕하기(비누방울 놀이하기, 로션마사지)
10:00	취침	

| 표 7-6 | 치료프로그램 예시

주제	주감각활동	세부목표
트럭놀이	고유수용성감각 활동	• 스쿠터 보드를 타기를 통한 고유-전정감각 처리 향상 • 다양한 자세로 스쿠터 보드타기와 제시된 목표물 잡기를 통한 자세조절능력 향상
로션놀이 (그림 7-4)	촉각활동	• 전신에 묻은 촉각경험을 제공하여 촉각 처리 능력 향상 • 신체도식 향상
전쟁놀이	전정-고유 활동	• 그네를 타며 매트를 발로 밀기를 통한 고유-전정감각 향상 및 양측협응 향상 • 그네에서 자세조절하여 timing에 맞추어 콩 주머니 던지기 • 순서 지키기를 통한 규칙 및 상호관계 형성

| 그림 7-4 | 치료프로그램 예시 - 로션 놀이

6) 결과

6개월에 걸친 감각통합치료프로그램을 적용한 후 아동은 감각조절능력의 향상으로 감각방어가 감소되어 일상생활활동에도 향상을 보였다. 또한 감각방어가 감소되면서 아동은 상호작용, 정서적 행동, 각성조절, 환경에 대한 적응 행동이 증가하였다. 감각방어의 감소 양상을 보면 아동은 옷이 젖거나 손에 무언가 묻어도 활동을 계속할 수 있으며, 그네의 강도는 세지 않게 즐기며 타고 어려움이 있을 때는 말로 표현하여 조절하는 모습을 보이게 되었다. 또한 장난감의 기계음 소리에 여전히 예민하지만 소리를 참기도 하고 가끔 상황을 넘어 가는 행동을 보이기도 하는 향상된 모습을 보였다. 그 외에 아동은 안정적인 각성조절과 감정조절을 통해 모와의 실랑이도 줄어들었다고 보고하였다.

제 8 장

아동작업치료

1. 아동작업치료의 이해
2. 작업치료 평가
3. 작업치료 영역
4. 사례

제8장

아동작업치료

1 아동작업치료의 이해

작업치료란 신체적, 정신적 그리고 발달과정에서 어떠한 이유로 기능이 저하된 사람에게 의미 있는 치료적 활동(작업)을 통해 최대한 독립적으로 일상생활을 수행하고 능동적으로 사회생활에 참여함으로써 행복한 삶을 영위할 수 있도록 치료, 교육하는 것이다. 아동작업치료사는 아동의 가족을 도와 가정, 학교 그리고 지역사회에서 아동의 참여를 증진시킬 수 있도록 서비스를 제공하는 것이다.

아동작업치료의 주요 대상은 아동기에 발달지연, 정서 및 행동, 학습 등에 문제를 보이는 아동이다. 장애 유형을 보면 지적장애, 뇌성마비, 전반적 발달장애, 주의력결핍 과잉행동장애, 학습장애, 발달성 협응장애 등의 장애를 가진 아동으로 아동작업치료사의 역할은 아동의 행동, 작업 그리고 배경을 고려하여 평가, 치료, 상담 교육하는 것이다. 특히 아동작업치료사는 의학적 중재에서 학교 교육 환경으로 전환하는 과정, 아동의 기술 습득과정, 새로운 환경에서 예상되는 문제에 대처할 수 있도록 하는 전환 계획 등의 중요한 역할을 담당한다.

아동작업치료사는 이론의 틀(Frame of reference : FOR)을 기초로 임상현장에서 치료를 수행한다. 이론의 틀을 통하여 치료사는 어떤 영역을 평가해야 하는지, 어떤 평가

도구를 사용해야 하는지 어떤 치료접근을 할 것인지에 대한 지식을 얻는다. 실제 아동을 치료하기 위해서는 한 가지 이론의 틀이 아니라 다양한 이론의 틀이 필요하다. 아동작업치료에서 사용되는 이론의 틀은 발달이론의 틀(Developmental FOR), 감각통합 이론의 틀(Sensory integration FOR), 신경발달 이론의 틀(Neurodevelopmental treatment), 생체역학 이론의 틀(Biomechanical FOR), 행동주의 이론의 틀(Behavioral FOR), 정신사회 이론의 틀(Psychosocial FOR), 시지각 이론 등이 사용되어진다.

2 작업치료 평가

아동작업치료사는 평가를 함으로써 아동의 작업을 이해하고, 아동이 가지고 있는 현재 문제점, 장점과 단점 등을 파악할 수 있으며 효율적인 작업치료를 위해 평가결과를 근거로 작업치료 계획을 세우고 적절한 치료방법을 선택한다. 따라서, 작업치료사는 평가 접근법과 다양한 평가도구에 대한 이해가 있어야 하며 대상자에 따른 적절한 평가방법의 선택과 시행이 가능해야 한다. 또한 아동과 가족에 대한 전반적인 이해를 필요로 하며, 아동의 작업수행과 사회참여에 영향을 미치는 집, 학교, 지역사회 환경에 대해서도 평가해야 한다.

아동의 현재 발달상태, 시지각, 감각통합, 운동성, 학교기능, 일상생활 등을 평가하기 위한 평가는 다음과 같다(표 8-1).

| 표 8-1 | 아동작업치료 평가 요약

아동평가	평가도구 이름	연령범위	평가되는 영역
발달평가	Bayley Scales of Infant & Toddler Development (3rd ed)	만 2주 ~ 42개월	인지 언어(수용, 표현) 운동(소근육, 대근육) 사회-정서 적응행동
	Denver Developmental Screening Test (DDST-Ⅱ)	만 2주 ~ 6세	개인사회성 미세운동-적응 언어 전체운동
	Gesell Preschool Test	만 2세 ~ 6세	운동 적응 언어 개인사회성

아동평가	평가도구 이름	연령범위	평가되는 영역
시지각 평가	Developmental Test of Visual Perception (DTVP-Ⅱ)	만 4세 ~ 8세	눈손협응 공간위치 따라그리기 도형-배경 공간관계 시각통합 시각-운동 속도 형태 항상성
	Motor Free Visual Perception Test-Ⅲ (MVPT-Ⅲ)	만 4세 이상	시지각
감각통합 평가	Sensory Profile(SP)	만 3세 ~ 10세	감각처리 조절 행동적 그리고 감정적 반응
	DeGangi-Berk Test	만 3세 ~ 5세	자세조절 양측협응 원시반사의 통합
운동성 평가	Bruininks-Oseretsky Test of Motor Proficiency(2nd ed) (BOT-2)	만 4세 ~ 21세 11개월	소근육 조절 동작협응 신체협응 근력과 민첩성
	Peabody Developmental Motor Scale (2nd ed) (PDMS-2)	1 ~ 84개월	소근육 대근육
학교 기능 평가	School Function Assessment (SFA)	만 5세 ~ 12세	비학업적 학교 과제에서 참여 과제 지지 활동 수행
일상생활 평가	Wee FIM	6개월 ~ 6세	자기-관리 운동성 인지기술
	Asessment of Motor and Process Skills (AMPS)	만 3세 이상	기본적 일상생활동작과 수단적 일상생활동작의 수행 안에서 운동과 처리기술의 질

작업치료사들은 다양한 작업 영역과 수행 기술 영역에서 깊이 있는 평가로써 표준화된 검사를 자주 사용한다. 표준화된 검사의 주요 목적은 다음과 같다.

1) 의학적 또는 교육적 진단의 결정의 보조
2) 아동의 발달적, 기능적 상태의 문서화
3) 중재 프로그램 계획의 보조
4) 조사 연구에서 변수의 측정

작업치료사가 올바로 표준화된 도구를 사용하기 위해서는 적절한 검사를 선택할 수 있어야 하며 선택한 검사도구를 정확히 숙지하고 시행할 수 있어야 한다. 또한 아동의 잠재능력을 평가하기 위해 검사환경은 아동이 도착하기 전에 미리 준비하고 평가에 가장 최적인 시간을 결정해야 한다.

3 작업치료 영역

1) 운동조절

운동조절은 자세와 움직임의 조절로 움직임을 조절하는 능력이다. 운동조절의 어려움은 뇌성마비, 발달협응장애, 전반적 발달장애, 다운증후군, 감각통합장애, 뇌손상을 포함한 많은 질환의 아동에게서 나타난다.

운동기능의 중재목표는 비정상적인 근 긴장도, 감각기능, 지구력을 향상시키기 위한 것이다. 접근법으로는 감각통합, 신경발달치료, 근력훈련, 지각적 운동훈련 등이 사용된다.

신경발달치료(NDT)는 뇌성마비 아동에게 가장 널리 사용되는 접근법 중 하나로 치료목표는 치료사의 핸들링 기술을 사용하여 자세정렬을 향상시키고 근 긴장도에 영향을 준 다음 구체적이고 적절한 기능적인 기술을 연습시키는 것이다. 그래서 궁극적으로는 일상생활활동에 능동적인 참여를 유도한다.

| 그림 8-1 | NDT 치료

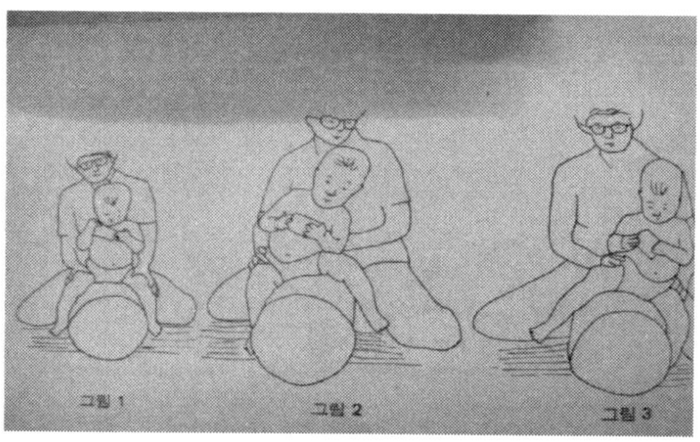

2) 감각통합

감각통합은 아동이 자신을 둘러싼 환경 속에서 성공적인 적응반응을 보이기 위해 뇌에서 감각정보를 조직화하는 신경학적 과정이다. 이 이론은 Jean Ayers에 의해 만들어진 이론이다. Ayres는 말초감각의 손상이나 신경학적 손상과 같은 뚜렷한 원인이 없어도 감각통합이 학습에 영향을 미친다고 보았으며, 감각정보는 뇌의 영양분으로 작용하기 때문에 결정적인 시기에 충분한 감각자극이 제공되지 않는 경우 뇌의 기능장애가 발생하게 되어 아동의 발달지연을 초래한다고 보았다.

감각통합치료는 다른 치료환경에 비해 다양한 감각정보를 제공해 줄 수 있는 특성을 가지고 있다. 특히 전정감각 또는 고유감각 정보를 제공할 수 있는 활동을 제안하기 위해 천장에 매다는 도구, 점프할 수 있는 공간, 경사로 등 다양한 치료도구가 필요하다. 감각통합치료는 아동의 자발적 참여를 바탕으로 치료사는 치료하는 동안 아동의 적응반응을 요구하는 목적있는 활동을 할 수 있도록 활동을 선택하도록 도와주고 환경을 구조화한다. 치료하는 동안 치료사는 아동의 연령, 장애, 발달상태, 아동반응에 기초하여 치료를 하여야 한다. 감각통합치료를 통해 기대할 수 있는 목표는 촉각방어 감소, 원시반사 통합, 신체상 발달, 양측협응 발달 등이 있다.

| 그림 8-2 | 감각통합 치료환경

3) 시지각

시지각은 사람이 환경으로부터 적응하기 위하여 망막에서 얻은 기초 자료를 인지개념으로 전환시키기 위해 중추신경계가 시각정보를 통합하여 의사를 결정하는 과정이다. 시지각의 기초는 동안운동조절, 시야, 시력이며, 다음 단계인 시각집중과 시각탐색, 형상인식, 시각기억의 처리과정을 거쳐 상위수준인 시각인지가 완성되며 서로 협력한다.

시지각 정보를 분석하는 과정은 크게 시각-수용 요소(visual-receptive component)와 시각-인지 요소(visual congnitine component) 두가지 요소로 나누어 볼 수 있다. 시각-수용 요소에는 시각고정, 시각추적, 순간적인 눈의 움직임, 시력, 안구조절, 수렴 및 일탈 등이며 시각-인지 요소에는 시각집중, 시각기억, 시각구별, 시각적 이미지를 말한다. 작업치료사는 시지각 정보 과정 중의 결손이 어느 부분에 있는지를 정확히 파악하고 손상 수준에 따라 적절한 평가와 치료가 이루어져야 한다.

이러한 시지각에 문제를 가진 아동들은 과제 수행이 어렵거나 서툴고 운동과 놀이에도 잘 적응하지 못한다. 또한 특정 자극을 선택적으로 집중하여 지식하는 능력이 부족하며 도형과 배경의 변별이 어렵고, 주의집중 능력과도 관련이 커서 산만함으로 인해 학습에 많은 영향을 준다.

작업치료에서 일반적으로 발달적 접근, 신경생리학적 접근, 보상접근 등을 사용하여 치료한다. 치료사는 아동의 시지각 능력에 기초하는 어려움을 평가하고 시지각 능력을 향상하기 위한 활동을 선택하여 치료적 중재를 한다.

4) 손 기술 및 글씨쓰기

아동은 출생 후 연령이 증가함에 따라 다양한 손 기술을 필요로 한다. 다양한 크기, 무게, 질감의 사물들을 만지고 사용하여 다양한 손기술이 가능해진다. 이러한 손기술은 일상생활동작, 놀이, 일을 수행하는데 있어서 항상 사용되는 필수적인 도구라고 할 수 있다. 그래서 손기술 발달에 문제가 있는 아동은 환경과 상호작용하는데 어려움을 가지게 된다.

치료사는 이러한 연령별 손 기술의 발달에 대해 알아야 하며 뻗기(reach), 옮기기(carry), 잡기(grasp), 놓기(release), 손 안에서 조작하기(in-hand manipulation), 양손 사용(bilateral hand use), 도구 사용(tool use), 선호 손의 발달(hand preference)에 대해 숙지하고 일상생활과 놀이, 학교생활에 영향을 미치는지 파악하고 있는 것이 중요하다.

평가를 통해 아동의 손 기술의 문제점을 파악한 후 문제점 해결을 위한 중재계획을 세워야 한다. 일반적으로 작업치료에서는 신경 발달적 치료, 발달적, 운동학습 및 생체역학 중재모델이 사용되어 질 수 있다.

글씨쓰기는 지식과 생각을 표현하는 학업과제 중의 하나로 운동과 인지 과정의 상호작용에 의한 실행이 요구되는 활동이다. 글씨쓰기는 아동작업치료의 주요한 의뢰 사유 중의 하나로, 글씨쓰기가 서투른 아동은 글씨를 쓸 때 노력이 많이 필요하여 제시간에 끝내지 못해 학업수행과 자존감에 영향을 주어 일상적인 학교생활 참여가 제한된다.

작업치료사는 아동의 저하된 기능에 맞는 평가방법을 주의 깊게 선택하고 평가하여 쓰기와 관계되는 수행요소들을 평가한다. 글씨쓰기 중재 프로그램을 만드는데 적용하는 접근법은 근 긴장도, 근위관절 안정성 증진, 손 기능을 향상시킬 수 있는 신경발달적 접근과 새로운 문자를 획득할 때 시각적이거나 청각적으로 힌트들을 제공하는 획득적 접근, 쓰는 도구, 쓰는 면, 쓰기 위한 자세를 변화시켜 다양한 감각의 입력을 제공하는 감각통합적 접근, 관절가동 범위를 회복 유지시키며 저항을 사용하여 근력 강화를 이루는 생체역학적 접근, 놀이를 통해 쓰기 기술, 사회적 기술을 증진시킬 수 있는 심리사회적 접근 등을 사용한다.

| 그림 8-3 | 연필잡기 보조도구

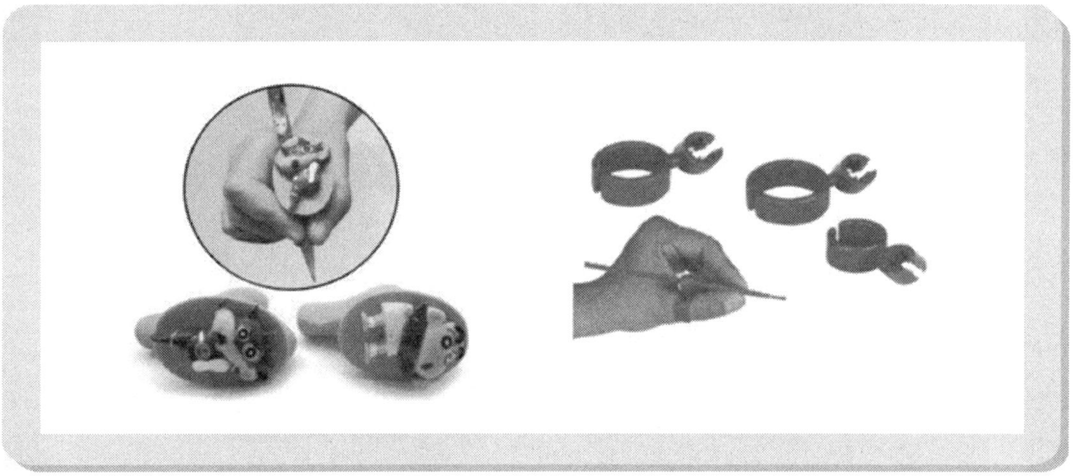

5) 일상생활활동

일상생활활동은 아동이 자라면서 가장 중요하게 배워야 할 것을 포함한다. 일반적으로 일상생활은 자기관리에 해당하는 기본적 일상생활(basic ADL)과 수단적 일상생활(instrumental ADL)로 나뉘며, 아동의 성장과정에 따라 사회적으로 적절한 방법으로 발달이 요구되는 작업이다. 자기관리나 기본적인 일상생활활동은 화장실의 위생, 용변보기와 소변보기, 목욕과 샤워하기, 개인 위생과 몸 단장, 먹기와 먹이기, 옷 입기 등을 포함한다. 수단적 일상생활동작(IADL)은 보다 복잡한 기능으로 환경과의 상호작용을 요하는 행동이다. 예를 들어 청소하기, 식사준비하기, 용돈 관리하기, 집안 관리하기 등이 이에 해당된다.

치료사는 일상생활활동에 영향을 주는 요인을 파악하고 평가하여 중재계획 시 고려되어야 한다. 그리고 중재계획에 부모와 다른 보조자의 요구와 관심에 민감해야 한다. 치료사는 아동이 ADL을 개선시키기 위해서는 ADL 작업에 참여할 수 있는 환경을 제공하고 ADL활동을 수행할 때 아동의 신체기능과 요소의 결손을 치료할 수 있는 방법을 사용하고 기술을 습득하기 위한 행동적 접근을 사용할 수 있다. 또한 보상접근, 보조기술의 사용, 인지적 접근을 통하여 아동의 일상생활활동 향상을 시킬 수 있다(그림 8-4).

| 그림 8-4 | 옷입기 보조도구

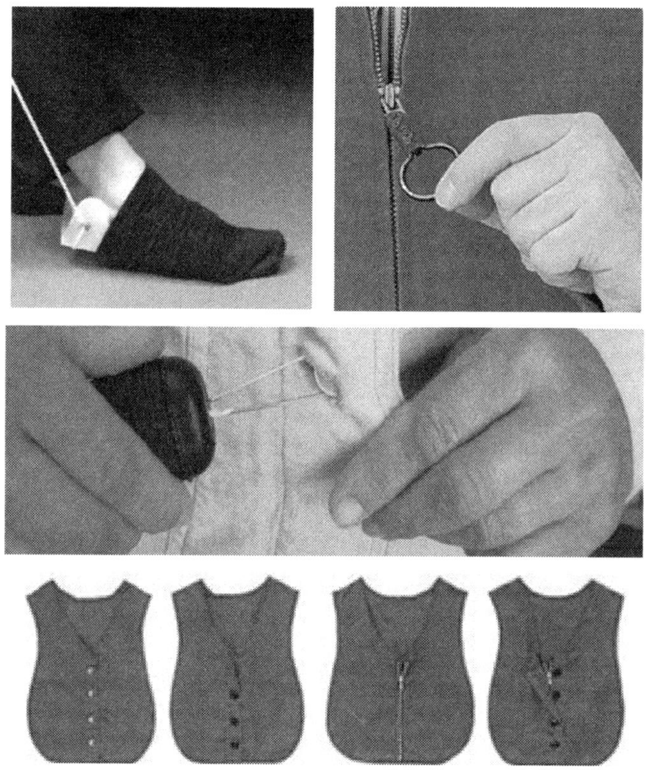

4 사례

1) 초기 면담

김 모군은 현재 만 7세로 산모연령 31세, 임신 40주, 3.1kg으로 자연분만 하였으며 임신 전, 후 산모의 건강상태는 양호하였다. 주 양육자는 엄마이며 현재 ㅇㅇ초등학교에 다닌다.

2) 평가 의뢰 사유

초등학교에 들어가서 수업 시간에 집중하지 못하고 특히 글씨쓰기의 어려움을 가져 작업치료를 의뢰하였다.

3) 평가절차

전반적인 운동수준을 알아보기 위해 운동기능검사(BOT-2)를 하였고, 시지각 평가(K-DTVP)를 수행하였다.

4) 평가결과

(1) 운동기능검사(BOT-2)

운동기능검사결과 본 아동은 미세운동 조절 및 협응에서 평균 이하 근력과 균형에서 평균 이하의 점수를 보였다. 또한 전체운동검사에서도 평균이하에 해당하였다.

| 표 8-1 | 운동기능검사(BOT-2)

항목	% ile Rank	Age Equiv.	분류
Fine Manual Control - Fine Motor Precision - Fine Motor Integration	31	 4.8-4.9 4.8-4.9	평균 이하 평균 이하 평균 이하
Manual Coordination - Manual Dexterity - Upper-Limb Coordination	31	 4.8-4.9 4.8-4.9	평균 이하 평균 이하 평균 이하

항목	% ile Rank	Age Equiv.	분류
Body Coordination – Bilateral Coordination – Balance	54	 10.9–10.11 5.6–5.7	평균 평균 평균 이하
Strength and Agility – Running Speed and Agility – Strength	58	 14.6–14.11 5.4–5.5	평균 평균 이상 평균 이하
Total Motor Composite	31		평균 이하

(2) 시지각 검사(K–DTVP–2)

일반적 시지각은 동일 연령대와 비교하였을 때 평균 이하이고, 이를 운동–감소 시지각과 시각–운동통합 시지각으로 나누어 본 결과도 평균이하에 속하였다.

| 표 8–2 | 시지각 검사(K–DTVP–2)

영역	일반적 시지각	운동–감소 시지각	시각–운동통합
지수	80	85	80
기술평정	평균 이하	평균 이하	평균 이하

(3) 글씨쓰기 모방 및 명료성

글씨쓰기에서 아동은 줄 안에서 배열에 어려움을 가지고 있으며, 글자모양에서 미숙한 라운딩, 간격의 어려움 등 명료성의 어려움을 보인다.

| 그림 8–5 | 글씨쓰기의 예

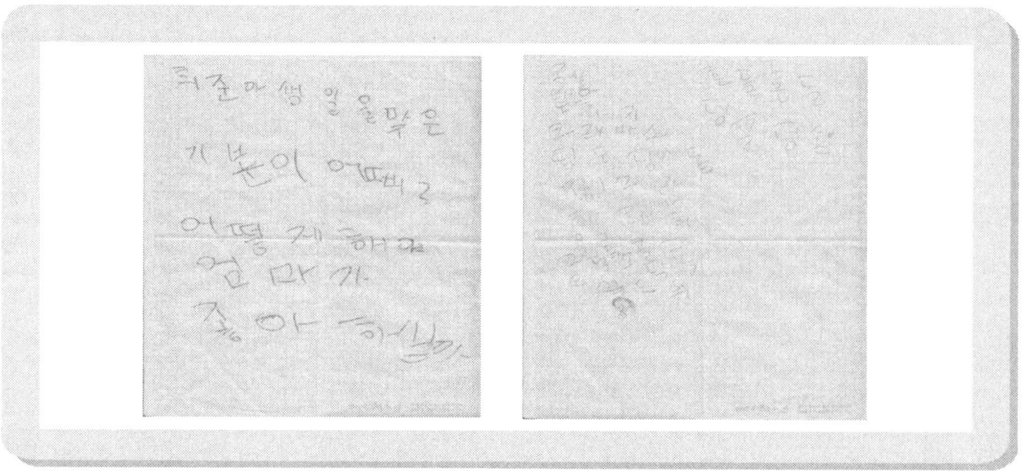

5) 치료프로그램

(1) 신경발달적 접근

아동의 근 긴장도와 자세조절, 근위안정성 증진 등을 위하여 트램폴린 뛰기, 동물걸음으로 놀이하기, 사다리 매달리기, 두꺼운 매듭 만들기 등 아동의 수행능력을 고려하여 활동한다.

(2) 생체역학적 접근

손의 미세움직임이 어려움으로 인해 연필잡기를 쉽게 할 수 있는 보조도구를 제시한다.

(3) 감각통합적 접근

아동이 다양한 감각기회를 제공하여 자세조절, 신체 지각을 형성하고 아동의 운동계획 향상을 위한 목표를 가지고 접근한다. 그 외 아동의 주호소인 글씨쓰기를 위하여 다양한 도구(유성펜, 크레파스, 붓, 연필)로 엎드려 쓰기, 거울에 쓰기, 경사진 면에서 쓰기 등 다양한 자세로 아동에게 고유수용성 감각입력을 제공한다.

(4) 시지각

안구운동	손전등 놀이 - 어두운 곳에서 손전등을 가지고 물건 찾기를 통해 아동의 시각 집중과 안구 움직임 증진
시각 집중	미로연결하기
시각 형태	숨은 그림 찾기
공간관계	페그보드 끼우기

| 그림 8-6 | 치료프로그램 예시

6) 결과

6개월에 걸친 작업치료프로그램 후 아동은 시지각 및 미세운동, 균형과 근력이 향상되어 학교생활에서 어려움이 많이 줄어들었다. 특히 알림장 적어오기, 받아쓰기 등의 어려움이 많이 감소되어 학교생활에서 아동 스스로 자신감을 가지게 되었다고 말하였다.

제 9 장

부모교육 및 부모상담

1. 부모교육과 부모상담의 개념
2. 관련 장애군
3. 치료 사례

제9장

부모교육 및 부모상담

1 부모교육과 부모상담의 개념

아동에게 가족이 중요한 이유는 아동의 성장을 위해서 각각의 아동은 자신을 깊이 사랑해 줄 누군가가 필요하기 때문이다. 유아를 사랑해 줄 성인이 필요한데 그것이 바로 가족이 된다. 아동은 그들과 같이 활동하고 돌보아주는 한 명 그 이상의 성인을 필요로 한다(Mercer, 1997). 부모나 주 양육자는 아동에게 기회, 자원, 격려 그리고 무엇보다 가정 내외에서 아동과 시간을 함께 하도록 요구하고 있다. 아동이 정상적으로 건강한 발달을 하는 데 필요한 부모 역할 요소는 정서적 따뜻함, 반응가능함, 안정적 부모-자녀관계, 관대함이다.

1) 이론적 배경

① 정신분석

정신분석학자인 프로이드(Freud)는 유아기의 경험을 강조하면서 부모의 양육의 중요성을 언급하였다. 특히 생후 5년 동안의 부모와의 관계에서 얼마나 정서적으로 안정감을 갖고 있었느냐에 따라 아동의 청소년기 이후의 정신병리의 발병과 연관이 높은 것으로 보았다. 그래서 아동이나 청소년의 문제에서 초기 양육 과정에서 부모의 역할이 어떠했는지를 알아보는 것은 문제 행동의 원인을 이해하는데 도움이 된다.

프로이드는 개인의 행동이 id(본능), ego(자아), super-ego(초자아)의 상호작용의 결과이며 개인의 성격은 이 삼 요소의 역동적인 관계에 의해서 형성된다고 보았다. 성격 구조인 3가지의 관계는 본능의 충동 욕구와 초자아의 도덕적 욕구를 잘 통제하는 자아가 건강했을 때 현실적 상황에서 잘 적응하고 합리적이며 안정적인 생활을 하는 건강한 성격의 사람이 될 수 있다.

의식구조는 개인이 현재 각성하고 있는 모든 행동과 감정인 '의식'과 이용가능한 기억이라고 부르며 조금만 노력해도 의식 속으로 떠올려지는 전의식, 억압되어 있어 개인이 자신의 힘으로 떠올릴 수 없는 생각이나 감정들을 '무의식'이라고 부른다. 프로이드는 억압된 무의식의 내용들이 개인에게 내적 갈등을 일으킨다고 보고 이를 의식수준으로 잘 끌어올리는 것을 주요 접근으로 하고 있다.

프로이드의 이러한 무의식은 부모가 자녀를 키울 때 느끼는 갈등에서 많이 드러나고 있다. 부모가 자신의 원부모에게서 받았던 상처나 감정, 생각들이 자신의 자녀를 키우면서 의식적이든 무의식적이든 영향을 주면서 갈등이 발생하는 경우가 많다. 그래서 부모가 현재 자녀를 키우면서 발생하는 문제들을 현재에서만 보지 않고 과거 부모의 삶과 연관지어 생각해 봄으로써 현재 삶의 방향에 대한 통찰을 하게 돕는다.

② **인간중심**

인본주의자인 칼 로저스(Carl Rogers)는 인간중심 치료(person-centered therapy)를 발전시켰다. 인간은 근본적으로 자기실현(self)을 추구하는 존재로 자신의 모든 잠재력을 발현시켜 좀 더 유능한 인간이 되려는 선천적 경향을 지녔다고 보고 사람이 이러한 자기실현적 성향이 차단되거나 봉쇄되었을 때 심리적인 부적응을 겪게 된다고 보았다.

부모가 자녀의 타고난 기질, 욕구, 선호 등과 같은 유기적인 성향을 충분히 수용하지 못하고 자신들의 가치나 기대에 맞추어 조건적으로 수용함으로써 자녀는 부모의 애정을 얻기 위해 진정 자신의 유기체의 경험을 왜곡하거나 부인하고 부모의 기대에 따라 자기 개념을 형성한다. 이런 과정을 통해 얻은 자기 개념과 타고난 진정한 자신의 모습에서 괴리감이 형성되면서 이 차이가 심해질수록 심적 불안을 더욱 크게 느껴 심리적 부적응이 증가한다.

부모가 자녀의 타고난 성향이나 기질 등을 얼마나 정확하게 잘 보고 있는지, 부모가 자녀에게 형성한 기대나 가치는 어떻게 형성되었고 이것이 자녀에게 올바른지, 부모로서 자녀에게 왜곡되게 만들었던 조건부적인 사랑과 행동은 없는지를 점검하면서 부모-자녀 간의 관계를 새롭게 구축해가도록 돕는다.

③ **체계분석이론**

버트란휘(Bertalaffy)의 체계분석이론은 체계의 한 부분에서 발생한 사건은 체계의 전체에 영향을 미친다는 개념을 기본으로 한다. 수평적인 것에서 끝나는 것이 아니고 체계의 다른 요소들과 상호작용한다고 하며, 전체란 각 부분을 합한 것보다 더 크다는 것이다. 이를 가족에게 적용한 사람은 브론휀브랜너(Bronfenbrenner)로서 생태학적 환경으로 설명하였다. 체계 안에서 가족 공동체의 구성원들은 서로 의존적이며 모든 구성원은 가족체계안에 있는 다른 가족 구성원에게 영향을 미치고 있다. 가족 역시 하나의 사회적 공동체로 간주하는 것이다(Lerner 외, 2004).

가족체계 모형은 생태학적 환경 4체계로 설명하였다. 소체계, 중간체계, 외부체계, 대체계로 불렀다. 이러한 체계 모형은 아동의 정신 건강을 변화시키기 위한 부모-자녀 관계의 증진을 위해 개별가족이 경험하는 관심과 문제를 좀 더 체계 안에서 이해하도록 돕는다.

| 그림 9-1 | 가족체계 모형의 생태학적 환경 4체계

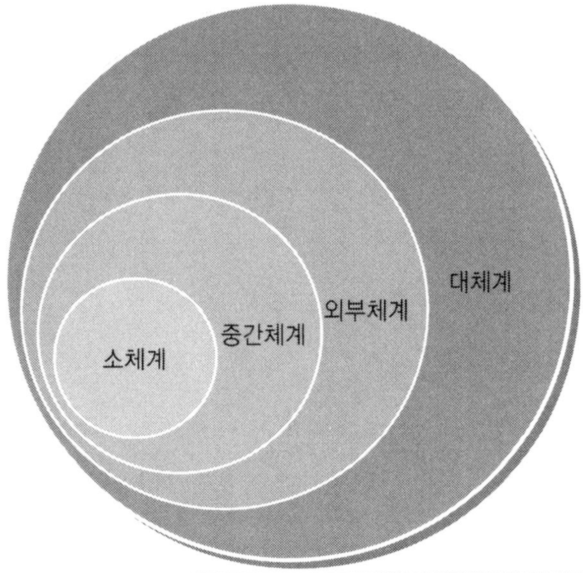

① **소체계 :** 아동이 직접 관계 맺는 대상을 말하는 것으로 부모, 형제를 포함하는 가정, 선생님이 있는 유아교육기관, 학교, 친구그룹, 다른 친인척이나 이웃들로 구성된다.

② **중간체계 :** 두 개 혹은 그 이상의 아동의 소구조 사이의 관계로 부모와 중재자, 의사 그 외의 다른 전문가와의 관계, 또는 전문가와 전문가간의 관계를 의미한다.

③ **외부체계** : 아동이 적극적으로 참여하고 있지 않은 사회구조를 의미로 지역사회단체, 교회, 이웃들을 포함된다.

④ **대체계** : 사회적, 문화적 관계로 그 예로 아동이 살고 있는 문화권이 이에 속한다.

2) 치료 정의

(1) 아동상담에서 부모교육 및 부모상담이 필요한 까닭

아동은 부모에게 의존된 종속된 존재이며 부모와 수직적 관계를 맺는다. 이런 양상이 사춘기가 되면서 독립하려는 욕구가 드러나기 전까지 절대적이다. 미성년의 아이가 성년이 되는 시기까지 부모가 자녀의 경제적, 심리적, 환경적 책임을 진다. 따라서 성인에 비해 아동의 치료나 상담에서 부모가 차지하는 비중이 클 수밖에 없다. 아이들이 아무리 상담을 좋아해도 상담자와 부모간의 관계에서 문제가 생기면 상담이나 치료가 종료되는 경우도 허다하다. 아동이 어릴수록 이러한 양상은 더욱 크다. 이해능력이나 표현능력이 아직 부족한 영유아기의 아동의 경우 평가나 치료의 과정에서 부모의 역할이 매우 중요하다. 그만큼 어릴수록 부모가 차지하는 비중이 크기 때문이다. 부모가 문제가 있으면 당연히 자녀에게도 문제가 생길 수밖에 없다. 그래서 부모의 문제가 자녀의 증상을 통해서 드러나기도 한다. 따라서 아동상담 과정에서는 부모도 평가와 치료 범위에 포함하는 것이 효과적인 치료를 위해 필요하다. 부모의 요인이 심각하거나 영향을 끼치는 정도가 클 경우에는 부모가 더 주 치료 대상이 되기도 한다.

(2) 부모교육 및 부모상담

일반적으로 아동의 치료나 상담에서 부모에게 아동의 정신건강에 대하여 광범위하게 의견을 교환하거나 지적장애나 기질적 행동장애를 갖는 아동의 부모를 대상으로 아이에 대한 부모의 요구를 아이에 맞게 갖도록 도와 2차적인 정서 행동문제를 줄이고자 할 때(부모상담), 부모에게 아동에의 정서적 문제나 행동의 해결을 위해 전문적이면서 구체적인 지침이 필요할 때(부모교육) 이루어진다. 부모상담에서는 문제의 당사자인 부모를 대상으로 하면서 문제 해결에 초점이 되어 능동적인 부모의 참여를 이끈다. 이에 비해 부모교육은 폭넓은 대상으로 하며 보편적 내용을 갖고 일방적 관계에서 이루어진다. 주로 정보습득이나 역량 강화에 초점을 두고 수동적으로 부모가 참여하게 된다.

부모교육이나 상담을 통한 목표는 부모가 아동의 정상발달을 이해함으로써 자녀의 강약점을 객관적으로 바르게 이해하도록 돕고, 아동의 문제해결에 중요한 역할을 할 수 있는 능력을 키워 부모역할에 대한 자기효능감을 키우는데 있다.

부부간의 양육방식이 다르거나 갈등이 있는 경우 가족치료를 병행하기도 한다. 이때 가족의 우선순위를 고려하는 것이 중요한 일이다. 가족의 목표를 성취하게 하기 위해 가족의 강점과 필요를 파악해야 하며, 가족 구성간의 개인적인 인터뷰, 부모-자녀의 상호작용을 평가한다. 그리고 다음과 같은 가족체계 평가 한 예를 통해 가족 문제를 진단한다.

| 표 9-1 | 가족체계 평가의 예

가족체계 진단표

가족 이름 : ________________

1. 가족체계를 이루는 가족성원들의 이름을 전부 적으시오.

2. 성, 세대, 기능, 애정, 흥미, 특성 등에 따라 가족을 하위체계로 나누시오.

3. 가족체계가 이루는 가족경계를 1-10점 범위에서 평가하시오.
   〈외부경계〉 1 — 2 — 3 — 4 — 5 — 6 — 7 — 8 — 9 — 10
   개방 … 폐쇄
   〈내부경계〉 1 — 2 — 3 — 4 — 5 — 6 — 7 — 8 — 9 — 10
   개방 … 폐쇄

4. 가족체계의 기능을 1-10점 범위에서 평가하시오.
   1 — 2 — 3 — 4 — 5 — 6 — 7 — 8 — 9 — 10
   기능적 … 역기능적

5. 가족성원들의 역할을 적어보시오. 각 역할에 대해 가족성원의 자존감을 증진시키는 역할에는 "+"를, 가족성원의 자존감을 저하시키는 역할에는 "-"를 표시하시오.

6. 가족 내 역할갈등이 존재하는가? 갈등이 있다면 어떤 갈등인가?

7. 가족의 의사소통유형은 어떠한가?

8. 가족체계와 다음 체계와의 관계를 평가하시오.

1) 확대가족(친지)	2) 주거	3) 의료	4) 정신건강
5) 직업	6) 학교	7) 오락	8) 법률기관
9) 지역사회	10) 문화, 종교기관	11) 친구	12) 사회복지기관

9. 가족의 이미지는 무엇인가?

10. 가족이념은 무엇인가?

11. 가족의 메타룰(상위규칙)은 무엇인가?

12. 가족의 희생양은 누구인가?

| 표 9-2 | 가족체계 평가에 대한 설명

설명

4. 가족 기능

적당한 친밀감(연결감)과 적당한 분리감(자율성)을 보장하는 가족체계가 가장 기능적이다. 역기능적 하위체계는 다음과 같은 양상을 보이는 가족이다.

- 자녀가 한 쪽 부모에 저항하고 한 쪽 부모에게만 편드는 삼각관계
- 부모역할을 수행하는 자녀가 있는 가족
- 자녀의 삶에 지나치게 개입하는 부모
- 갈등관계의 부부와 자녀에게 부모 중 한쪽 편들기를 요구하는 가족
- 세대가 다른 가족성원이 동맹을 맺어 특정 가족성원에게 대항하는 가족

5. 가족 내의 역할

가족성원의 역할의 예는 다음과 같다.

- 부부하위체계 : 사랑/친밀성(지지, 우정, 신뢰, 동반적 관계, 성적 관계, 개인적 성장, 가치/목표, 재정계획)
- 부모하위체계 : 리더십 발휘(권위, 보호, 양육, 훈육, 구조, 한계설정)
- 형제자매 하위체계 : 동년배(우정, 동료, 놀이친구, 부모의 생애, 기간 후에도 가족생활을 지속하고 가족에 머무름)
- 부모자녀 하위체계 : 세대간 상호작용(지도, 교육, 경청, 결속, 모델링, 오락, 즐겁고 변치 않지만 시간이 지남에 따라 발전하는 관계)

7. 가족의 의사소통 유형

병리적 의사소통의 양상에는 다음과 같은 모습들이 있다.

- 이중구속(double bind) : 발신자가 의사를 전달할 때 적어도 두 개 이상의 상반된 메시지를 동시에 담고 있어, 수신자가 어떤 메시지에 반응할지 결정할 수 없으므로 정서적 혼란에 빠지게 하는 메시지를 의미한다.
- 위장(mystification) : 자신의 의견이나 느낌, 생각을 명확히 전달하지 못하는 병리적 의사소통으로 가족 내 갈등을 모호하게 하거나 가면을 쓰고 반응하는 회피양식이다.

긍정적인 의사소통 중 하나로는 상위의사소통(meta-communication)이 있다. 이는 의사소통의 방식에 대한 의사소통으로서 가족관계의 성장을 돕는 긍정적인 의사소통방식을 이해하는 것을 말한다.

의사소통은 태도적 측면(존중, 배려, 민주적, 개방적)과 기술적 측면(경청, 메시지 전달 능력)으로 나뉘어져 있다. 둘 다 모두 결여되었을 때 '학대적 관계'가 되고, 태도는 결여되어 있고 기술만 있다면 '조작적 관계', 태도는 정립되었으나 기술이 없다면 '오해가 생길 가능성이 많은 관계'가 된다.

8. 가족체계와 다른 체계와의 관계

가족의 상위체계는 가족을 둘러싼 사회적 환경 또는 사회적 관계망을 말한다. 여기에는 다른 가족들, 일/학교, 기관/ 교회나 절, 친구, 이웃, 공식적 서비스, 가사일 등이 포함된다.

9. 가족의 이미지

따뜻한 온실, 솜사탕…… 등등이 있을 수 있다. 가족 이미지가 가족간에 일치되지 않으면 갈등요인이 된다.

10. 가족이념

일종의 가훈이다. '우리는 누구인가?', '무엇을 해야 하는가?'질문으로 이념 평가를 하기도 한다.

11. 가족규칙

가족규칙은 시간에 걸쳐 가족행동을 제한하는 관계상의 합의된 것으로 명시적 규칙, 암시적 규칙이 있다.

상위규칙(meta-rule)은 일반적 규칙들 위에 작용하는 '규칙을 총괄하는 규칙'으로 가족성원들이 가족규칙들을 어떻게 유지하고 변화시킬 것인가에 대한 규칙을 의미한다. 종종 가족들은 상위 규칙의 강력한 영향을 받으면서도 이에 대한 의식을 하지 못하는데 특히 역기능적 가족일수록 자신들의 가족규칙을 어떻게 변화시킬 것인가에 대한 아무런 상위규칙을 가지고 있지 못하다. 예컨대 매우 경직되고 현상유지의 성향이 강한 가족은 가족규칙을 언급하거나 변경할 수 없다는 강력한 상위규칙을 갖는다.

가족신화(family myth)라는 말이 있는데 이는 가족성원이 공유하는 잘못된 기대와 신념으로 현실에 대한 왜곡이나 부정의 요소를 갖는 것을 말한다. 역기능적 가족이 상호작용을 유지하는 과정에서 이를 합리화하는데 조직적인 신념으로 가족신화를 활용하기도 한다.

12. 가족의 희생양

가족 내의 희생양은 한 사람을 우리 가족의 문제아, 병적이라며 비난하고 그에게 책임 몰아버림으로써 다른 가족성원은 스스로 정상적이라고 인식하려하는 시도들로 인해 발생된다.

누가 희생양인지를 찾아야 한다.

(3) 부모개인상담

아동의 문제를 돕기 위해 부모를 개입하는 과정에서 부모의 과거 삶이나 현재 부모가 느끼는 고통이 클 경우 부모의 개인상담을 병행한다. 이는 단순히 부모의 역할만을 강조하는 것이 아니라 한 인간으로서의 삶이 얼마나 만족스럽고 행복한지를 점검하면서 만약 부정적인 경우 원인을 찾아 돕도록 한다. 가정의 부모가 건강해야 아이들도 건강할 수밖에 없기 때문에 부모의 정신건강을 우선적으로 치료하는 것이다. 하지만 자기 문제에 대해 방어가 심해 이야기하기 꺼리거나 원치 않는 경우 부모개인상담을 실시하지 않는다. 부모의 자율적 태도를 최대한 존중하는 것이 부모상담에서 매우 중요하다. 그렇지 않으면 자칫 부모가 상담자에게 지나치게 의존하는 양상으로 될 수 있기 때문이다.

부모개인 상담이 필요한 경우는 부모의 우울이나 불안, 강박 등이 높거나 자신의 통제할 수 없는 화가 치밀어 올라 아이들에게 퍼붓는 일이 반복되는데 좀처럼 조절하기 힘든 상태인 경우, 무의식적으로 자신의 원하는 바를 아이를 통해 이루고 싶은 욕구가 너무나 커서 아이를 로봇처럼 조정하려는 경우 등이다.

3) 치료 형태

부모상담의 형식은 상담현장에서 보면 각 치료실에서 이루어지는 부모상담과 별도로 진행되는 부모상담이 있다. 각 치료실에서 이루어지는 부모상담은 치료과정을 통해 어떻게 효과적으로 아동을 도와줄 것인가에 관련된 치료자와 부모 간의 이해 증진과 협조관계에 초점을 맞추는 작업이다. 상담실 내에서 이루어지는 내용을 알려드리며 가정이나 학교에서의 변화를 듣기도 하고 가정으로 연계에서 이루어질 내용들을 구체적으로 제시하기도 한다. 이러한 부모상담의 시간은 고작 10분 남짓 되기에 어려움도 많다. 특히 부모 개인의 특성이 문제가 되었거나 부모교육이 전문적으로 요구될 때에는 별도의 부모상담을 권한다. 별도의 부모상담은 아동과 치료사가 작업하는 동안 또 다른 치료자가 부모와 상담하는 것으로 부모를 이해시키고 돕는 전문 상담가가 따로 상주한다. 부모상담의 경우 아동의 치료사와 별도로 두는 까닭은 아동의 입장에서 말하는 상담가가 아닌 부모의 입장에서 같이 공감하고 해석해주는 상담가로서의 역할이 요구되기 때문이다. 아동의 입장에서 말하게 되면 부모는 이해를 얻기보다는 부모 역할을 제대로 하지 못하는 것에 대한 죄책감으로 해석되는 경우가 많기 때문이다.

보통 일대일의 개별 면담으로 이루어지나 목적에 따라서는 부모 그룹으로 상담이 진행되기도 한다. 부모 그룹은 단기적 목표를 갖고 기간을 정해서 실시하는 경우도 있는데 이 경우보다 자조적 성격의 부모 그룹인 경우 가장 활발하면서도 서로에게 긍정적인 영향을 주는 모습이 크다. 다른 사람의 이야기를 들으면서 나만의 문제가 아니라는 점과 다른 부모의 대응이나 해결책을 통해 자신의 양육방법을 점검하거나 새로운 방법을 창출해내기도 한다.

4) 부모상담의 원리

아동의 치료실에서 만나는 부모상담이 아닌 별도의 부모상담이 이루어지는 경우 부모상담의 내담자는 부모가 된다. 부모도 상처받고 이해받기 위해 상담자를 만나는 것이기에 상담자는 자녀편이 되지 않도록 주의한다. 완전히 실패한 부모는 없기에 부모의 장점을 지지해주고 격려해준다. 우리나라의 부모들의 경우 피학적인 경우가 많기에 더욱 자괴감이나 죄의식을 많이 느낀다. 부모 자신이 원하는 것이 무엇인지를 분명하게 인식하도록 도와주어서 실타래 엉키듯 뒤섞여있는 고민이나 문제들을 잘 규명하게 돕는다. 자녀를 이해하게 지나치게 교훈적으로 가르치려하기 보다 상담가는 부모가 자녀를 이해하는 안목이 생기게 부모의 흐름에 따라 가도록 한다. 또한 부모가 상담가에게 지나치게 의존하지 않고 스스로 문제를 해결해 갈 수 있도록 문제관리능력을 길러준다.

내담자인 부모는 아동과 달리 성인이기에 변화가 빠르지 않는다. 그리고 방어도 심한 경우가 많아 중간에 중도 포기 경우도 아동보다 많다. 부모가 상담실을 방문했을 때는 상당히 예민하고 힘들며 지친 상태이다. 상담실까지 오게 되는 과정에서 이미 여러 가지 고충들을 겪었고 시도도 많았지만 좌절도 많았다. 부모는 이런 노력들에 인정받고 지지받고자 하는 욕구가 있다. 자녀의 문제와 관련된 부정적인 피드백은 이미 너무 많이 들었기에 가급적 긍정적 메시지를 전달하는 게 좋다.

부모에 따라 상담을 수용하고 참여하는 태도가 매우 다르다. 그러한 차이점을 이해하고 중도에 부모가 상담을 거부하는 것을 지나치게 상담가의 문제로 여기기보다 부모의 선택으로 받아주는 태도도 필요하다. 그리고 부모가 적절하게 준비되었을 때 다시 상담을 할 수 있도록 기다려주는 것도 중요하다.

5) 치료 과정

대부분 부모들은 치료를 받으러 오기까지 부모들의 양육태도가 확고히 굳어 있으며 습관적인 패턴과 스트레스가 일상이 되어 있다. 부모들은 자신의 행동 규칙과 패턴을 유지하려 한다. 그것이 건강치 못하고 역효과를 초래하는 행동이라도 말이다. 변화에 대한 저항은 일어나기 마련이고 이해받고 수용되어야 한다. 빨리 변화를 보려 하는 것은 자제해야 한다. 부모들의 태도와 행동의 변화 이전에 자신들이 이해받고 인정받고 있음을 느껴야 한다.

(1) 부모의 심리 변화 단계들

자녀의 문제를 인정하는 부모의 심리 변화는 상실을 인정하고 수용하는 과정으로 다음과 같은 단계를 거친다(Kűbler-Ross, 1969).

① **충격** : 정서적 마비상태(자신의 진단결과에 대한 의미가 무엇인지 이해할 수 없다)

② **불신** : 진단결과에 대해 인정하지 않는 단계(전문가가 잘못 안 것으로 간주, 자녀 장애 없다고 믿는 단계)

③ **거부** : 병원을 전전하는 것(부모의 말을 그대로 경청해주고 감정 있는 그대로 수용하기 이후 자녀 장애를 수용할 때 필요한 지원해주기)

④ **분노** : '왜 나에게 이런 일이 일어났을까' 부모들의 좌절과 억압된 분노 표출(자녀의 장애를 인정했다는 긍정적인 암시)

⑤ **우울** : '변화되는 것은 아무것도 없다'(부모와의 의사소통이 매우 힘든 단계)

⑥ **수용** : 자녀를 있는 그대로 받아들이는 것

(2) 상담자의 부모에 대한 태도

상담 과정에서 부모를 대하는 상담자의 태도는 첫째, 부모의 이야기를 잘 경청하고 부모들의 노력에 대해 경의를 표하는 자세이다. 둘째는 부모의 감정을 이해하고 인내심을 보임으로 도울 수 있음을 이해하고, 부모가 수용과정에서 경험하는 고통을 함께 견디어 준다. 셋째, 적극적인 경청방법을 사용하여 부모가 자신의 감정을 언어로 표현할 수 있도록 용기를 북돋워준다. 넷째, 부모가 더 많은 정보를 받을 필요가 있을 시기를 잘 파악하여 상담 받게 돕는다.

(3) 부모상담의 과정

① **부모평가**

초기 상담을 통해 사전 정보를 파악해야 한다. 초기 상담에서 이루어지는 부모평가의 내용에는 다음과 같은 내용들이 포함된다.

㉠ 주요 문제와 문제 양상

㉡ 과거 문제 여부 및 치료 내용

㉢ 부모의 결혼 과정 : 연애, 중매, 연애+중매/기간

㉣ 부모의 양육방식

- 부모 양육방식이 일치하는지 아닌지 여부
- 아빠, 엄마, 형제들의 성향과 아동과의 관계 파악

㉤ 임신

- 원하는 아이인가 그렇지 않은 아이인가
- 임신 중 스트레스
- 약물중독 여부

㉥ 출산과정 : 시기, 몸무게, 난산여부, 출산과정에서의 문제여부

㉦ 영아기

- 기질 점검
- 수면, 이유식 문제 여부
- 주 양육자의 변화와 애착정도
- 낯가림, 떼쓰기 정도

㉧ 유아기

- 영역별 발달(신체, 언어, 정서, 사회성, 인지)

• 단체생활에 대한 적응
• 원하는 것 요구 표현

ⓩ 학령기
• 학교적응(학업, 친구, 선생님과의 관계)
• 기타 다른 사람들의 보고

이러한 아동 발달과 관련된 보고 외에도 부모의 개인적 성향을 알고자 할 때 MMPI-2(다면적 인성검사)나 TCI(기질검사), MBTI(성격유형검사) 등의 검사들을 병행해서 살펴보기도 한다.

② 결과 면담

부모평가와 아동에게 실시된 모든 평가자료를 갖고 상담가는 부모에게 설명한다. 평가들을 종합하여 아동의 문제 또는 장애 정도를 판명하여 알린다. 이후 아동의 문제를 돕기 위한 치료 계획을 알리고 치료에 대한 수용여부를 묻는다. 이 때 부모가 아동과 별도로 상담이 필요하다고 판단될 때 부모상담을 요구한다. 만약 요구에 응한다면 상담이 시작되기 전까지 상담의 목적을 생각해보게 한다.

③ 상담관계 형성

초기에 부모와의 좋은 관계(rapport)를 형성하려면 무조건적 수용과 공감적 태도, 경청하는 자세가 필요하다. 이를 통해 상담실에서 부모가 자신의 어떤 이야기를 해도 안전하고 보호받는다는 생각에 확신이 서야 부모가 핵심적 문제를 드러내기 쉽다.

④ 상담하기

부모와의 상담하는 과정에서 중요한 요인들에는 다음과 같은 내용들이 있다.

㉠ 부모의 감정 반영하기 : 거울기법을 통해 부모가 느끼는 감정을 잘 읽어낼 때 공감이 형성된다.

㉡ 부모가 사용하는 표현 명확하게 하기 : 부모들이 자주 사용하는 어휘를 살펴보고 그 말이 무슨 의미로 사용되었는지를 명확하게 드러내야 한다. 언어를 통해 자신의 사고를 드러내는 경우가 많기 때문이다.

㉢ 정보 얻기 : 좋은 질문이 상담의 핵심이 된다.
상담가의 질문법은 질문 → 반응 → 반영의 순환으로 이루어진다.

㉣ 부모의 치료 목표 정하기 : 결과면담을 통해 부모상담을 시작하게 된 목적을 다시 생각해서 부모 치료의 목표점을 명확하게 해 놓는다. 그랬을 때 부모가 상담에

서 방향을 잃는 느낌을 줄일 수 있다.

명확한 목표를 갖기 위해 다음과 같은 질문들이 도움이 된다.

ⓐ 상담을 통해 어떤 모습이 되기를 원합니까?

ⓑ 부모 자신이나 자녀에 대해 걱정되는 것은 무엇입니까?

ⓒ 만약 기적이 일어난다면 어떤 일이 생기길 바라나요?

ⓓ 상담이 마쳤을 때 어떤 모습이길 기대하나요?

㉤ 부모의 노력 지지하기 : 조금의 변화를 읽으려는 상담가의 민감성이 중요하며 작은 노력에 대해 크게 칭찬해주는 자세를 갖는다.

㉥ 저항하는 부모 다루기 : 상담과정에서 저항하는 경우 부모가 느끼는 그 감정 그대로를 반영(reflecting)과 공감(empathizing)을 통해 자연스럽게 느끼게 해 준다. 그래서 방어를 부모 스스로 풀 수 있도록 기다려준다. 상담자가 특히 주의해야 할 사항은 부모와의 힘겨루기를 피하기(avoiding power struggles)이다. 이런 부모일수록 부드러운 직면을 통해 자신의 문제를 스스로 수용할 때까지 기다리는 게 더 좋다.

㉦ 아빠의 역할 : 일정 시기를 통해 엄마를 중심으로 이루어진 관계 회복이 되면 점차 아빠도 개입시키는 단계가 생긴다. 남편을 지지해주면서 아빠의 역할을 되찾는 시도를 한다.

㉧ 약물에 대한 부모의 저항 다루기 : 아이에 따라서는 약물치료가 병행되는 게 더 효과적인 아이들이 있다. 이때 약에 대한 거부반응을 보이는 부모에게 Mercer(1997)는 관련된 지식이 없는 것은 그에 대해 알고 있는 것에 비해 더 위협적으로 여겨지므로 약물에 대해 부모에게 정보를 더 많이 제공할수록, 약물 사용에 대해 부모들이 더 편안하게 받아들일 것이라고 하였다. 부모는 약물의 장기적 영향에 대해 고려하는데 이때에는 약물 사용 후에 대한 내용에 대해서 설명해주는 것이 도움이 된다. 치료란 개인의 행동과 적응의 영구적인 변화에 영향을 끼치는 기회를 주는 것이기는 하지만 약물치료는 '완전한 치유'로서가 아니라 감정스펙트럼의 일시적인 변화를 위한 도구로서 보아야 한다고 부모에게 강조하는 것이 도움이 된다.

㉨ 기타 부모상담 전략들 : 부모의 강점이나 자원을 발견해서 활용토록 격려한다. 이는 부모에게 부모역할을 잘해내는 요인을 갖고 있다는 자신감을 주어 자녀 양육에 긍정적 영향을 미친다. 아이의 문제 해결에서 최선이 아니면 차선을 찾아야 한다. 대안을 탐색해서 실천을 위한 계획을 같이 구성해보는 것도 필요하다.

㉩ 상담 중단에 대한 상담자의 태도 : 부모상담은 언제든 중단될 수 있다. 중단도 부모의 의지로 받아들이고 중단을 전체 상담의 한 과정으로 이해한다. 아직 충분히 받아들일 준비가 되어 있지 않으면 언제든 중단할 수 있음을 알고 부모의 치유의 때를 기다려 주려는 자세도 필요하다.

2 관련 장애군

1) 부모-자녀 관계 문제

(1) 평가

초기 면담의 부모평가와 아동의 놀이평가를 통해 과거 모자 애착 정도, 현재 아이의 정서 행동적 특성, 현재 부모-자녀와의 놀이 패턴 등을 알아본다. 부모의 부재나 방치, 잘못된 양육이 주요한 원인이 되는 경우 부모상담을 필수적으로 병행한다.

(2) 치료 내용

부모상담은 기본적으로 12회기를 기본으로 하고 이후 더 길어지는 것은 부모와의 협의를 통해 결정한다. 주로 기록하는 것을 권장하는데 가정에서의 경험뿐만 아니라 부모상담을 통해 배운 것을 다시 집에서 살펴보기에 이롭다. 자녀와의 갈등문제가 부모의 원가족과의 관계에서는 어떤 모습으로 있었는지 연결해서 생각해보도록 한다. 특히 자녀와 애착을 잘 맺지 못해 문제가 생긴 경우 부모의 원가족과의 애착 정도를 점검한다. 부모-자녀 관계의 문제를 보이는 부모상담의 내용은 다음의 단계를 거친다(김성은, 2009, 2011).

| 그림 9-2 | 부모상담 단계들

1단계 자녀 관찰하기

아이가 정말 원하는 것이 무엇인지를 다시 본다. 부모의 기대나 바램이 아닌 자녀가 유기체적으로 좋아하는 자신만의 것들이 무엇인지를 살펴본다.

↓

2단계 자녀 수용하기

아이가 하고자 하는 것을 허락하는 것이다. 아이가 충분히 수용되면 부모의 요구나 다른 사회적 행동에 대한 기대를 고려하게 된다.

↓

3단계 자녀와 함께하기

아이가 좋아하는 것을 함께 즐겨준다. 이런 놀이에서 부모가 느끼는 감정은 어떠한지 무엇이 힘들고 좋은지를 부모 자신의 모습도 탐색한다.

↓

4단계 아빠 개입시키기

엄마와의 친밀감이 증가하면 아빠가 느끼는 소외감을 다뤄야 한다. 아빠와 자녀와의 관계 증진을 위한 다양한 신체 활동이나 야외활동을 시도한다.

↓

5단계 자녀의 문제 행동 수정하기

이러한 관계 문제가 해결되면 문제 행동에 대한 교정이나 수정에 대한 자녀의 수용도가 달라진다. 바른 의사소통, 경청 등을 토대로 자녀의 문제를 자녀도 주체자가 되어 함께 고민하고 해결하게 돕는다.

6단계 부모-자녀 관계 문제대응능력 기르기

부모상담 마무리 시기에는 부모가 스스로 해결해보고 점검하는 일정 시간을 갖게 하고 그 결과를 한 달 또는 두 달에 한번 정도로 간격을 벌려 부모의 문제해결능력을 기른다. 그리고 부모가 원하는 시기에 종료를 하면 된다.

2) 부모의 정신 병리

(1) 평가

부모들의 우울, 강박, 불안, 주의력 결핍들로 인해 자녀 양육에 어려움이 생기는 경우도 많다. 필수적으로 부모의 MMPI-2 검사와 우울 체크리스트, 스트레스 체크리스트 등을 통해 문제 정도를 점검한다.

(2) 특성

부모들은 아이들의 밭이다. 토양이 건강하지 못하면 씨가 잘 자랄 수 없듯이 부모가 건강하지 못하면 아이들이 건강할 수가 없다. 우울한 부모 밑에서 자란 아이들은 우울, 불안, 고민, 수면문제, 과도한 화, 공격성 그 외의 정신병리적 증상의 위험이 높다. 양극성 장애를 갖고 있는 부모 밑에서 자란 아동은 과잉행동, 혼란, 공격성, 적개심, 비협조, 주의가 필요하고 통제불능한 행동을 보인다. 이들은 피상적 대인관계, 공감 능력의 부족, 줄줄 모르는 것, 갈등 다루기가 어려움, 스트레스에 과도한 반응, 정신 불안, 무쾌함 등의 모습을 보인다.

(3) 치료 내용

증상에 따라 일차적으로 약물치료를 권하기도 한다. 부모가 먼저 안정을 찾아야 자녀를 바라보는 관점이 달라질 수 있기 때문이다. 꾸준한 상담과 운동요법 등을 권하기도 한다. 부모상담에서는 양육상담보다 부모개인상담이 우선적으로 진행될 수 있다.

부모개인상담에서는 부모의 과거가 현재에 어떤 영향을 주었는가를 이해하는데 초점을 둔다. 부모 즉 내담자가 보이고 있는 인지, 정서 및 행동의 문제를 이해하고 다루는데 있어 과거가 중요하다. 임상적 경험에 의해 부모의 개인상담에서 보면 과거와 현재간의 불가분의 관계를 있음을 인정하게 된다. 상담을 받고 싶어하는 대표적인 문제를 다음과 같이 설명하였다.

| 표 9-3 | 부모개인상담의 주요 주제들

부모개인상담의 주요 주제들
• 사랑을 자유롭게 주고 받지 못하는 것 • 분노, 원한, 격분, 적개심 그리고 공격성과 같은 부정적 감정을 다루지 못하는 것 • 삶의 방향을 설정하는데 어려움을 느끼는 것 • 부모와 떨어져서 한 개인으로 독립하지 못하는 것 • 친구를 사귀고 싶어하나 막상 두려움을 느끼는 것 • 자신의 성적 정체감을 수용하는데 어려움을 느끼는 것 등

이러한 문제를 해결하기 위해 과거를 탐색하는 정신분석적 모델과 현재를 이해하는 현실치료, 행동치료, 합리적 정서행동치료, 인지치료 등의 모델을 통해 내담자의 현재 문제에 주목하고 그것에 영향을 미치는 요인들을 함께 찾는 '통합적 상담'접근 방법이 있다. 최근의 정신분석의 치료는 현재 내담자가 지금 여기에서의 무의식적 의미에 초점을 두고 과거가 현재의 문제를 이해하는 도움이 되는 범위에서 이해하도록 돕는다. 대상관계이론의 치료에서는 관계의 내적 그리고 외적 세계를 치료의 핵심으로 보고, 아동과 어머니와의 초기 관계가 아동의 내적 세계와 이후 성인기에서의 대인관계에 어떻게 영향을 미쳐왔는지 파악하고 수정하려 한다. 이러한 치료의 과정에서 내담자의 통찰이 중요한데, 과거와 현재의 연결을 통해 생긴 통찰을 통해 내담자는 과거부터 현재까지 유지되어온 옛 행동을 포기할 수 있게 되기 때문이다(Corey, 2011).

부모의 개인상담에서는 통합적 접근으로 과거, 현재, 미래의 시간적 흐름에서 내담자의 감정, 행동, 인지 영역을 모두 고려해본다. 과거가 현재를 낳았고, 현재가 앞으로 다가올 미래를 낳고 있기에 이들의 연속성을 보는 것이 중요하다. 이러한 관점에서 내담자의 과거, 현재, 미래를 반성하는 시간을 갖게 한다.

① 현재 나의 성격 중에 지속적으로 영향을 주고 있는 아동기의 경험에는 무엇이 있나?
② 특히 아동기 때 해결하지 못한 갈등이 있었는가? 현재 나의 행동이나 문제를 보면서 해결되지 않은 갈등 영역이 무엇인지 알 수 있는가?
③ 개인적으로 상담을 받을 때 다루었으면 하고 원했던 아동기나 청소년기의 특징적

사건이 있는가?

④ 만약 역할연기를 한다면 다루고 싶을 만큼 중요한 사람이 있는가? 기꺼이 그런 역할연기를 할 마음이 있는가?

⑤ 상담 중에 과거 상황을 재경험하고 감정을 표현하는 것이 얼마나 가치가 있다고 생각하는가?

⑥ 만약 기적이 일어나서 당신의 문제가 지난 밤에 갑자기 해결되었다면 이 문제가 해결되었다는 것을 어떻게 알 수 있는가? 또 정말 그렇게 된다면 무엇이 달라질 것 같은가?

⑦ 지금부터 5년 후에는 어떤 삶을 살고 싶은가? 이러한 목표를 달성하려면 지금 당신은 어떤 단계를 밟아가야만 하는가?

⑧ 미래의 목표와 포부에 대해 얼마나 많이 생각하는가? 자신의 미래에 대한 전망이 현재 나의 생각과 느낌 그리고 행동에 얼마나 영향을 주고 있다고 생각하는가? (Corey, 2011)

3 치료 사례

1) 부모교육

소그룹 집단 부모교육에서는 다음과 같은 내용들을 주제로 회기를 정해 실시한다. 형식은 일부 강의와 각자 자기 사례를 함께 나누며 궁금증을 해결해간다. 서로의 경험을 공유하며 위로와 나눔을 통해 자기만의 문제가 아니라 함께 고민하는 문제임을 이해받게 되는 장점이 있다. 내담자이면서 동시에 다른 사람의 상담자 역할을 하는 것을 경험한다. 부모들의 피드백을 보면 일방적인 강의 형식에 비해 다른 사람의 이야기를 통해 미리 준비하게 되고 깨닫게 되는 점이 많다고 한다. 강의를 통해 새로운 육아 지식도 배우고 나눔을 통해 자신의 속 이야기를 하면서 감정 정화도 할 수 있다고 한다. 같은 문제를 보이는 아이들을 통해 서로의 육아 방식도 공유하고 함께 위로하는 취미 활동도 확장시켜 나가는 모습이 많다. 단순한 그룹의 형식이 아닌 동조집단의 형식으로 자연스럽게 변화되어갈 때 그룹의 활동도 더욱 활성화되고 서로에게 미치는 긍정적 영향도 높았다.

다음은 한 정신보건센터에서 실시한 집단 부모교육의 프로그램 내용들이다.

| 표 9-4 | ADHD 자녀의 부모교육 프로그램의 예

회 기	주 제
session 1	내 아이의 기질에 따른 양육 : 아이의 기질과 부모 기질 궁합
session 2	부모-자녀 이해하기 : MBTI를 중심으로 성격유형 알기
session 3	연령별 자녀 교육 : 아동의 발달특성에 따른 양육법
session 4	자녀와의 놀이 방법 : 부모의 민감성 기르기
session 5	자녀와의 효과적인 의사소통 방법 : 비폭력 대화법
session 6	형제 갈등 다루기 : 아이싸움에 휘말리지 않는 법
session 7	현명한 부모 역할 : ADHD 아동의 부모 역할 이해하기

2) 부모개인상담

다음은 부모-자녀관계 문제로 부모상담을 한 부모의 상담 과정의 예이다.

(1) 초기 면담

초등학교 1학년 남자 현영이의 어머님은 현영이의 또래 문제로 내원하셨다. 친구들과 어울리지 못하고 자꾸 맴돌며 엄마에게만 붙어 있으려 하는 현영이 때문에 늘 걱정이다. 아이들이 별로 좋아하지 않고 현영이도 관심 없어 하는 모습에 엄마는 앞으로 은둔형이 될까 봐 미리 겁이 난다.

(2) 평가 및 결과 면담

부모평가 및 심리평가를 실시한 결과 현영이는 엄마와 초기에 직장일로 인해 떨어져 있으면서 4살 때 동생을 보면서부터 엄마가 키우기 시작하셨다. 엄마는 이때부터 현영이의 학업을 중심으로 관계를 맺었고 제대로 하지 못하는 현영이 때문에 갈등이 많았다. 현영이는 엄마와의 생활보다 할머니와 지내던 시간을 더 그리워하였고 지금도 할머니를 많이 찾는다. 엄마는 현영이에게는 매우 엄격하면서도 둘째 동생에게는 참 부드러운 태도가 많다. 동생은 엄마가 처음부터 키워서인지 예쁘기도 하고 여자라서 그런지 말도 더 잘 들어 좋단다. 현영이의 심리상태는 가족 모두에게 거리감을 느끼고 있었고 특히 엄마에 대한 거부감이 많으며 동생과의 라이벌도 매우 심한 상태로 나타났다. 현영이의 능력은 대부분 우수한데 비해 또래와 노는 사회성 능력은 가장 취약한 면으로 나타났다. 현영이가 지금 엄마에게 붙어 있으려는 것은 엄마와의 새로운 애착 형성과정에서 보이는 자연스런 단계로 보이나 연령에 비해서는 발달상 뒤지는 모습이었다. 이러한 유아적 정서로 말미암아 또래 관심도 늦게 생기고 또래와 어울리려는 기술도 뒤떨어져 있는 상태였다.

(3) 상담 초기(1~5회기)

현영이 엄마가 현영이에 대해 느끼는 솔직한 감정을 나누었다. 엄마는 현영이가 할머니만 찾는 것이 미웠고 동생 때문에 현영이를 일찍 큰 애 취급했다고 한다. 또한 현영이가 자신의 말을 잘 들어야 한다는 생각이 매우 컸고 그렇지 않을 때 몹시 화가 나서 현영이를 내쫓기까지 했다고 한다. 이러한 엄마의 태도가 아이에게 어떻게 비춰졌을까를 생각해보면서 현영이 엄마가 아이가 어떤 모습으로 바뀌길 기대하는지 묻자 자신과 다른 모습이길 바란다고 하였다. 엄마의 과거 경험에서 초등학교 시기 몹시 왕따를 당했던 경험의 상처가 많았고 그때를 떠올리는 것이 너무 힘들다며 현영이가 그런 상황에 있지 않을까가 너무 불안하고 겁나서 어떻게든 친구들과 어울리게 하고 싶다고 한다. 엄마의 과거 경험이 아이를 보는 렌즈 역할을 하고 있었다.

(4) 상담 중기(6~19회기)

현영이 엄마가 사회성에 민감할 수밖에 없는 과거 엄마의 개인적 배경을 생각해보게 하고 그것이 현재 현영이와의 관계에서 어떤 영향을 미치는가를 연결지어 생각하게 도왔다. 또한 현재 현영이가 사회성이 좋은 아이로 되기 위해 먼저 필요한 것은 이전 단계에서 충족되지 못한 욕구들을 알아보는 것임을 알려드렸다. 그리고 초기 애착 과정에서 무엇이 문제였고 현재 어떻게 그 문제를 해결할 수 있을지를 함께 나누면서 집에서 할 수 있는 활동들을 찾아보았다. 현영이 엄마는 현영이와의 상호작용에서 현영이가 주는 메시지를 읽어내는 것을 어려워하여 이를 아이 입장에서 다시 생각해보게 하는 재조직화 과정을 반복적으로 실시하였다. 부모-자녀 관계 개선을 위해 다음과 같은 질문을 활용하였다.

| 표 9-5 | 부모-자녀 관계 개선 활동의 예

부모-자녀 관계 개선을 위한 활동의 예

I. 자녀와 함께하기
1. 아이와 실제로 얼마만큼의 시간을 보내나?
2. 하루 일과 가운데 아이와 같이 하는 게 있는가? 아이가 좋아하는 활동인가?
3. 아이를 어떻게 먹이고 있는가?
4. 아이를 돌보기 위한 다른 활동으로는 무엇이 있나?

II. 자녀와의 스킨십 정도
1. 아이에게 어떻게 입맞춤을 해 주는가?

2. 아이와 신체접촉은 어떻게 하는가?
3. 그 신체접촉 때 자신이 어떻게 느껴지는가?
4. 신체접촉 때 아이는 어떻게 느끼는가?
5. 아이의 감정에 어떻게 따라주고 있는가?

III. 자녀와의 갈등 관찰하기
1. 아이의 사소한 실수에 어떻게 대처하는가?
2. 아이에게 어떻게 거절하는가?
3. 나를 짜증나게 만드는 상황이나 아이의 행동 3가지는 무엇인가?
4. 아이가 '바보짓'을 하거나 나와의 약속을 지키지 않을 때 내가 전형적으로 보이는 반응 몇 가지는 무엇인가?
5. 아이가 소리 지를 때, 형제들과 싸울 때, 화가 날 때, 울 때 나는 어떤가?
6. 화가 났을 때 나는 어떻게 하는가?

IV. 자녀의 독립성 기르기
1. 아이가 혼자 설 수 있도록 어떻게 격려하는가?
2. 부모로서 아이가 혼자 하도록 두는 것이 가장 힘든 부분은 무엇인가?
3. 아이가 혼자 하고 싶어하는 것은 무엇인가? 부모는 이것이 어떠한가?

V. 자녀와의 대화
1. 아이가 자기 생활, 놀이, 친구에 대해 이야기 할 때 어떻게 들어주는가?
2. 부모는 자기 자신과 생활에 관해 아이에게 어떻게 이야기하는가?
3. 아이는 주로 부모랑 하고 싶어 하는 이야기가 무엇인가?
4. 부모는 주로 아이에게 어떤 이야기를 많이 하는가?

VI. 부모 성찰하기
1. 아이와의 관계에서 스스로에 대해 좋게 생각하는 점은 무엇인가?
2. 스스로에 대해 좋지 않게 생각하는 점은 무엇인가?
3. 자신이 무능하거나 무력하다고 느끼게 되는 상황은 언제인가?
4. 내 교육 신조는 무엇인가?

VII. 부모 자기 평가
1. 내가 제일 많이 바뀐 점은 무엇인가?
2. 내 변화 덕분에 내가 얻은 것과 아이와의 관계에서 얻은 것은 무엇인가?
3. 내가 제일 변화되지 않은 점은 무엇인가?
4. 나는 나 자신과 내 아이와 교감하고 있음을 느끼는가?

(Filliozat, 2009)

(5) 상담 후기(20~24회기)

현영이 엄마의 태도가 바뀌면서 현영이가 혼자 있는 시간도 증가하고 스스로 학습도 알아서 하는 모습이 증가하였다. 방과후 수업이나 학원을 혼자 가는 모습도 많아지고 학습하는 흥미가 생기고 주변 선생님들의 반응도 예전과 달라짐을 보면서 현영이 엄마도 현영이를 점차 믿기 시작했다. 현영이가 친구들과 지금 당장 놀지 않으려는 모습에도 엄마도 불안해하지 않게 되었다. 실제 또래 관계에서도 자기가 놀고 싶어 하는 친구가 1~2명 생겨서 오가며 노는 모습도 생겼다. 현영이의 변화된 모습을 보면서 현영이 엄마도 엄마 역할에 대해 자신감을 되찾았고 현영이를 기다려주는 마음의 여유도 생겼다. 집에서 엄마가 혼자서 감당하는 시간을 점차적으로 늘리면서 엄마가 혼자 해보겠다고 종료를 요구하면서 마무리가 되었다. 마지막으로 종료보고서에서 상담을 통해 깨닫게 된 부분이 '엄마의 아이에 대한 시선의 변화와 아이의 말을 잘 들으면 이유가 있다는 것을 알게 되었다'고 고백하셨다.

| 그림 9-3 | 부모상담 모습

REFERENCE
참 고 문 헌

감각통합 기본교육 교육자료집. 대한감각통합치료학회. 2007.
고유경, 김수진 (2010). 기능적 조음음운장애아동과 일반아동의 음운인식과 읽기능력의 비교 및 상관. 언어청각장애연구. 15(2), 157-167.
권재성, 김영근, 김지연, 육진숙, 조현진, 홍승표 공저 (2008). 인지재활. 서울: 퍼시픽북스
권준수 (2015). 정신질환의 진단 및 통계 편람(DSM-5). 학지사
김경미, 지석연, 노종수 (2003). 감각통합 Q&A. 정담미디어
김광웅 (1999). 아동놀이의 속성과 치료적 요소에 관한 고찰. 놀이치료 연구, 2.
김동일, 신을진, 이명경, 김형수 (2012). 학습상담. 서울: 학지사
김동일, 이대식, 신종호 (2002). 학습장애아동의 이해와 교육. 학지사
김성은 (2009). 아이가 원하는 사랑을 주세요. 서울: 북스캔
김성은 (2011). 엄마도 모르는 내 아이 속마음. 서울: 부키
김영욱, 윤여홍 (2003). 특수아 상담의 이해. 서울: 교육과학사
김영태 등(역) (2012). 조음·음운장애 아동의 말소리장애. 서울: 박학사
김옥미 (2000). 기질적 조음 장애의 치료. '언어장애의 이해와 치료 아동의 조음장애 치료', 한국언어병리학회편, p83-109.
김정희, 김현주, 정인숙 (1997). 아동발달심리. 동문사
김태련 (2003). 발달장애 심리학. 서울: 학지사
김한나 (2011). 감각통합 프로그램이 발달성 협응장애 아동의 손 기민성과 정밀성에 미치는 영향. 석사논문, 단국대학교 특수교육 대학원.
김향희 (2012). 신경언어장애. 서울: Σ시그마프레스
대한아동학교작업치료학회 (2012). 아동작업치료. 서울: 계축문화사
민성길 외 (2006). 최신정신의학 5판. 일조각
배소영 (1995). 우리나라 아동의 언어발달. 언어치료 전문요원교육자료집. 한국언어병리

학회. 18-35.
서화자, 박순길, 박현옥, 조정연. (2009). 특수아동의 이해. 서울: 학지사
성영혜 외 (2002). 아동심리학. 숙명여자대학교 출판부.
신광순(역) (2007). 언어의 다양한 풍경. 서울: 시공사.
신민섭, 오경자, 홍강의 (1990). 주의력결핍과잉행동장애 아동의 인지적 특성. *소아・청소년 정신의학 1:55-64*
신현균 (2002). 쑥쑥 크는 집중력. 서울: 학지사
심현섭 등 (2010). 의사소통장애의 이해. 서울: 학지사
양문봉, 신석호 (2011). 자폐스펙트럼장애 A to Z. 서울 : 시그마프레스
유미숙 외 (2003). 놀이치료 핸드북. 서울: 양지
이노우에 마사히코 (2018). 집에서 하는 ABA 치료 프로그램. 예문아카이브
이봉원 (2012). 의사소통 장애와 치유의 문제. 인문학연구. 21, 55-81.
이상진, 조용대 외 (2008). 다문화가족 행동치료. 서울: 양서원
이소현, 박은혜 (2011). 특수아동교육. 서울: 학지사
이승환 등 (2002). 의사소통장애개론. 서울: 하나출판사
이승환 (2000). 실어증 치료의 개관. '언어장애의 이해와 치료 실어증 환자의 말-언어 치료', 한국언어병리학회편, p1-15.
이승환 (2010). 유창성장애. 서울: Σ시그마프레스
이영민 (2015). 흔들리지 않고 ADHD 아이키우기. 팜파스
인동현 (2018). 아동정신병리. 학지사
전한선 외 (2002). 치료특수교육의 이해 I,II. 서울: 교육과학사
정문자 외 (2011). 아동심리상담. 양서원
정민예 외 (2007). 아동작업치료. 계축문화사
정옥분 (2015). 전생애 인간발달의 이론. 학지사
정옥분, 정순화, 임정하 (2006). 정서발달과 정서지능. 학지사
진에어즈, 김경미 외 역 (2006). 감각통합과 아동. 군자출판사
채규만, 장은진, 김도연 (2003). 주의산만 아동의 학습 및 치료 지침서. 서울: 특수교육
홍강의 외 (2005). 소아정신의학 서울: 중앙문화사
홍강의 외 (2014). DSM-5에 준하여 새롭게 쓴 소아정신의학. 학지사
홍강의, 김홍흔, 심민섭, 안동현 (1996). 주의산만・과잉운동을 주소로 소아정신과를 방문한 아동의 진단적 분류와 평가. *소아・청소년 정신의학 7(2):190-202*

황영진 등(역). (2010). 음성과 음성치료. 서울: Σ시그마프레스

American Psychiatric Association. (2013). Highlights of Change from DSM-IV-TR to DSM -5. from http://www.dsm5.org

Brayn, T., Burstein, K., & Ergul, C.(2004). The Social-emotional side of learning disaibilites : A science-based presentation of the state of the art. *Learning Disabilities Quarterly, 27, 45-47*

Bundy AC, Lane SJ, Murray EA. Sensory integration theory and practics 2nd. F.A. Davis Company, 2002.

Case-Smith J. (2005). Occupational Therapy for children. (5th ed). St Louis; Elsevier Mosby.

Case-Smith J. (2010). Occupational Therapy for children. (6th ed). St Louis;

Coleman, M. R., Buysse, V., & Neitzel, J.(2006). *Recognition and response: An early intervening system for young children at risk for learning disabilities. Executive Summary.* Chapel Hill: The Universitiy of north Carolina at Chapel Hill, FPG child Development Institute.

Collet Sauve (2004). 주의력결핍과잉행동클리닉(한국아동상담센터 편역) 서울: 한울림

Combs & Slaby (2011). 아동 청소년 사회성 개발과 상담(김명희 역)(원저는 1977) 서울: 교문사

Diane Heacox (1991). Up from under-Achievement. Minneapolis, M.N: Free Spirit Publishing Inc.

Dowd, Tom, Tierney, Jeff (2005). Teaching Social Skills to Youth. Boys Town Press.

Filliozat, Isabelle.(2009) 부모의 심리 백과(김성희 역). 서울: (주) 알마

Gorgey, G.(2004). 상담 및 심리치료의 통합적 접근 워크북(현명호 역). 서울: 시그마프레스

Haworth, M(1994). Child Psychotherapy : Practice and theory. Northvale, NJ: Aronson.

Herbert Gnsburg (1990). 아동의 산수 : 학습과정(송명자, 나귀오 역). 서울: 중앙적성출판사

Heward, W. L.(2009). 최신 특수 교육(김진호 외 역). 서울: 시그마프레스

Hide, S.,&Renninger, K. A.(2006). The four-phase model of interest development. *Educational Psychologist, 41(2):* 111-127

Hoooper, S. R., Umansky W.(2011) 영유아 특수교육(노진아 외 역) (원저 2009) 서울: 학지사

Janes, B. F. (1983) Integration Learning Strategies and text researvh to tech high order thinking skills in schools. Paper presentea at the annual meeting of the America Educational Research Association. Motreal, Canada

Kavale, K. A., & Forness, S. R. (1996) Social skills deficits and learning disabilities: A meta-analysis. *Journal of Learning Disabilities, 29,* 226-237

KÜbler-Ross, E.(1969). On death and dying. New York : Macmillan

Lentx Verlag (1998). 집중 놀이. 서울 : 미래 M&B

Lerner, J. W.(2003). *Learning Disabilities : Theories, diagnosis, and teaching strategies.* Boston: Houghton Mifflin

Lerner, J. W., Lowenthal, & Eagan, R. W.(2004). 유아특수교육론(최민숙 외 역). 서울: 박학사

Lovett, M. W., Steinbach, K. A.,& Frijters, T .C.(2000). Remediating the core deficits of developmental reading disability : A double deficit perspective. *Journal of learning Disabilities,* 33, 334-358

Lyon, G. R.(1995) Toward a definition of dyslexia. *Annals of Dyslexia, 53,* 1-14

Mash, E. J., & Barkley, R.A.(2001). 아동정신병리.(이현진, 박영신, 김혜리, 정명숙, 정현희, 공역. 원제: *Child Psychopathology*). 서울 : 시그마프레스. (원저 1998 출판)

Mastern, A.S., & Coastworth, J. D.(1998). The development of competence in favorable and unfavorable environments:Lessons from research on succesful children. *American Psychologist, 53,* 205-220.

McGuire D. K.(2008). 놀이치료에서의 부모상담. 서울: 시그마프레스

Mckeachie, J .L., Pintrich, P.R., Lin, Y.G., & Smith, D.A.F(1991)

Teaching and learning in the college classroom activities : Review of the research literature, Ann Arbor, MI: University of Michigan :MCRITAC

McLean, D.B. Bailey,& M. Wolery(Eds.), *Assessing infants and preschools with special needs.* (pp.519-527). Englewood Cliffs, NJ : Prentice-Hall

Mercer, L. (1997). Personal communication, September 30, 1997

Most, T.,&Greenbank, A.(2000). Auditory, visual, and auditory-visual perception of emotions by adolescents with and without Learning Disabilities, and their relationship to social skills. *Learning Disabilities Reserche and Practice, 15.* 171-178

O'conner, K.(2001). 놀이치료 입문(송영혜, 윤지현 역. 원제 : *The Play therapy primer*). 서울: 시그마프레스.(원저 1991년 출판)

Torgesen, J. K. & Wagner, R. K.(1998) Alternative diagnostic approaches for specific developmental reading disabilities, *Learning Disabilities Reserch and Practice, 13,* 220-232

Willingham, Daniel T.(2011). 왜 학생들은 학교를 좋아하지 않을까(문경희 역). 서울: 부키

Woley, M.(1996). Using assessment information to plan intervention programs. In M.

Wolf, M., Bowers, P. G., & Biddle, K.(2000) Retieval, automaticity, vocabulary elaboration, orthography(RAVE-O): A intervention program. *Journal of Learning Disabilities, 33,* 375-386

Woolfolk, A. E.(2001). *Educational Psychology* (8th, ed). Needham Heights, MA: Person Eucation.

INDEX

찾아보기

저자소개

강 은 숙
- 한결아동청소년상담센터 소장
- 『가사상담 길라잡이』 저

박 윤 이
- 동남보건대학교 작업치료과 조교수
- 『감각통합이론과 적용』 저

이 영 민
- 서울아동청소년상담센터 소장
- 『부모와 함께 자라는 아이의 사회성 수업』 저

이 지 연
- 동남보건대학교 작업치료과 교수
- 『아동작업치료학』 저

이 택 영
- 한서대학교 작업치료학과 교수
- 『최신작업치료학개론』 저

특수아동 치료교육 및 심리상담 값 18,000원

2013년 3월 8일 제1판1쇄 발행
2014년 2월 25일 개정판1쇄 발행
2020년 3월 20일 제3판1쇄 발행
2026년 3월 5일 제3판2쇄 발행

저 자 : 강 은 숙 · 박 윤 이 · 이 영 민
이 지 연 · 이 택 영
발 행 인 : 주 영 일
발 행 처 : **계 축 문 화 사**

서울특별시 종로구 통일로12길 16-17
우편번호 03029
TEL : 735-2257 · 738-9746
FAX : 723-9025
E-mail : gyechuk@hanmail.net
홈페이지 : http://gyechul.co.kr
1973. 10. 31 등록번호 제300-1973-8호
ISBN 978-89-5629-594-7 93510